“一带一路”倡议与中国经济发展

“一带一路”倡议下
中国制造业价值链地位的提升研究

杨晓静◎著

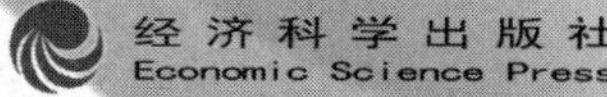

图书在版编目（CIP）数据

“一带一路”倡议下中国制造业价值链地位的提升研究/杨晓静著．—北京：经济科学出版社，2020.7

（“一带一路”倡议与中国经济发展）

ISBN 978－7－5141－5324－8

Ⅰ.①一…　Ⅱ.①杨…　Ⅲ.①制造工业－工业发展－研究－中国　Ⅳ.①F426.4

中国版本图书馆CIP数据核字（2020）第092077号

责任编辑：于海汛　冯　蓉

责任校对：靳玉环

责任印制：李　鹏　范　艳

“一带一路”倡议下中国制造业价值链地位的提升研究

杨晓静　著

经济科学出版社出版、发行　新华书店经销

社址：北京市海淀区阜成路甲28号　邮编：100142

总编部电话：010－88191217　发行部电话：010－88191522

网址：www.esp.com.cn

电子邮件：esp@esp.com.cn

天猫网店：经济科学出版社旗舰店

网址：http：//jjkxcbs.tmall.com

北京季蜂印刷有限公司印装

710×1000　16开　14.5印张　240000字

2020年9月第1版　2020年9月第1次印刷

ISBN 978－7－5141－5324－8　定价：52.00元

（图书出现印装问题，本社负责调换。电话：010－88191510）

前言

PREFACE

“一带一路”是“丝绸之路经济带”和“21世纪海上丝绸之路”的简称，“一带一路”倡议是在经济全球化不断深化、世界经济长期低迷、中国经济体制改革进入深水区和中国经济发展步入新常态的背景下，由中国领导人提出的一种新型合作模式，旨在让沿线各国共享中国发展机遇，从而实现多元、自主、平衡、可持续发展。改革开放以来，中国制造业开始逐渐融入全球价值链并深嵌其中，中国制造业价值链地位的测度及提升在近20年间一直是各界关注的热点。本书提出了借助“一带一路”倡议，通过主动寻求与沿线周边国家的联系，构建中国企业主导的区域价值链，巩固和提高自身在区域价值链中的地位，并以此为基点全面对接全球价值链，使制造业逐渐摆脱全球价值链中“被俘获”关系实现顺利升级。

一、选题背景及意义

其实，“一带一路”倡议不仅是资源和能源的合作，制造业的合作也是一个非常重要的方面。究其原因，主要表现在两个方面：一方面，在欧美日主导的全球价值链中，中国面临贸易利得萎缩的风险，长期从事低附加值环节“被俘获”和“低端锁定”，但如果全盘否定全球价值链，专注发展国家价值链，无异于倒退到进口替代战略，而鉴于产品各价值创造环节的全球化特征并不明显，更多呈现出区域化特征，如果能同周边国家构建并主导区域价值链，并以之为基点全面对接全球价值链，将有利于中国制造业价值链地位的提升。“一带一路”沿线国家以发展中国家和新兴国家为主，自然资源丰富，但缺少资金、技术和管理经验，与中国互补性大于竞争性，具备形成区域价值链的关键要素。因此，借助“一带一路”倡议，通过主动寻求与沿线周边国家的联系，构建中国企业主导的区域价值链，巩固和提高自身在区域价值链中的地位，并以此为基点全面对接全球价值链，使制造业逐渐摆脱全球价值链中“被俘获”关系实现顺利升级。另一方面，由于劳动成本上升，环境规制的提高，中国在劳动密集型产品上逐渐丧失比较优势，但是区域内很多相对比较落后的国家迫切需要这些领域的投资，因此中国的部分产业可以转移到较低经济发展阶段的国家。改革开放后中国承接了国际产业转移。目前，中国的部分产业已经在向或即将向“一带一路”沿线国家转移；但是在产业转移的过程中，要促进中国的产业转型升级以及区域内产业承接国的经济发展，就需要合理安排产业转移的区域分布和行业分布。

随着国际贸易和国际分工的深入开展，价值链理论已成为跨国公司制定全球战略的重要依据，对发展中国家企业及相关产业积极参与国际经济分工与合作产生了重要影响。在全球价值链和国家价值链的基础上，区域价值链作为一种相对较新的理论分析工具被提出，一方面可以用来分析当前的国际分工状况，另一方面对于借助“一带一路”倡议实现以中国为代表的发展中国家制造业产业升级具有重要的理论指导意义。从某种意义上来说，“一带一路”倡议的思路与区域价值链是一致的；同时，“一带一路”倡议的经济学意义也可以用空间经济学来进行理论解释，该倡议的实施也必然会进一步推动空间经济理论研究的发展。

国际产业转移的实践证明，构建合理的全球价值链可以使企业在全球范围内进行资源的优化配置，提高企业利润，也可以使东道国和母国经济都获得发展。越来越多的跨国公司将产品设计、原材料采集、零部件生产、组装、销售、售后等各个环节分散至全球不同国家进行，按照各国的要素禀赋和比较优势，在全球进行资源配置，从而实现利润最大化，每个国家通过融入全球价值链获得部分附加值。改革开放以来，依赖于自由贸易和FDI的政策，中国对外贸易发展非常迅速，不仅是进出口规模的增加，而且进出口的结构也显著优化。但是，中国整体处于全球价值链的低端，迫切需要提升在全球价值链中的地位，随着中国制造业技术实力的增强，部分产业已经向产业中上游转移，开始加快对外直接投资的步伐，有能力构建并主导区域价值链，而“一带一路”倡议的提出为此提供了可能。

总体来看，“一带一路”关于制造业产业合作的文献已经出现，但如何在全球价值链下进行合作，目前尚没有研究。本书在分析“一带一路”国家制造业发展状况的基础上，提出了借助“一带一路”倡议，通过主动寻求与沿线周边国家的联系，构建中国企业主导的区域价值链，巩固和提高自身在区域价值链中的地位，并以此为基点全面对接全球价值链，使制造业逐渐摆脱全球价值链中“被俘获”关系实现顺利升级。

本书以经典的经济学、产业经济学、国际贸易学、空间经济学以及统计学理论为基础，以中国制造业为研究对象，以“一带一路”倡议为背景，在分析中国和“一带一路”沿线国家贸易合作现状的基础之上，对中国制造业价值链参与程度和地位进行了测算，并结合数据介绍了中国制造业对“一带一路”沿线国家出口贸易现状，指出“一带一路”倡议下中国制造业价值链地位提升的可能性与必要性，并进一步说明其中的机理和提升的路径，然后从实证角度进行了检验。

二、主要结论

总结全书，得到的一些具有启发性和参考价值的结论主要有以下几点。

第一，中国制造业在全球价值链中被“低端锁定”，地位亟待提升。

改革开放以来，中国利用劳动力丰富的资源优势融入全球价值链，然而现有的全球价值链是欧美发达国家主导的，中国制造业在其中一直只是从事技术含量不高、附加值较低的低端产品制造和生产的低端环节，这在一定程度上意味着中国制造业在全球价值链中已经被“低端锁定”。此外，近年来，一方面劳动力成本上升，环境成本提高，中国制造业在全球价值链分工中的竞争优势，即赖以存在的低廉劳动力成本和环境成本的优势正在逐渐消失；另一方面，国际金融危机以来美国等发达国家的“再工业化”吸引了大量的高端制造业回流。发达国家跨国公司部分产业从中国撤离，同时“再工业化”使得制造业回流，跨国公司主导的部分劳动密集型产业正逐步从中国撤离，向越南等劳动力成本更低的国家进行转移。因此，从整体来看，中国制造业目前面临“内忧外患”的双重压力，如果还单纯依附于跨国公司主导的全球价值链，中国根本难以突破“中等收入陷阱”的制约，更难实现在现有全球价值链中地位的提升。

第二，中国可以构建一条自身主导的区域价值链来间接实现全球价值链地位的有效提升。

在当前欧美发达国家主导的全球价值链中，中国制造业被动嵌入并被“低端锁定”，如何实现中国制造业价值链地位的提升？只有另辟蹊径，构建一条自身主导的新的全球价值链或区域价值链无疑是一个很好的突破口。相比之下，由于现有的全球价值链仍然具有较强的生命力，所以构建自身主导的区域价值链则更为现实一些。如果可以成功构建这样一条区域价值链，中国一方面可以实现全球价值链被动嵌入者角色的转变，另一方面可以在一定程度上摆脱发达国家的约束，从而可以顺利沿着全球价值链向高端环节攀升，完成地位的提升。因此，本书提出了可以先构建自身主导的区域价值链，待中国制造业的实力足够强大后，回嵌到全球价值链中，将会比较容易实现自身地位的有效提升。

第三，“一带一路”倡议的实施给中国构建自身主导的区域价值链提供了良好的机遇。

“一带一路”倡议的重点合作内容涵盖了构建新的区域价值链所需要的支撑要素，为中国和“一带一路”沿线国家合作构建中国主导的区域价值链提供了良好的机遇和有力的支撑。具体表现在以下四个方面：首先，“一带一路”倡议的提出和实施推进，旨在借用古代丝绸之路的历史符号并为其赋予新的时代内涵，充分依靠中国与有关国家既有的双多边机制，借助既有的、行之有效的区域合作平台，积极发展与沿线国家的经济合作伙伴关系，共同打造政治互信、经济融合、文化包容的利益共同体、命运共同体和责任共同体。其次，“一带一路”沿线国家迫切需要与中国进行合作以促进自身经济发展。“一带一路”沿线国家多为发展中经济体，人口众多，经济发展水平落后，除了受自身资源要素禀赋的制约，现行的国际经济秩序对他们的帮助也极其有限。因此，这些国家迫切需要和中国进行合作以促进自身经济发展。再次，中国和“一带一路”沿线国家的比较优势产业具有很好的互补性，而且互补性强于竞争性，因此双方可以通过合作实现“双赢”。最后，随着近年来中国制造业技术实力的增强，部分产业已经向产业中上游转移，在双边形成的产业互补关系中，我国占据了产业内的高附加值环节，具有控制整条价值链的核心能力，使中国实际上已经具备主导“一带一路”区域价值链的条件。

第四，“一带一路”倡议有助于中国制造业价值链地位的提升。

“一带一路”倡议有利于推动中国制造产业向价值链高端环节发展。实现从“制造大国”向“制造强国”的转变是中国制造2025的核心内容，也是当前和未来中国经济改革亟待解决的问题。在欧美日主导的全球价值链中，中国始终被“锁定”在中低端产业和环节，高技术产业与产业内高端环节缺乏发展空间；在“一带一路”区域价值链中，中国将扮演欧美国家在全球价值链中的角色，更多地承担价值链中的高附加值环节，与沿线国家展开分工合作，有利于资源要素的优化配置，有助于中国发挥比较优势占据主导地位，将对破解经济转型升级难题，推动中国产业中高端化发展起到重要的促进作用，进而必将显著促进中国制造业全球价值链地位的提升。本书实证部分计量模型检验的结果表明，中国与“一带一路”沿线国家之间的进出口贸易与中国制造业价值链地位的提升之间存在显著正向的线性关系，而且不会随着控制变量的顺次加入而发生改变，也验证了“一带一路”倡议的实施能显著促进中国制造业价值链地位的提升这一结论。

三、主要创新点

与已有的文献进行比较，本书主要从以下四个方面做出了创新：

第一，将价值链和“一带一路”倡议结合起来进行研究。

现有文献对于“一带一路”倡议和价值链研究虽然都比较常见，但是很少将两者结合起来进行研究，其中对于“一带一路”倡议的研究主要集中于提出的背景、理论基础和意义，有些开始涉及“一带一路”倡议与区域经济贸易合作及产业转移，对于价值链的研究主要集中在全球价值链和国家价值链，对区域价值链的研究不多。本书将价值链和“一带一路”倡议结合起来进行研究，分析了“一带一路”倡议下中国制造业价值链地位提升的机理及具体路径。

第二，利用增加值贸易数据测算了中国制造业 GVC 参与指数和 GVC 地位指数。

现有研究在测算中国制造业参与全球价值链分工程度和全球价值链地位时，虽然指标和方法存在一定的差异，但是所用的数据几乎都是传统的总值贸易数据，在产品内分工的背景下，不同国家和地区参与产品价值链分工的不同环节，由此产生了大量的中间品的进出口贸易，所以总值贸易数据存在重复计算的问题，造成贸易额虚高的“统计假象”，虽然有学者利用非竞争型投入产出表和加工贸易数据剔除了进口中间投入成分，但是总体准确性相对差一些。本书在库普曼（Koopman，2010）的基础上，根据 OECD - WTO 的 TiVA 增加值贸易数据库，计算出中国总体贸易及各产业贸易参与全球价值链分工的程度和在其中所占据的地位，据此深入了解中国参与全球价值链的程度和在全球价值链中所处的位置，相比已有研究更为准确一些。

第三，分析了“一带一路”倡议下中国制造业价值链地位提升的机理及具体路径。

现有文献对于中国制造业价值链地位提升的研究是比较丰富的，但是很少有结合“一带一路”倡议展开的研究。本书在现有研究的基础上，分析了“一带一路”倡议下中国制造业价值链地位提升的机理及具体路径，即随着“一带一路”倡议的实施与推进，中国应该积极寻求与“一带一路”沿线国家构建中国主导的区域价值链，按照比较优势与沿线国家展开有效的分工合作，通过扩大进出口贸易和产业转移，在沿线国家获得分工利益的同时，实现中国国内要素的有效配置和产业结构的优化，牢牢占据区域价值链的高端环节，这时再回嵌到原有的全球价值链中，将会比较容易实现自身地位的有效提升。

第四，对于“一带一路”倡议下中国制造业价值链地位提升进行了实证研究。

现有文献中尚未发现结合“一带一路”倡议对中国制造业价值链地位提升所进行的实证研究。本书在机理和具体路径分析的基础上，构建了相应的计量模型，对于“一带一路”倡议下中国制造业价值链地位的提升进行了实证研究。计量检验结果表明，中国与“一带一路”国家之间制造业的进出口贸易能够显著促进中国制造业价值链地位的提升，二者之间仅存在正向的线性关系，而且这一结论并不会随着控制变量的顺次加入而发生改变，从而很好地支持了本书的结论。

事实上，制造业是我国国民经济生活中重要的支柱型产业，其地位和作用是不容忽视的。准确认识并测度中国制造业在全球价值链中被“低端锁定”的真实地位，认清中国制造业价值链地位亟待提升的现实，在无法实现自动提升的情况下，借助“一带一路”倡议的推行、通过与沿线国家建立充分全面的合作关系，构建中国自身主导的区域价值链，待中国完全掌握高端产品制造和产品制造的高端环节以后，回嵌到全球价值链中，自然就有实力与发达国家“分庭抗礼”，从而实现中国制造业价值链地位的顺利提升。

四、政策建议

因此，基于前面的研究结论，本书最后提出以下五个方面的政策建议：

第一，正视中国制造业全球价值链地位被“低端锁定”、亟待提升的现实。

首先，学术界关于价值链的研究开始于20世纪80年代中期，但是对于价值链地位的测度相关研究却开始得相对较晚，目前关于其测度方法的研究也仍然比较少，为此，国家应该组织专家力量改进现有的投入—产出表的编制，尽快应用且普及增值贸易统计方法并及时公布相关统计数据，研究建立能真实有效测度中国制造业价值链地位的指标体系。其次，现有研究关于中国制造业在全球价值链中的地位现状，基本已经达成了共识，即在目前欧美日主导的全球价值链中，中国制造业一直面临被“低端锁定”的困境，亟待提升自身在全球价值链中的地位，实现产业升级。

第二，构建区域价值链，积极推进中国与“一带一路”沿线国家的贸易合作。

为进一步推动中国与“一带一路”沿线国家贸易的发展，全方位构建与沿线国家的贸易合作新格局，早日实现“贸易畅通”，具体建议包括：加强贸易互联互通基础设施建设，健全与沿线国家贸易合作的机制与平台，全面深化与沿线国家的产业合作和进一步优化贸易投资便利化环境。

第三，推动产业转移，构建“一带一路”框架下以中国为雁首的新雁形模式。

雁形模式的核心是产业转移。近40年来，中国的比较优势已经发生了动态变化，中国的比较优势产业已经从劳动力密集型产业逐步转为资本和知识密集型产业；“一带一路”沿线国家大多处于不同工业化阶段，他们的比较优势产业依然是劳动力密集型产业，具有承接产业转移形成新雁形模式的动力和优势。因此，根据劳动力成本和各国的自然资源禀赋比较优势，构建

"一带一路"框架下以中国为雁首的新雁形模式，推动不符合比较优势产业的转移，可以使整个区域内的要素资源得到更合理的配置，并且使"一带一路"沿线国家可以形成更合理的分工，中国则可以更顺利地从价值链低端环节向高端环节攀升，最终实现全球价值链地位的有效提升。

第四，依托自贸园区，实现其与"一带一路"的战略对接。

实现"一带一路"建设的"五通"较为可行的途径是在国内以一些核心区域和重要节点作为支撑，而自贸园区是推进"一带一路"建设的重要节点。从最初于2013年9月29日设立的上海自贸园区挂牌成立，到第二批的广东、天津、福建自贸园区，再到2017年4月挂牌的河南、辽宁等7个自贸园区，中国的自贸园区建设大踏步迈入了3.0时代。2015年3月28日，由中华人民共和国国家发展和改革委员会、中华人民共和国外交部、中华人民共和国商务部联合发布的《推动共建丝绸之路经济带和21世纪海上丝绸之路的愿景与行动》强调中国将充分发挥国内各地区比较优势，比如加快推进中国（上海）自由贸易试验区建设，支持福建建设21世纪海上丝绸之路核心区，打造粤港澳大湾区，等等，积极参与和助力"一带一路"建设。"一带一路"向纵深发展，未来要加强自贸园区与"一带一路"建设的深度融合，提升我国对外开放水平和促进"一带一路"沿线国家经济发展。具体做法包括：完善各自贸园区对接"一带一路"物流体系建设，支持自贸园区与沿线国家开展贸易供应链安全与便利合作，在自贸园区建设经贸合作园区，以自贸园区为依托整合沿线国家金融资源，统筹协调加快自贸区融入"一带一路"建设，等等。

第五，结合自贸区战略，积极推动"一带一路"价值链伙伴关系建设。

加快实施自由贸易区战略，是中国新一轮对外开放的重要内容。在"一带一路"倡议的实施和推进过程中，应该着力与沿线国家构建中国主导的区域价值链，而构造区域价值链最重要的是消除贸易壁垒，实现贸易便利化和贸易自由化。因此，中国可以积极与“一带一路”相关国家合作，模仿中国—东盟自贸区，再继续建设一些自贸区。鉴于沿线国家经济发展水平等方面存在较大的差异，可以分批次有选择地与相关国家签订自由贸易协议，然后以点带面，大面积、大范围地去推进；中国尤其要注重与主要经贸合作伙伴或对现有自贸区网络建设意义重大的贸易伙伴进行合作，在已建成自贸区基础上进行升级，使“一带一路”倡议落到实处，进而提升各国间经贸合作水平。同时，此举也有助于在国际经贸合作与规则制定中发出更多中国声音、注入更多中国元素，有效提升中国在国际竞争中的影响力，进而为中国制造业全球价值链地位的有效提升打下良好的基础。

目录

CONTENTS

第 1 章

绪　论

20 世纪 80 年代以来，全球价值链贸易经历了迅猛的发展，与此同时中国凭借丰富低廉的劳动力成本和“两头在外，一头在内”的加工贸易深度参与了价值链分工，虽然出口贸易飞速发展，但却被牢牢锁定在全球价值链的低端环节。近年来，学术界讨论较多的热点问题之一就是如何提升中国制造业在全球价值链中的地位，基本共识是在现有发达国家主导的全球价值链中很难实现中国制造业地位的有效提升。本书提出可以考虑构建一条中国自身主导的区域价值链，“一带一路”倡议的提出为构建这样的区域价值链提供了良好的机遇。本章是全书内容的开篇，首先在介绍选题背景的基础上提出了本研究致力于解决的主要问题，然后指出了本研究的基本思路、主要内容和研究方法，接着对“一带一路”倡议和价值链及相关概念进行了界定，最后指出了本研究的主要创新点及不足之处。

1.1　选题背景及问题的提出

20 世纪 80 年代以来，得益于交通运输和通信网络技术的飞速发展，产品的价值链受传统地理方面的约束力度越来越小，国际贸易外包和模块化发展日趋普遍，全球价值链贸易经历了迅猛的发展。主要表现为同一个产品的不同生产环节或工序被分配到了不同的国家来完成，最后在一个或数个国家进行组装生产出最终产品。这种新型的源自价值链不同环节的全球化分工及由此产生的国际贸易受到了学者们的广泛关注。统计数据显示，基于全球价值链分工而产生的中间品贸易大约占到全球贸易的 60%，在制成品进口贸易和服务进口贸易中的所占比例也分别达到 50% 和 70%

(UNCTAD, 2013)。这种新型的分工和贸易方式将世界各国越来越紧密地联系在一起。

中国作为一个典型的发展中大国，在改革开放以后，凭借自身所特有的嵌入全球经济的模式受到了全世界的关注，这种特有模式最主要的表现形式就是出口贸易的“爆炸型增长”。自2009年超越德国，中国已经连续10年成为全球最大的出口贸易国；其中制成品作为我国的第一大类出口产品，出口额从1980年的90.05亿美元增加到2014年的22300.41亿美元，年均增长率达到了17.60%，高出同期出口贸易总额年均增长率2.24个百分点，2014年中国制成品出口比重已经达到了95.19%，成为中国出口增长的最主要的来源。显然，我国已经成为典型的制成品生产和出口大国。

然而，制成品生产和出口大国并不必然意味着“强国”，大而不强的背后，是中国正面临着严峻的“价值链低端锁定”问题。在目前垂直专业化分工深入发展的现实背景下，中国所融入的全球价值链体系，是完全由欧美日等发达国家跨国公司主导的，再加上中国凭借丰富低廉的劳动力要素成本和“两头在外，一头在内”的加工贸易来参与全球价值链分工，这种参与方式直接导致了全球价值链俘获型网络治理关系的形成（刘志彪等，2007），使中国的对外贸易呈现大进大出、总额虚高的“统计假象”，假象的背后，是中国制造业在全球价值链中被牢牢锁定在以劳动密集型和低技术含量为特征的生产、加工和组装中等低端环节，获利极少，处于非常被动的境地。

所以，破除假象，如实考察中国制造业价值链地位的真实状况是非常必要和重要的。现有文献关于价值链地位的研究，大多基于传统的总贸易核算数据进行。显然随着基于全球价值链分工而产生的中间品贸易激增，传统的贸易核算存在着重复计算的问题，从而使测度结果越来越不可靠。因此，本书基于全球价值链视角，从贸易增加值核算分析框架出发，借助OECD－WTO联合发布的TiVA数据库进行分析计算，得到了相对更为准确的结果；在此基础上，本书进一步研究了中国和“一带一路”沿线国家参与全球价值链分工的情况，测算了中国和“一带一路”沿线国家在全球价值链中的地位，并探讨了“一带一路”合作对于中国GVC地位提升的促进作用。

此外，从中国的现实情况看，经过30多年的发展，中国的劳动力要素禀赋已经发生了明显的变化，“人口红利”即廉价劳动力的要素禀赋优势正在逐渐消失，劳动力成本的迅速上升使传统的代工企业的利润空间变得越来越狭窄，盈利能力持续下降，甚至根本无法盈利，由此可见中国这种传统的参与全球价值链分工的模式已经越来越显示出其弊端和不可持续性。

当然，也有学者指出发展中国家可以采取组织性的学习行为沿着“组装—OEM（委托贴牌加工）—OBM（原始品牌制造）”这样一条路径来实现价值链地位的升级（Gereffi，1999），但是现实生活中，这种想法显然过于乐观。发达国家的跨国公司凭借自身的技术优势和市场势力绝对主导全球价值链和全球战略布局，被动参与的发展中国家要想凭借传统模式自发地实现自身价值链地位的提升难度非常大，甚至毫无可能（刘志彪等，2007；沈能等，2016；黄先海等，2017）。

那么，对于以中国为代表的发展中国家来说，如何摆脱这种不利的困境呢？在现行的全球价值链分工体系中，长期从事低附加值环节，中国不仅面临贸易利得萎缩的风险，还容易“被俘获”和“低端锁定”，要想实现地位的自动升级，可能性不大，但也不能因此全盘否定全球价值链（GVC），专注于发展国家价值链（NVC），这样做无异于倒退到进口替代战略，所以只能另辟蹊径，目前最好的办法就是构建一条中国自己主导的新的全球价值链，但是这个并非一朝一夕可以实现的，难度也是相当大，而且必然会受到发达国家、跨国公司的种种封锁和压制，次优的选择是鉴于目前产品各价值创造环节的全球化特征并不明显，更多呈现出区域化特征，所以相对可行的是构建一条中国自己主导的区域价值链（RVC），最大限度地摆脱发达国家跨国公司的约束，中国在这条区域价值链中可以从GVC中被动嵌入者转换为RVC中积极的主导者角色，充分发挥自身的比较优势，将潜力和潜能最大程度地发挥出来，做大做强。自身实力增强之后，并以之为基点全面对接GVC，将有利于中国制造业在全球价值链中更好地突破发达国家的封锁和限制，最终实现全球价值链地位的有效提升。

中国于2013年提出“一带一路”倡议为中国构建自身主导的区域价值链提供了一个良好的机遇。中国提出的“一带一路”倡议，致力于实现沿线各国多元、自主、平衡、可持续的发展。该思路形成于2013年，完善于2014年，实施于2015年。通过“一带一路”倡议的产业合作，让区域内各国共享中国发展机遇，从而实现区域共同发展。

“一带一路”倡议为中国构建自身主导的区域价值链提供了一个良好的机遇，主要原因有以下两个方面：首先，在世界经济总体持续低迷的形势下，“一带一路”沿线国家保持了良好的经济发展态势，与中国进行贸易合作的基础较好。2007 年次贷危机引发的全球性金融危机迄今已 10 年有余，但是全球经济依然没有完全脱离金融危机的阴影，后金融危机时代世界经济总体持续低迷，欧美日等发达国家受危机影响比较严重，除了其国内经济衰退停滞之外，还体现为整体需求增长缓慢，甚至趋于萎缩，这种外需不振直接影响了中国产品的出口。与此形成鲜明对比的是，“一带一路”沿线国家的经济近年来比较活跃，保持了良好的发展态势。以中亚地区为例，世界银行发布的数据显示，蒙古国和中亚五国的经济保持普遍增长势头，2014 年的经济增长率在 3.6% ~10.3%，可见中国与“一带一路”国家的贸易将来还有很大的提升空间。其次，“一带一路”沿线国家与中国进行合作的贸易潜力较大。“一带一路”沿线各国大多属于发展中国家和地区，大部分工业化尚未完成，与中国相比发展阶段落后不少，这些国家的自然资源和劳动力要素比较丰富，但资本要素比较稀缺，相比较而言，中国不仅发展阶段相对领先，而且资本要素比较丰富，中国与“一带一路”沿线国家互补性远大于竞争性，合作潜力巨大。由此可见，“一带一路”倡议为中国构建自身主导的区域价值链提供了一个非常好的机遇。

“一带一路”倡议作为中国的一项国家级中长期顶层发展战略，旨在通过加强与“一带一路”沿线国家的积极合作，促进区域内贸易和投资，推动区域经济共同发展。“一带一路”以“互联互通”为主要内容，旨在打造和平、发展、共赢的经济合作带，具体可以概括为“五通”：政策沟通、设施联通、贸易畅通、资金融通和民心相通。其中，贸易畅通是“一带一路”倡议“五通”之中的重要推进内容，也是中国和“一带一路”沿线国家展开合作的重要内容。如果中国能和“一带一路”沿线国家合作并成功构建一条中国主导的区域价值链，顺利实现“被动嵌入”向“主导者”角色的积极转变，那么回嵌到全球价值链中中国的价值链地位将有可能实现提升，从而完全摆脱价值链地位的低端锁定。

那么，中国制造业价值链地位如何测度？在现行的全球价值链中究竟处于什么位置？中国和“一带一路”沿线国家是否有必要构建一条区域价值链？中国和“一带一路”国家是否确实具备构建区域价值链的条件？中国能否主导这条区域价值链？构建区域价值链后中国与“一带一路”沿线国家的合作能否有效提升中国制造业在全球价值链中的地位？这些问题都是值得我们深入认识和研究的，也是本书致力于研究和解决的重点内容。

1.2 研究意义

从理论意义来看，随着国际贸易和国际分工的深入开展，价值链理论已成为跨国公司制定全球战略的重要依据，对发展中国家企业及相关产业积极参与国际经济合作和区域经济发展产生了重要影响。在全球价值链（GVC）和国家价值链（NVC）的基础上，区域价值链（RVC）作为一种相对较新的理论分析工具被提出，一方面可以用来分析当前的国际分工状况，另一方面对于借助“一带一路”倡议构想，实现中国为代表的发展中国家制造业产业升级具有重要的理论指导意义。本质而言，“一带一路”合作框架可以看作是一种新型的“贸易协同战略”。从某种意义上来说，“一带一路”倡议的思路与RVC及区域经济一体化理论是一致的；同时，“一带一路”倡议的经济学意义也可以用空间经济学来进行理论解释，该倡议的实施也必然会进一步推动空间经济理论研究的发展。

从现实意义来看，改革开放以来，中国对外贸易发展非常迅速，不仅是进出口规模的增加，进出口的结构也显著优化。然而在欧美日等发达国家主导的GVC中，中国长期从事低附加值环节，不仅贸易利得持续萎缩，而且还面临着“被俘获”和“低端锁定”严峻现实，这一直是国内外学者关注和讨论的热点问题。但如果全盘否定全球价值链（GVC），专注发展国家价值链（NVC），无异于倒退到进口替代战略，而鉴于产品各价值创造环节的全球化特征并不明显，更多呈现出区域化特征，如果能同周边国家构建并主导区域价值链（RVC），并以之为基点全面对接GVC，将有利于中国制造业价值链地位的提升。2013年习近平总书记提出了“一带一路”倡议构想。“一带一路”沿线国家以发展中国家和新兴国家为主，自然资源丰富，但缺少资金、技术和管理经验，与中国互补性大于竞争性，具备形成RVC的关键要素。随着中国制造业技术实力的增强，部分产业已经向产业中上游转移，有能力构建全球价值链，“一带一路”倡议的提出为此提供了可能。因此，借助“一带一路”倡议，通过主动寻求与沿线周边国家的联系，构建中国企业主导的RVC，巩固和提高自身在RVC中的地位，并以此为基点全面对接GVC，使制造业逐渐摆脱GVC中“被俘获”关系实现顺利升级。可见，本课题研究具有重要的现实意义和应用价值。

1.3 研究的基本思路、主要内容及研究方法

1.3.1 基本思路

本书以经典的经济学、产业经济学、国际贸易学、空间经济学以及统计学理论为基础，以中国制造业为研究对象，以“一带一路”倡议为背景，在分析中国和“一带一路”沿线国家贸易合作现状的基础之上，对中国制造业价值链参与程度和地位进行了测算，并结合数据介绍了中国制造业对“一带一路”沿线国家出口贸易现状，指出“一带一路”倡议下中国制造业价值链地位提升的可能性与必要性，并进一步说明其中的机理和提升的路径，然后从实证角度进行了检验，最后是结论、政策建议以及研究展望。

1.3.2 主要内容

全书共分为10章，各章的主要内容具体如下：

第1章，绪论。本章首先介绍了本书的研究背景，包括现实背景和理论背景，提出本书研究的问题，其次指出本书研究的理论意义和实际意义，介绍研究的基本思路、主要内容、章节安排和研究方法，再次对本书研究涉及基本概念及其相关概念进行界定，最后指出本研究的创新点和不足之处。

第2章，文献述评。本章对“一带一路”倡议的相关研究、中国制造业价值链地位的相关研究以及“一带一路”倡议与中国制造业价值链地位的关系的研究现状进行了总结和梳理，并进行了简单述评，为后面的理论分析和实证研究提供了借鉴和参考。

第3章，中国制造业出口贸易及价值链地位现状。本章首先介绍了中国制造业出口贸易现状，其次测算了中国本土制造业出口国内技术含量并用其表征制造业价值链地位，最后使用增加值贸易数据直接测算中国制造业GVC参与度和GVC地位指数。

第4章，“一带一路”倡议及沿线国家制造业发展概况。本章首先解释了“一带一路”倡议的内涵、理论依据，回顾了其实施推进情况，其次

介绍了“一带一路”沿线国家经济贸易发展现状概况，最后分析了“一带一路”沿线国家制造业发展现状。

第5章，中国与“一带一路”沿线国家贸易合作现状。本章将“一带一路”沿线国家划分为六大区域，并结合数据对中国和“一带一路”沿线国家贸易合作总体格局、现状、面临的挑战进行了介绍，最后具体分析了中国和“一带一路”沿线国家制造业发展及合作方式。

第6章，中国制造业对“一带一路”沿线国家出口贸易现状。本章结合实际数据介绍了中国对“一带一路”沿线国家出口贸易总体现状特别是出口贸易产品结构，并具体分析了中国制造业对“一带一路”沿线国家出口贸易现状。

第7章，“一带一路”倡议下中国制造业价值链地位提升的必要性和可能性。本章主要结合数据分析指出“一带一路”倡议下中国制造业价值链地位提升的必要性和可能性，为后面的理论分析和实证检验奠定基础。

第8章，“一带一路”倡议下中国制造业价值链地位提升的机理及路径。本章首先解释了中国制造业在全球价值链中被“低端锁定”的机理，并进一步分析了“一带一路”倡议下中国制造业价值链地位提升的机理，最后提出提升的具体路径。

第9章，“一带一路”倡议下中国制造业价值链地位提升的实证研究。本章采用中国制造业数据对“一带一路”倡议下中国制造业价值链地位提升进行实证检验，并得出相应的结论。

第10章，结论、政策建议及研究展望。本章是对全书研究内容的总结，得出结论后，分析其政策含义并给出具体的政策建议，最后针对本研究的不足之处对本领域的后续研究进行展望。

1.3.3 研究方法

本书采用理论分析与实证检验相结合的研究方法。理论分析是全书研究的基础，实证分析是对理论分析的检验，二者相辅相成，有机统一，构成全书的主要分析方法。

首先，在理论分析中采用规范分析和文献研究的方法。本书关注并追踪“一带一路”倡议与中国制造业价值链地位研究领域的最新研究成果，并注意进行梳理总结。本书以经典的经济学文献为理论基础，在分析中国和“一带一路”沿线国家贸易合作现状的基础之上，对中国制造业价值链地位进行了测算，并结合数据介绍了中国制造业对“一带一路”沿线国家出口贸易现状，指出“一带一路”倡议下中国制造业价值链地位提升的可能性与必要性，剖析了其中的机理，并提出了中国制造业价值链地位提升的路径。

其次，在实证分析中结合了统计分析和计量分析方法。借助非竞争型投入产出表利用总出口增加值分解法等统计分析方法计算 KPWW 指数，对中国制造业价值链地位进行了测度。选取了中国制造业 8 个细分行业数据，应用固定效应模型，采用 GLS 估计法对“一带一路”倡议对中国制造业价值链地位的提升作用进行了实证检验。

1.4 基本概念的界定

1.4.1 “一带一路”倡议及其相关概念

“一带一路”（the belt and road，B&R）是“丝绸之路经济带”和“21 世纪海上丝绸之路”的简称。2013 年 9 月和 10 月，中国国家主席习近平在出访中亚和东南亚国家期间，先后提出共建“丝绸之路经济带”和“21 世纪海上丝绸之路”的重大倡议，得到国际社会高度关注；中国国务院总理李克强在亚洲和欧洲访问时进行了推广，并写进了《政府工作报告》；2015 年 3 月 28 日，中华人民共和国国家发展和改革委员会、中华人民共和国外交部、中华人民共和国商务部联合发布了《推动共建丝绸之路经济带和 21 世纪海上丝绸之路的愿景与行动》（以下简称《愿景与行动》）。

“一带”即丝绸之路经济带，主要涵盖东南亚经济整合、涵盖东北亚经济整合，并最终融合在一起通向欧洲，形成欧亚大陆经济整合的大趋势；“一路”即 21 世纪海上丝绸之路，是从海上联通欧亚非三个大陆，并和丝绸之路经济带战略形成一个海上、陆地的闭环。“一带一路”倡议旨在借用古代丝绸之路的历史符号，高举和平发展的旗帜，充分依靠中国与有关国家既有的双多边机制，借助既有的、行之有效的区域合作平台，积极发展与沿线国家的经济合作伙伴关系，共同打造政治互信、经济融合、文化包容的利益共同体、命运共同体和责任共同体。

总之，中国提出的“一带一路”倡议是一个跨越亚欧等区域，强调与相关各国打造互利共赢合作关系的重大倡议，更是推动新一轮经济全球化飞速发展的重大倡议。未来应着眼于构建“一带一路”区域价值链的合作机制，这不仅可以为中国制造业价值链地位的提升提供良好的机遇，也势必会推动新一轮全球贸易的繁荣与增长。本质而言，“一带一路”合作框架可以看作是一种新型的“贸易协同战略”。

1.4.2 价值链及其相关概念

1. 价值链

价值链（value chain）。这一概念是在20世纪80年代中期由美国哈佛大学商学院教授迈克尔·波特在《竞争优势》一书中最早提出的（Porter，1985）。波特认为：“每一个企业都是在设计、生产、销售、发送和辅助其产品的过程中进行种种活动的集合体。所有这些活动可以用一个价值链来表明。”企业的价值创造是通过一系列活动构成的，这些活动可分为基本活动和辅助活动两类，基本活动包括内部后勤、生产作业、外部后勤、市场和销售、服务等；而辅助活动则包括采购、技术开发、人力资源管理和企业基础设施等。这些互不相同但又相互关联的生产经营活动，构成了一个创造价值的动态过程，即价值链。波特认为企业生产产品包含了从产品设计开发到加工制造再到最终销售和分配给消费者等多个不同但又相互连接的活动，每一项活动均形成价值，是企业价值链上的一个环节，所有涵盖了产品生产和服务的活动形成的价值相连接即形成了价值链。简单来说，价值链可以理解为从设计开发到加工制造，再到产品销售等不同阶段所形成的一个连续的过程。

价值链的各环节之间相互关联，相互影响。一个环节经营管理的好坏可以影响到其他环节的成本和效益等价值活动，但是影响程度的大小则与其在价值链上的位置有很大的关系。根据产品实体在价值链各环节的流转程序，企业的价值活动可以被分为“上游环节”和“下游环节”两大类。在企业的基本价值活动中，材料供应、产品开发、生产运行可以被称为“上游环节”；成品储运、市场营销和售后服务可以被称为“下游环节”。不同的行业价值的具体构成并不完全相同，同一环节在各行业中的重要性也不同。

2. 全球商品链

全球商品链（global commodity chain，GCC）。美国杜克大学教授格里菲（Gereffi，1999）在管理学价值链理论的基础上，将价值链与产业的全球组织联系了起来，首次提出了全球商品链这一概念，为商品链的研究提供了系统性的分析。格里菲（1999）通过对跨国公司主导下的价值链活动进行研究，认为当前世界经济中的生产活动更显现出网络化特征，跨国公司作为国际生产网络的主体，将世界范围内的各种生产相关企业紧密地联系到商品的全球生产链中。全球商品链中的基本单位是节点，任意一个节点包含着原材料投入、运营组织、市场营销等内容环节。虽然该理论是围绕着跨国公司的商品概念，但为之后全球价值链空间布局的提出提供了思路。

格里菲和科恩涅维茨（Gereffi and Korzeniewicz，1994）在对美国零售业价值链研究的基础上，将价值链分析法与产业组织研究结合起来，提出全球商品链分析法，并区分了两类全球商品链：购买者驱动型和生产者驱动型。购买者驱动型商品链是指大型零售商、经销商和品牌制造商在散布于全球的生产网络（特别是奉行出口导向战略的发展中国家）的建立和协调中起核心作用的组织形式。生产者驱动型商品链是指大的跨国制造商在生产网络的建立和调节中起核心作用的垂直分工体系。在生产者驱动链中，制造先进产品如飞机等的制造商不仅获得了更高的利润，控制了上游的原料和零部件供应商、下游的分销商和零售商。通过两种模式来探究产业再结构中的状态，协助发展中国家进行产品和产业的升级。

格里菲的商品链分析方法的意义在于指出了某些类型商品链的驱动力。但是，全球价值链形成的动力机制是多种多样的：首先，有些全球价值链可能是多头驱动甚至购买者和生产者混合驱动的，而不是单头驱动的；其次，政府和大的供应商也可能成为价值链的驱动者，如 PC 产业的英特尔（Intel）。此外，正如格里菲所指出的，商品链分析法太过简单，没有抓住价值链的主要特征，有许多已有的典型网络组织形式没有被包括进去。因此，这种商品链分析方法在实证研究中已经较少采用。

3. 垂直专业化

垂直专业化（vertical specialization）。垂直专业化这个概念通常用一国出口品中进口品的含量来测算，即生产环节分布在多个不同国家完成的现象。很多学者认为垂直专业化是近年来国际贸易飞速发展的主要原因之一（Hummels et al.，1998，2001；Yi，2003）。巴拉萨（Balassa，1967）最早发现了垂直专业化现象，并将其定义为将一项商品的连续生产过程垂直分割成一条垂直的贸易链，而由每个国家以其比较优势承担某个阶段的商品生产，获得相应的附加值。学术界对于垂直专业化的研究最初主要聚焦于其产生的原因，继而在比较优势理论（Dixit and Grossman，1982）、规模经济（Ishii and Yi，1997）、不完全竞争（Chen et al.，2004）、产业组织与契约理论（Grossman and Helpman，2004）等框架下，从企业层面深入工序层面进行研究。近十几年，学术界开始致力于国际贸易中垂直专业化分工程度和增加值含量的测算，并逐渐从对单个产品的研究上升到从全球视角俯瞰整个价值链。

4. 全球价值链

全球价值链（global value chain，GVC）。目前关于全球价值链的所有定义中，公认最具有代表性的是联合国工业发展组织（united nations industrial development organization，UNID，2004）的定义：全球价值链是指为实现商品或服务价值而连接生产、销售、回收处理等过程的全球性跨企业网络组织，涉及从原料采购和运输，半成品和成品的生产和分销，直至最终消费和回收处理的整个过程；包括所有参与者和生产销售等活动的组织及其价值、利润分配，当前散布于全球的处于价值链上的企业进行着从设计、产品开发、生产制造、营销、交货、消费、售后服务、循环利用等各种增值活动。

此外，斯特金（Sturgeon，2001）从组织规模（organization scale）、地理分布（geographic scale）和生产性主体（productive actor）三个维度来界定全球价值链。从组织规模看，全球价值链包括参与了某种产品或服务的生产性活动的全部主体；从地理分布来看，全球价值链必须具有全球性；从参与的主体看，有一体化企业、零售商、领导厂商、交钥匙供应商和零部件供应商。

事实上，同一产品的不同生产环节在全球范围内分配的这种现象，直接导致了一条由许多国家参与的产品价值链的形成。可以用一个简单的情形来模拟：A 国完成第一个生产环节，然后将未完成的中间产品出口到 B 国，B 国进行下一个生产环节，接着将增值后的中间品继续出口到 C 国，依此类推，直到最后一个国家完成最后的生产环节后将最终产品出口到全世界。可以看出，产品的价值链一般具有三个特征：（1）价值链的地理分布范围是全球，许多国家参与其中；（2）每个国家负责某一个环节或工序，完成一部分产品的增值；（3）由此产生的国际贸易是产品内贸易，亦即价值链贸易。

从20世纪80年代开始，国际分工与贸易的发展出现了一种新的趋势，即随着通信网络技术和物流产业的发展，产品的价值链受传统地理方面的约束力度越来越小，国际贸易外包和模块化发展日趋普遍，主要表现为产品价值链的不同生产环节直接被切割，突破了原来空间的限制，同一个产品的不同生产环节或工序被分配到了不同的国家来完成，最后在一个或数个国家进行组装生产出最终产品，学者们注意到了这一价值链不同环节的全球化分工以及由此产生的国际贸易，不同的学者给予了不同的称谓，如价值链切割（slicing the value chain）、国际生产分割（international fragmentation）、产品内分工（intra-product specialization）、地点分散化（delocalization）、中间品贸易（intermediate trade）、垂直专业化（vertical specializing）、外包（outsourcing）等，为了统一起见，本书将这种现象统一称为全球价值链分工，由此产生的国际贸易称为全球价值链贸易，各国在全球价值链中所处的位置和所扮演的角色称为全球价值链地位。后面通常会省略“全球”两个字，即后文提到的价值链，均是全球价值链的简称。

5. 全球生产网络

全球生产网络（global production networks）是指跨国公司将产品价值链分割为若干个独立的模块，每个模块都置于全球范围内能够以最低成本完成生产的国家和地区，进而形成的多个国家参与产品价值链的不同阶段的国际分工体系。从定义来看，全球生产网络和全球价值链这两个概念非常相似，全球生产网络可以被认为是全球价值链发展的高级形式，而全球价值链既可以看作是生产网络的初级形式，也可以理解为是对全球生产网络的抽象和简化，这种抽象和简化对于理论研究来说又是必要的。因此，全球价值链治理可看作全球生产网络之治理。

但是二者还是有区别的：第一，全球价值链主要描述了国际范围内某种商品或服务从生产到交货、消费和服务的一系列过程，而国际生产网络强调的则是位于不同国家和地区的一群相关企业之间关系的本质和程度。第二，全球价值链主要从纵向维度来研究全球经济组织，而全球生产网络则更倾向从纵、横两个维度来研究经济组织。产品越复杂，其生产包括的工序越多，其纵向维度越长；产业越庞大，专业化分工越有可能获得规模经济，其横向维度也会越发达，因而也越有可能形成规模宏大、结构复杂的生产网络。

6. 区域价值链

区域价值链（regional value chains，RVC）是指以产业升级和中高端化发展为目标，联合周边产业互补性强的新兴国家或地区，为实现商品或服务价值而连接生产、销售、回收处理等过程的区域性跨企业网络组织。

与全球价值链不同的是，区域价值链属于一定区域范围内的国际分工与合作，比全球价值链范围要窄一些，但是更为灵活，特别是目前全球价值链被发达国家和跨国公司控制和主导，发展中国家的价值链地位比较被动而且被“低端锁定”，在此情况下，一些有意向的国家和地区就可以考虑通过分工合作构建区域价值链，改变自身原来在全球价值链中的不利处境，与相关国家平等互利、合作共赢。

中国若能同周边新兴国家组成 RVC，将有机会从 GVC 中的技术落后方转换为 RVC 中的相对技术先进方，接触甚至控制价值链的中高端环节，通过主导 RVC，实现我国经济发展向中高端水平迈进的目标。

7. 其他概念

除了上面提到的概念，其他相关的概念还有国际生产分工（international fragmentation）（Arndt et al.，2001）、全球生产共享（global production sharing）（Yeats，1998）、国际生产外包（offshoring or international outsourcing）（Farrell，2004；Glass ct al.，2001；Park et al.，2013）、片段化生产（fragment prodction）（Arndt and Kierzkowski，2001）、多阶段生产（multistage production）（Dixit et al.，1982）、任务贸易（trade in task）（Grossman et al.，2008）等术语，虽然它们的含义不尽相同，但都在某种程度上体现了跨越国界生产的日益广泛性和分割全球价值链、了解生产参与各方优劣势的重要性。

1.5 主要创新点及不足

1.5.1 主要创新点

与已有的文献进行比较，本书主要从以下四个方面做出了创新：

1. 将价值链和“一带一路”倡议结合起来进行研究

现有文献对于“一带一路”倡议和价值链研究虽然都比较常见，但是很少将两者结合起来进行研究，其中对于“一带一路”倡议的研究主要集中于提出的背景、理论基础和意义，有些开始涉及“一带一路”倡议与区域经济贸易合作及产业转移，对于价值链的研究主要集中在全球价值链和国家价值链，对区域价值链的研究不多。本书将价值链和“一带一路”倡议结合起来进行研究，分析了“一带一路”倡议下中国制造业价值链地位提升的机理及具体路径。

2. 利用增值贸易数据测算了中国制造业 GVC 参与指数和 GVC 地位指数

现有研究在测算中国制造业参与全球价值链分工程度和全球价值链地位时，虽然指标和方法存在一定的差异，但是所用的数据几乎都是传统的总值贸易数据，在产品内分工的背景下，不同国家和地区参与产品价值链分工的不同环节，由此产生了大量的中间品的进出口贸易，所以总值贸易数据存在重复计算的问题，造成贸易额虚高的“统计假象”，虽然有学者利用非竞争型投入产出表和加工贸易数据剔除了进口中间投入成分，但是总体准确性相对差一些。本书在库普曼（Koopman，2010）的基础上，根据 OECD - WTO 的 TiVA 数据库，计算出中国总体贸易及各产业贸易参与全球价值链分工的程度和在其中所占据的地位，据此深入了解中国参与全球价值链的程度和在全球价值链中所处的位置，相比已有研究更为准确一些。

3. 分析了“一带一路”倡议下中国制造业价值链地位提升的机理及具体路径

现有文献对于中国制造业价值链地位提升的研究是比较丰富的，但是很少有结合“一带一路”倡议展开的研究。本书在现有研究的基础上，分析了“一带一路”倡议下中国制造业价值链地位提升的机理及具体路径。具体来说，中国应该积极寻求与“一带一路”沿线国家构建中国主导的区域价值链，按照比较优势与沿线国家展开有效的分工合作，通过扩大进出口贸易和产业转移，在沿线国家获得分工利益的同时，实现中国国内要素的有效配置和产业结构的优化，牢牢占据区域价值链的高端环节，这时再回嵌到原有的全球价值链中，将会比较容易实现自身地位的有效提升。

4. 对于“一带一路”倡议下中国制造业价值链地位提升进行了实证研究

现有文献中尚未发现结合“一带一路”倡议对中国制造业价值链地位提升所进行的实证研究。本书在机理和具体路径分析的基础上，构建了相应的计量模型，对于“一带一路”倡议下中国制造业价值链地位的提升进行了实证研究。计量检验结果表明，中国与“一带一路”国家之间制造业的进出口贸易能够显著促进中国制造业价值链地位的提升，二者之间仅存在正向的线性关系，而且这一结论并不会随着控制变量的顺次加入而发生改变，从而很好地支持了本书的结论。

1.5.2 不足

第一，由于样本数据的获取来源限制，同时为了保证统计口径的一致性，本书只选择了2005～2011年中国制造业行业面板数据进行检验。在测度中国制造业出口国内技术含量和价值链参与程度及价值链地位时，在一定程度上影响了测算结果的准确性。在今后的研究中，应该积极发现和挖掘微观数据，以更精确地进行统计和计量方面的分析。

第二，对于“一带一路”倡议下中国制造业价值链地位提升的实证研究结果精确性不够。主要是因为一方面“一带一路”倡议思路形成于2013年，完善于2014年，实施于2015年，其影响可能并未充分发挥出来，从而使研究结果准确性稍欠；另一方面本书选取的“一带一路”倡议的工具变量是中国与“一带一路”国家制造业的进出口贸易，数据只更新到2011年。随着时间的推移，随着“一带一路”倡议的不断推进，其对中国制造业价值链地位提升的影响应该会充分发挥出来，今后的研究结果必然会日趋精准。

第三，现实经济生活中，影响制造业价值链地位提升的因素是多样的，比如宏观经济政策、相关产业发展等，本书未能将更多的影响因素纳入模型，从而在一定程度上可能影响了结果的精确性，在今后的讨论中应尽量全面地将影响因素纳入研究内容，这也是今后研究的努力方向。

第 2 章

文献述评

“一带一路”倡议自2013年提出以来便受到了国内外学界和业界的广泛关注；现有研究除了关注“一带一路”倡议的内涵、意义及推进过程，还肯定了“一带一路”倡议对区域经贸合作和产业转移的促进作用。而价值链一直是近年各界所关注的热点问题，从价值链的提出到价值链的测度方法，从中国制造业价值链地位现状到影响因素再到变化趋势，相关研究文献比较丰富。总之，对于“一带一路”倡议和价值链的研究都不少，但是将二者联系起来的文献却不太多见，目前有文献开始讨论“一带一路”倡议和全球价值链以及区域价值链的研究，但是并未进行系统深入地探讨，这也是本书致力于研究和解决的问题。

2.1 关于“一带一路”倡议的研究

2.1.1 “一带一路”倡议的内涵

“一带一路”（the belt and road，B&R）是“丝绸之路经济带”和“21世纪海上丝绸之路”的简称。2013年9月和10月，中国国家主席习近平在出访中亚和东南亚国家期间，先后提出共建“丝绸之路经济带”和“21世纪海上丝绸之路”的重大倡议，得到国际社会高度关注。后来李克强总理在访问亚洲和欧洲期间进行了推广，并写入了政府工作报告；为加快构建中国开放型经济新体系，十八届三中全会提出了“推进丝绸之路经济带、海上丝绸之路建设，形成全方位开放新格局”的战略规划。

"丝绸之路经济带"和"海上丝绸之路"（即"一带一路"）将成为全方位对外开放格局建设的有力抓手。2015 年 3 月 28 日，国家发展改革委、外交部、商务部联合发布了《推动共建丝绸之路经济带和 21 世纪海上丝绸之路的愿景与行动》。

作为新时期中国一项重大发展战略构想，"一带一路"倡议的提出在得到国内外广泛关注的同时，也引起了各方面的热议，看法各不相同。学术界关于"一带一路"倡议内涵的研究主要集中在对"一带一路"倡议内涵、意图、影响乃至前景的解读，比如中国国际经济交流中心副理事长、商务部原副部长魏建国则直接将"一带一路"看作是中国继邓小平建特区和加入 WTO 之后的"第三次对外开放"，此次对外开放以前两次为基础，但是在层次、水平、质量和规模上更高的一次对外大开放。与前两次相比，这次开放更侧重东北、西北和西南内陆地区以及沿边地区的对外开放，特别是侧重与周边发展中国家的互联互通，即习近平总书记强调的"政策沟通、道路联通、货币流通，然后是贸易畅通，最后做到民心相通"，一定要强调"'国之交、民相亲、利相融、心相通'"（赵可金，2015）。

2.1.2 "一带一路"倡议与区域经贸合作

"一带一路"倡议是在中国经济"新常态"背景下提出的，其战略思路形成于 2013 年，完善于 2014 年，实施于 2015 年。现有多数研究主要集中于"一带一路"倡议的意义和实施推进过程（申现杰和肖金成，2014；卢锋等，2015）。具体主要探讨"一带一路"的基础设施和能源合作，目前以能源合作为主。

少数文献开始涉及"一带一路"沿线国家的经济贸易发展合作，许和连等（2015）考察了"一带一路"沿线各国在贸易网络中的地位和贸易模式，并研究了高端制造业贸易格局形成的主要影响因素。

韩永辉等（2015）以"一带一路"倡议为背景，指出中国与西亚的经贸合作正面临新的历史机遇。基于联合国 UNCOMTRADE 数据库，论文通过测算中国与西亚的出口相似度指数等 6 种指数来分析中国与西亚双边贸易的竞争性与互补性。结果显示，中国与西亚表现出较强的贸易互补性，中国可充分利用与西亚贸易的互补性和"一带一路"倡议契机等有利因素，加强两地贸易合作。蔡中华等（2016）分区域研究了中国在"一带一路"沿线国家专利申请与出口贸易分布情况，并构建了专利结构与出口结构相似度指数，探索中国在“一带一路”国家专利布局与出口的相似程度。孙瑾和杨英俊（2016）以诺维（Novy，2011）的模型为基础，计算1994～2013年“一带一路”14个主要国家与中国的双边贸易成本，并对影响双边贸易成本的诸多因素进行面板回归分析。舒杏等（2016）基于2000～2006年海关数据库企业—产品—目的国层面的月度数据，刻画了中国企业对“一带一路”国家出口频率的分布特征，发现大多数企业出口频率较低，且随着出口频率的增加其所占比重迅速递减，进一步采用Nbreg计数模型考察出口频率的决定因素，最后提出应深挖贸易互补潜力，提高贸易投资便利化水平，提升我国企业在“一带一路”区域价值链中的地位，通过制定合理的贸易政策来保障出口贸易的平稳发展。赵金龙和王斌（2016）研究了我国与“一带一路”自由贸易区（FTA）战略的最优路径。

2.1.3 “一带一路”倡议与产业转移

“一带一路”作为一项重要的中长期国家发展战略，目前更多的研究集中于一带一路的基础设施和能源合作，其实，“一带一路”中不仅是资源和能源的合作，制造业的合作也是一个非常重要的方面。由于劳动成本上升，环境规制的提高，中国在劳动密集型产品上逐渐丧失比较优势，但是区域内很多国家迫切需要这些领域的投资，因此中国的部分产业可以转移到较低经济发展阶段的国家。

“一带一路”倡议与产业转移方面研究，国内学者主要集中于“一带一路”对国际经贸格局及国际关系影响的研究及各地区对于承接产业的效应研究。

立足国际视角，申现杰等（2014）在国际区域经济合作新形势视角下解析了“一带一路”对中国经济发展及国际地位提升的重要性；安虎森等（2015）提出“一带一路”表现形式是重塑国内经济地理和重塑亚欧“世界岛”经济地理的统筹，即实现中国东部和中西部地区协调发展和一体化发展，并构建国际产业分工和产业转移的新模式；张辉（2015）认为世界经济的循环越来越变为以中国为枢纽点的“双环流”体系，“一带一路”倡议是中国在全球价值双环流结构中构建以中国为主导的亚欧非大区域治理平台；卢锋等（2015）指出中国现阶段生产能力在常规制造与建造方面具有比较优势，在开放宏观经济领域拥有充裕的国民储蓄与外汇储备资源，“一带一路”体现了开放国策、外交战略、结构调整、促进增长目标之间的良性互动关系；张理娟等（2016）认为面对世界经济形势新变化，“一带一路”倡议的提出将有望通过国际产业转移实现国内产业结构升级等战略，同时改变沿线各国产业发展和世界经济增长格局。

在各地区对于承接产业效应研究方面，郑涛等（2015）探讨了在产业转移背景下“一带一路”倡议对中西部地区经济发展的影响，张军（2014）、郑志来（2015）对东西部省份和江苏省、西南地区，刘宗义（2015）对东南及西南周边地区在“一带一路”倡议中的优势及定位进行了研究。对于沿线产业转移研究也偏向于单个产业部门研究，杨文升（2015）、赵明亮（2015）、张红利（2015）、刘建国（2015）、夏彩云（2015）、史昕（2015）等主要分别就沿线基础设施建设、钢铁业、物流业、金融业、能源合作等方面进行相关研究。目前，部分学者也对“走出去”模式和理论进行了探讨，但是缺少数据分析和实证研究，并且偏向于沿线产业转移的单个方向，尚不能综合分析中国与“一带一路”沿线国家的产业转移。

总体来看，“一带一路”关于制造业产业合作的文献已经出现，但如何在全球价值链下进行合作，目前尚没有研究。本书提出了借助“一带一路”倡议，通过主动寻求与沿线周边国家的联系，构建中国企业主导的区域价值链，巩固和提高自身在全球价值链中的地位，并以此为基点全面对接全球价值链，使制造业逐渐摆脱全球价值链中“被俘获”关系，实现顺利升级。

2.2 关于中国制造业价值链地位的研究

自格里菲（1999）首次提出全球价值链（global value chain，GVC）以来，关于全球价值链的研究一直是国内外学者持续关注的热点问题，下面将从全球价值链理论的提出、价值链的测度方法、中国制造业价值链地位现状及变化趋势以及中国制造业价值链地位的影响因素等四个方面对相关文献进行梳理。

2.2.1 全球价值链理论的提出

全球价值链理论最初起源于管理学中的价值链理论，该理论中蕴含的

“工序”“附加值”概念为之后的全球价值链分工理论演绎奠定了较好的研究基础。

1985年哈佛大学商学院教授迈克尔·波特在其著作《竞争优势》中率先指出，从微观来看，“每一个企业都是在设计、生产、销售、发送和辅助其产品的过程中进行种种活动的集合体。所有这些活动可以用一个价值链来表明”。简单来说，价值链可以理解为从设计开发到加工制造，再到产品销售等不同阶段所形成的一个连续的过程。波特同时指出，企业不仅拥有内部价值链，当企业置身于外部环境中时，该企业就与产业中的供应商、其他制造商、产品分销商以及消费者之间相互关联，即面临着一条外部价值链。因此，波特在解释企业面临的竞争时，重点突出企业必须认清自身内部价值链以及外部价值链，需要在内外价值链中获取竞争优势。

宾夕法尼亚大学教授布鲁斯·科古特（Bruce Kogut）提出了用价值增值概念来分析国际战略优势。科古特（1985）认为价值链是技术、劳动力、原材料投入等的有效组合，而一个企业的全球战略谋划过程是价值链各功能环节的配置过程，企业的竞争优势体现在价值链的哪个区段环节上显现优势。该理论不同于波特教授强调单个企业的竞争优势，而是反映了价值链的垂直分工特征以及全球生产网络中的同区位配置功能，这对全球价值链理论的形成尤为重要。

20世纪90年代开始，全球化趋势越来越明显，价值链分工与贸易在全球范围内大量出现。发展迅速的全球价值链贸易现象加深了学者们对于理论研究的重视，于是全球价值链理论得到了快速发展，出现了一批有影响的研究文献。

克鲁格曼（Krugman，1995）将价值链理论运用到企业生产过程的分割和空间布局分析中，探讨了企业将价值链各环节在全球进行空间布局的能力，突出了价值链治理模式与产业空间转移两者关联性问题的研究，他发现许多生产商将价值链进行切割，然后将不同的生产过程分散到不同的国家，结果是由此产生了一批超级贸易国家，这些国家中贸易占GDP的比例非常大。此后，阿恩特和凯日科夫斯基（Arndt and Kierzkowski，2001）使用“片段化”来描述过生产过程的分割现象。他们认为这种生产过程在全球的分离是一种全新的现象。这就使同一价值链条的生产过程的各个环节通过跨界生产网络被组织起来，这一跨界网络可以由一个企业内部完成，也可以由许多企业分工合作完成。

格里菲在管理学价值链理论的基础上，首次提出了全球商品链这一概念。格里菲（1999）通过对跨国公司主导下的价值链活动进行研究，认为当前世界经济中的生产活动更显现出网络化特征，跨国公司作为国际生产网络的主体，将世界范围内的各种生产相关企业紧密地联系到商品的全球生产链中。全球商品链中的基本单位是节点，任意一个节点包含着原材料投入、运营组织、市场营销等内容环节。虽然该理论是围绕着跨国公司的商品概念，但为之后全球价值链空间布局的提出提供了思路。格里菲的商品链分析方法的意义在于指出了某些类型商品链的驱动力，然而格里菲也承认商品链分析法太过简单，没有抓住价值链的主要特征，有许多已有的典型网络组织形式没有被包括进去。因此，这种商品链分析方法在实证研究中已经较少采用。

后来，格里菲（2001）在全球商品链基础上进一步提出了全球价值链这一概念，提供了一种研究生产活动在全球空间范围内布局的方法，同时这个概念的提出也深刻揭示了当前世界经济运行中的动态特征。全球价值链分工理论进一步解释了当前跨国公司主导下的生产活动跨地域布局，价值链包含设计、生产、组装、营销、售后服务等一系列环节，产品的国别属性越来越模糊，很难用产品的最后出口国来准确描述该产品的国别属性。但价值链上各个环节的利润程度各不相同，每条全球价值链上总是存在一些能够创造更高利润的战略环节。

此外，斯特金（2001）分别从组织规模、地理分布和生产性主体三个维度来界定全球价值链，并对价值链和生产网络的概念进行了区分，指出全球生产网络可以被认为是全球价值链发展的高级形式，而全球价值链既可以看作是生产网络的初级形式，也可以理解为是对全球生产网络的抽象和简化，这种抽象和简化对于理论研究来说又是必要的。因此，全球价值链治理可看作全球生产网络之治理。另外，史密斯等（Smith et al.，2002）认为，全球价值链是一种产品从设计环节到最终报废整个生命周期中，创造价值的全部活动组合。这种以产品为中心轴的跨国性生产组织活动，非常重视产品链上的增值环节，同时也很看重价值链中各企业之间的互动与利益分配。

总之，在全球价值链理论研究的过程中，研究者们曾采用了不同的称谓，如价值链、商品链、生产网络、企业网络和价值网络等，本书统称为价值链，如果不加特殊说明，本书所指的价值链，均为全球价值链。关于全球价值链的定义，本书采用的是目前公认最具有代表性的联合国工业发展组织的定义：全球价值链是指为实现商品或服务价值而连接生产、销售、回收处理等过程的全球性跨企业网络组织，涉及从原料采购和运输，半成品和成品的生产和分销，直至最终消费和回收处理的整个过程；包括所有参与者和生产销售等活动的组织及其价值、利润分配，当前散布于全球的处于价值链上的企业进行着从设计、产品开发、生产制造、营销、交货、消费、售后服务、最后循环利用等各种增值活动。

2.2.2 价值链的测度方法

关于全球价值链的测度的研究，现有文献大致可以分为两类：一类是构造相关的指标来估计某一国家或地区全球价值链的嵌入程度或参与程度，另一类是估计某一国家或地区在全球价值链中的地位。不少研究忽视了这两类指标的区别，但事实上两者是截然不同的，前者衡量的是全球价值链参与的多少，后者则是研究某国在全球价值链中地位的高低，参与得多并不一定地位高，地位低也不一定参与得少，两者并非一一对应的。

1. 关于全球价值链参与程度的测度

关于一国参与全球价值链程度的测度，现有文献常用中间品贸易占全部贸易比重或国外增加值占总出口的比重来衡量的。最具代表性的是胡梅尔斯等（Hummels et al.，2001）提出的垂直专业化指数和库普曼等（2010）构造的全球价值链参与程度指数。

胡梅尔斯等（2001）发展了由巴拉萨最早提出的垂直专业化的概念，并提出了计算某一国家具体产业的垂直专业化程度的具体方法，该方法被称为 HIY 法。HIY 法的提出在国际贸易研究领域产生了深远的影响，一些学者（邱斌等，2012；王岚，2014）使用 HIY 法计算垂直专业化指数以衡量一国参与全球价值链的程度。

但是 HIY 方法后来陆续受到了一些质疑。库普曼等（2008）指出 HIY 方法是假设在生产过程中一国面向出口和面向国内市场生产的产品的中间品投入密度是相同的，显然这个假设是不太现实的，特别是对于中国为代表的加工贸易在出口中占比很大的发展中国家来说不现实，因为这些国家出口贸易中加工贸易占比较大，加工贸易出口产品生产中的中间品投入密度显然会远大于满足国内市场需求的产品，由此可见这种情况下 HIY 方法会低估国外增加值（FV）在出口中的份额，不能准确刻画一个国家参与 GVC 分工的程度。库普曼等（2008）重新计算了中国制造业出口中的国外增加值，得到的结果几乎比 HIY 方法的计算结果高出了整整一倍。

库普曼等（2010）则是对 HIY 方法中饱受质疑的同密度中间品投入的假设进行了放松，提出了新的贸易增加值分解方法，并利用该方法对总出口贸易进行了重新分解，然后基于分解内容，他们又进一步构建 GVC - Participation 来测算一国在全球价值链中的参与程度和所处的位置。

2. 关于全球价值链地位的测度

衡量全球价值链地位的指标，常见的主要有出口技术复杂度和上游度以及 KPWW 指标。

（1）出口技术复杂度指标及其变形。

最初学者们尝试借助出口技术复杂度指标[①]及其各种变形来测度一国的价值链地位。出口技术复杂度指数侧重于测度出口产品的技术含量[②]，具体思路是将某国出口中所表现出的生产率水平即技术复杂程度与该国的人均收入联系起来，试图捕捉某国的出口所体现出的生产率水平是否与自身收入水平相匹配。自提出以来，出口技术复杂度被很多学者用来衡量某国的全球价值链所处的位置状况。

20 世纪 80 年代中期，迈克利（Michaely，1984）首次用技术附加值法分析一国出口专业化程度，将产品出口技术含量表示为该产品各出口国人均 GDP 按其出口占世界出口总额的份额的加权平均，关志雄（2002）沿用了该方法，后来豪斯曼等（Hausmann et al.，2007）和罗德里克（Rodrik，2006）将权重改为显示性比较优势指数。

拉尔和韦斯（Lall and Weiss，2006）对附加值进行了标准化处理，提出了出口相似度指标；而樊纲等（2006）、杜修立和王维国（2007）将产品出口技术含量表示为生产该类产品的各国人均收入水平以及各国该产品占其世界总产量份额为权重的加权和，洪世勤和刘厚俊（2015）计算中对人均 GDP 进行了对数化处理。

然而这些方法和指标测度出来的是总体出口技术含量，在全球价值链分工的背景下，这种表面的“统计幻象”（statistical illusion）严重高估了一国真实的出口水平。库普曼等（2008）指出，罗德里克（2006）的计算方法是基于传统贸易核算数据的，不是从增加值角度出发的。因此，如

① 此外还有另外两种常见说法：出口复杂度、出口技术含量，含义差别不大，借鉴多数文献的做法，本书对这三种说法不加区分。

② 王明益：《技术差距对我国出口产品质量影响研究》，中国纺织出版社 2019 年版，第 10 页。

果某国出口中的国外增加值比重很高的话，那么这种方法的测算结果就会夸大该国真实的产业地位。

于是，一些学者开始尝试剔除进口中间投入的影响，最具代表性的是姚洋和张晔（2008）以出口技术复杂度指标为基础，并将之与投入产出分析法相结合，剔除了进口中间投入，创新性地构建了中国出口品国内技术含量指标，并用该指标来衡量一国在全球价值链中的地位。盛斌和马涛（2008）以及孟猛（2012）运用类似的方法进行了计算。祝树金和张鹏辉（2013）则用技术复杂度绝对值的标准化指数替代了技术复杂度绝对值。杨晓静（2016）提出应该测算中国本土制造业出口国内技术含量，即以豪斯曼等（2005）的方法为基础，计算出产品层面的出口收入指数后加权求和得出行业层面的技术含量，然后逐次提出进口中间投入成分和外资成分，最后计算得出中国本土制造业出口国内技术含量，并以此来衡量中国制造业在全球价值链中的地位。

（2）上游度指标。

除了出口技术复杂度之外，安特拉斯等（Antrâs et al.，2012）在全球价值链理论的基础上提出了上游度和下游度的概念，将一国某一行业在价值链上的位置定量描述为该行业与最终产品间的加权平均距离。自提出以来，上游度被许多学者用来描述价值链地位，他们利用这一测算方法测算中国的产业上游度，并以此来考察中国在全球价值链中的位置（王金亮，2014；鞠建东和余心玎，2014；刘斌，2015）。然而程大中（2015）指出上游度指标并不能用来准确描述全球价值链地位，或者说这一指标并不是描述价值链地位的指标，他认为这一指数反映的是价值链和产业链的关联程度而不是通常意义上的价值链地位，并不能准确测度一国的全球价值链地位。

（3）KPWW 指标。

库普曼等（2010）则是对 HIY 方法中饱受质疑的同密度中间品投入的假设进行了放松，提出了新的贸易增加值分解方法，并利用该方法对总出口贸易进行了重新分解，然后基于分解内容，他们又进一步构建了两个指标：一个是上面提到的全球价值链参与度指标 GVC－Participation，另一个就是全球价值链地位指标 GVC－Position，来分别测算一国在全球价值链中的参与程度和所处的位置，这两个指标被学界称为 KPWW 指标。周升起等（2014）基于 OECD－WTO 联合发布的 TiVA 统计数据，采用库普曼等提出的“GVC 地位指数”，测算分析了 1995～2009 年期间，中国制造业及内部各部门在 GVC 中的国际分工地位及其演变情况，岑丽君等（2015）基于附加值贸易（TiVA）数据，借鉴全球价值链 GVC 指数和显性比较优势 RCA 指数，比较并探讨了中国出口贸易在全球生产网络中的分工贸易地位及真实贸易利益。

综合来看，目前相对最准确的衡量某国全球价值链参与程度和全球价值链地位的指标是库普曼等（2010）提出的 KPWW 指标。KPWW 指标具体包括 GVC 参与程度和 GVC 地位两个指标。本书将使用这两个指标来测算中国制造业的价值链参与程度和价值链地位，以及中国和“一带一路”国家参与全球价值链分工的情况。

2.2.3 中国制造业价值链地位现状及变化趋势

关于发展中国家特别是中国制造业价值链地位现状及变化趋势，国内外不少学者都进行了一些较为深入的研究，多数研究的结论是中国制造业在全球价值链中被“低端锁定”。刘志彪和张杰（2007）认为发展中国家在参与全球价值链时主要通过给发达国家代工或者承接外包的形式参与全球价值链，在事实上造成了俘获型的网络治理关系，由于发达国家在全球价值链中凭借技术优势和市场势力占据主导地位，发展中国家要想实现从价值链低端环节向高端环节的升级必然会受到发达国家跨国公司和大购买商的双重狙击和压制，进而被牢牢地“低端锁定”。卢福财等（2008）从微观企业视角构建了一个博弈论模型来研究“价值链低端锁定”现象，结果发现，当分别位于全球价值链上下游的两个企业能力差距比较大的时候，纳什均衡为（封锁，不突破），即表现为上游优势企业封锁压制，下游劣势企业被锁定在价值链低端的现象。沈能和周晶晶（2016）指出发达国家是全球价值链的织网者，当发展中国家深度参与 GVC 分工时，会被牢牢锁定在价值链的低端。黄先海和余骁（2017）认为发达国家占据了全球价值链的高端环节，从而对发展中国家形成一种约束，进而会限制发展中国家向价值链高端攀升。

也有一些研究认为中国在全球价值链中地位较高或者提升比较明显。比如罗德里克（2006）认为中国的出口所体现出来的产业结构过于超前，与中国自身的要素禀赋状况和比较优势并不相符，中国在全球价值链中的地位比较高。与罗德里克（2006）的结论类似，斯科特（2008）计算了中国在出口结构方面与高收入国家之间的相似程度，发现二者之间的相似度在迅速上升。许（Xu，2007）测算了中国的出口复杂度，结果发现1992~2005年间，中国总体出口复杂度从0.54上升到0.73，由此认为中国在全球价值链中所处的地位得到了快速的提升。王和魏（Wang and Wei，2008）也得出了和许（2007）类似的结论。库普曼等（2008）指出罗德里克（2006）和斯科特（2008）等类似的研究都没有考虑出口中的进口部分，如果中国出口中的国内增加值比较低，那么中国的出口商品篮子并不会领先于它的人均收入，事实上，经过测算，库普曼等（2008）发现中国出口中的国内增加值所占比重还不到50%。樊茂清和黄薇（2014）研究发现中国企业在全球价值链中地位明显处于上升趋势，中国中间品贸易在全球占比逐年提高，中国正在逐步从全球价值链低端环节向高端环节攀升。王岚（2014）从贸易增加值分解框架出发，用出口的国内增加值来衡量中国的全球价值链地位。程大中（2015）研究发现成功入世确实提高了中国融入全球价值链的程度，但2007年爆发的次贷危机继而引发的全球金融危机使得这一进程发生了暂时性逆转，截至2011年仍未恢复到2005~2006年的高水平。康振宇和徐鹏（2015）通过对比中日双边贸易发现，两国的国内增加值比重都在下降，这是全球价值链在两国不断延伸的结果，此外，他们还发现中国对日出口的产品中，资本密集型和知识密集型产品所占的比重在不断提高，说明中国的出口结构在不断优化。王金亮（2014）根据安特拉斯等（Antrâs et al.，2012）提出的上游度指标计算了中国42个产业的上游度指数，发现中国处于全球价值链的下游环节；鞠建东等（2014）研究发现中国在全球价值链上占据特殊的角色，一方面，中国在出口结构上与发达国家高度相似；另一方面，中国的贸易地位与发达国家并不对等，相对于发达国家来说，中国出口产品的单位价值显著偏低，这意味着中国在全球价值链分工中依然处于低端环节。

2.2.4 中国制造业价值链地位的影响因素

关于价值链地位的影响因素，现有研究发现，影响一国制造业价值链地位的因素主要有加工贸易（Naughton，2007；Wang and Wei，2007；姚洋和张晔，2008；Xu and Lu，2009；Van Assche and Ganges，2010）、FDI（Branstetter and Lardy，2006；Naughton，2007；Xu and Lu，2009；祝树金、戢璇和傅晓岚，2010）、劳动力（Lall and Weiss，2006；唐海燕和张会清，2009）、进口贸易（王英和刘思峰，2008；谢建国和周露昭，2009；

高敬峰，2013）、人力资本（Hausmann et al.，2007；Wang and Wei，2008）、物质资本（陈晓华、黄先海和刘慧，2011）、基础设施（王永进、盛丹、施炳展和李坤望，2010）、全球价值链嵌入度（刘维林等，2014；刘琳，2015）、知识产权保护（柒江艺和许和连，2012）、增值能力（王岚和李宏艳，2015）以及制度质量（刘琳，2015）等。

总体来看，现有文献多基于跨国层面数据来分析国家整体价值链地位的影响因素，对于行业层面特别是制造业价值链地位的影响因素的分析不多，而且不够全面深入。

2.3 关于"一带一路"倡议与中国制造业价值链地位关系的研究

从前两节的文献梳理可以看出，"一带一路"倡议虽然是2013年才提出的，时间不长，但是研究文献数量相对不少，而全球价值链问题的研究从20世纪80年代左右就已经开始了，而中国制造业价值链地位问题一直是学界和理论界关注的热点和重点所在，文献资料也是相当丰富的，然而目前将"一带一路"倡议和中国制造业价值链地位放在一起讨论二者关系的文献却相对不多见。

2.3.1 "一带一路"倡议与全球价值链

少数研究"一带一路"倡议和全球价值链关系的文献主要从两个方面展开研究：第一，中国和"一带一路"沿线国家是否具备合作构建新的全球价值链的条件；第二，利用和"一带一路"沿线国家合作构建新的全球价值链是否能推动中国的产业转移和升级。

孟棋（2016）梳理了"一带一路"沿线国家的经济状况和资源禀赋及二战后的四次国际制造业产业转移浪潮，认为中国有必要也有能力在"一带一路"区域内构建全球价值链，他认为，中国目前仅仅是依附于跨国公司主导的全球价值链，并且面临着劳动力成本上升和落入"价值链低端锁定"的风险。因此，中国有必要构建自身主导的全球价值链。

林桂军（2016）从中国装备制造业入手，提出除了积极融入发达国家主导的全球价值链这一途径之外，中国的产业还可以通过发挥自己市场容量大以及作为最终产品组装地的优势，从各国进口中间品进行组装，以此构建中国企业自己的价值链。

黄先海和余骁（2017）研究了“一带一路”倡议对于我国重塑全球价值链的影响。他们认为“一带一路”倡议的实施有望造成全球第四次产业转移浪潮，中国利用“一带一路”机遇，合作构建中国为核心的“嵌套型”全球价值链，形成价值链双环流的模式，以此来帮助中国突破“低端锁定”的不利状况。

当然，也有部分学者提出不同的意见和观点，比如北京大学经济学院副教授薛旭在2016年北京大学“黉门对话”专家主题论坛——“全球价值链：‘一带一路’与中国新机遇”中指出我国汽车行业经过多年的发展，市场虽然大，组装数量也多，却仍旧没有竞争力，在利润率高的高价车市场几乎没有占有率，所以无法通过市场以及组装这条道路构建以中国企业为中心的全球价值链。

但总体来看，现有文献多数认为应该构建以中国企业主导的全球价值链，但是需要经过一个较长过程。

2.3.2 “一带一路”倡议与区域价值链

关于“一带一路”倡议与区域价值链关系的研究发端于区域价值链与全球价值链的联系与互动研究。

最早将全球价值链与区域价值链并列进行讨论的是鲍德温（2012）。鲍德温（2012）认为当前世界产品价值创造各环节的全球化特征并不明显，更多呈现出的是区域化特征，鲍德温（2013）的研究发现产品的价值链主要以美国、德国、日本和中国这四大“巨头”为核心，周边国家主动嵌入这四大“巨头”所在的价值链，并逐渐形成了北美 RVC、欧洲 RVC 和亚洲 RVC。除了这四大“巨头”外，其他国家很难突破 RVC 的限制，跨区域嵌入价值链。中国开展“一带一路”倡议正是顺应了这一规律，通过主动寻求与周边国家的联系，巩固和提高自身在 RVC 中的地位。张辉（2015）将 RVC 和 GVC 纳入统一的价值链“双环流”体系；魏龙和王磊（2016）也提出中国应该从嵌入 GVC 过渡到主导 RVC。

另一部分学者从金融危机后新兴国家和发达国家的海外需求变化出发，解释了 RVC 兴起的原因。在金融危机后，新兴国家进出口贸易增长迅速，发达国家表现不佳，进出口降幅明显，加速了全球价值链中主要市场由北方国家向南方国家的转换，这一转换激励了发展中国家的龙头企业对区域价值链的构建，比如在非洲地区，由南非的零售企业主导，莱索托和斯威士兰的制造商参与，形成了成衣制造的区域价值链。与美国主导的全球价值链相比，这一区域价值链依托区域内厂商的直接联系，能够缩短产品的运营流程，加快对市场需求的反应速度（Morris，2011）。而且当价值链的终端市场变为新兴国家后还产生了明显的产业升级机会。

新兴国家旺盛的需求与 RVC 提供的产业升级机会正好与“一带一路”倡议化解过剩产能、带动经济转型升级的初衷一致。国内学者针对这一问题，对“一带一路”倡议沿线国家与中国的贸易互补性、制造业海外转移等问题展开研究。韩永辉等（2015）通过测算中国与西亚的出口相似度指数、产业内贸易指数，发现双边的贸易竞争性较弱，互补性强，得出中国与西亚应加强贸易合作的结论。

有关“一带一路”框架下区域价值链与全球价值链的联系与互动研究，张辉（2015）提出了“双环流”体系，其中一个环流位于中国与发达国家之间，另一个环流存在于中国与亚非拉等发展中国家之间。一方面，中国在发达国家主导的全球价值链环流中，可以进一步引进吸收先进技术；另一方面，中国在“一带一路”倡议下形成的区域价值链环流里，能够实现技术的产业化，完成产业升级与经济发展中高端化。

魏龙和王磊（2016）指出长期以来中国都是全球价值链的参与者，“一带一路”给中国提供了机遇，中国可以利用这次机会从欧美日主导的全球价值链中嵌入者角色转变为新的区域价值链中的主导者角色。若“一带一路”倡议在经济上可行，中国将从嵌入欧美日主导的全球价值链转换为自我主导的区域价值链。此外，还有一些学者提出了国内价值链（NVC），并研究 NVC 和 GVC 的关系。徐建明（2003）提出了延长我国加工贸易国内价值链（NVC）的观点，刘志彪和张少军（2008）提出应对接 GVC 形成 NVC，完成产业升级和区域协调发展；张少军（2009）测算了广东省和江苏省的 GVC 和 NVC 并进行了比较；高煜（2010）主要研究了全球生产非一体化和东部地区代工发展模式下如何构建 NVC；而张少军和刘志彪（2013）发现中国目前形成的 GVC 和 NVC 存在负相关，NVC 并没有有效对接 GVC。黎峰（2016）从增加值视角基于改进的区域投入产出模型对中国 NVC 的构建进行了理论和实证研究。

需要说明的是，本书提出的“一带一路”倡议下的区域价值链建设，不仅是对贸易利得的争取，更是对后金融危机时代产业升级和中高端发展机会的把握。主导区域价值链并不是我们的目标，我们的目标是实现中国制造业在全球价值链中地位的有效提升，所以构建了区域价值链并成功实现主导以后，最终还要考虑回嵌到全球价值链中，并实现在其中地位的有效提升，那么与“一带一路”沿线国家构建中国自身主导的区域价值链是否有利于推动中国制造业全球价值链地位的提升，这才是我们更为关注的内容。针对这一问题，本书在后面的章节中将进行论述和探讨。

2.4 现有文献述评

从现有研究成果来看，存在以下不足：

1. 将价值链和“一带一路”倡议结合起来进行研究的相对较少

现有文献大多是将二者分开研究，对于价值链的研究始于20世纪80年代，累积了丰富的资料，主要集中于价值链的测度、一国或地区价值链地位现状及变化趋势以及价值链地位的影响因素等，而“一带一路”倡议虽然提出较晚，但是已经成为近年学术界研究的热点和重点之一，但多集中于探讨“一带一路”倡议的内涵、介绍其实施推进过程，还有文献开始研究“一带一路”倡议与区域经贸合作以及产业转移的关系，可见对于这两个问题的研究文献也是比较丰富，但是少有文献将价值链和“一带一路”倡议结合起来研究。本书将“一带一路”倡议与价值链结合起来进行研究，提出中国可以借助“一带一路”倡议与沿线国家和地区构建自身主导的区域价值链，最终实现中国制造业在全球价值链中地位的有效提升。

2. 对区域价值链的研究相对较少

多数文献主要集中于全球价值链和国家价值链的研究，然而目前看来国际经济合作的全球化特征仍然不太明显，而且全球价值链分工的现实情况也决定了发展中国家很难完全脱离现有的分工状态“另起炉灶”；如果专注于国家价值链的构建，某种程度上类似于原来的“进口替代”战略，所以相对而言，区域价值链更为现实可行，而且“一带一路”倡议提供了一个非常好的机遇；少数学者提出了借助“一带一路”倡议契机构建区域价值链，但并未深入讨论，而且没有考虑如何回嵌到全球价值链并实现地位的提升。本书提出了借助“一带一路”倡议与沿线国家构建中国主导的区域价值链，并以此为基点对接全球价值链，最终实现中国制造业全球价值链地位的有效提升。

3. 对于“一带一路”倡议下中国制造业价值链地位提升的研究欠缺且具体到提升路径的研究更是少见

现有文献对于“一带一路”倡议的研究主要强调其内涵、意义及区域内的经贸合作，相关的实证研究不多，少数文献涉及“一带一路”沿线各国产业竞争力等指标的测算来佐证中国和“一带一路”国家之间的合作具有互补性，但也就仅限于指标的测算，没有进一步纳入模型进行分析。本书不仅使用不同指标测算了中国制造业价值链参与程度和地位，分析了“一带一路”倡议下中国制造业价值链地位提升的机理及路径，接着还进行了计量检验，最后得出结论，提出了政策建议并对后续研究进行了展望。

2.5 本章小结

本章主要是对“一带一路”倡议和全球价值链地位研究文献的述评。其中关于“一带一路”倡议的文献，主要是从“一带一路”倡议的内涵及其与区域经贸合作和产业转移的关系涉及的相关文献进行了梳理；关于中国制造业价值链地位的研究文献，则从价值链理论的提出、价值链地位的测度方法、中国制造业价值链地位现状、变化趋势以及影响因素四个方面展开；最后是将“一带一路”倡议与全球价值链结合起来的研究。相关文献的观点可以简单归纳为以下几点。

第一，“一带一路”倡议是在中国经济“新常态”背景下提出的，目前多数研究主要集中于“一带一路”倡议的内涵、实施推进的过程，以及“一带一路”倡议与区域经贸合作和与产业转移的关系。

第二，虽然以格里菲（1999）为代表的学者认为后发国家可以通过组织性学习行为沿着全球价值链自发实现升级，但多数学者认为由于发达国家对全球价值链的主导和控制，被动嵌入的发展中国家很难顺利实现产业升级，结果是导致价值链“低端锁定”，一些实证研究也佐证了价值链“低端锁定”现象的存在。国内外不少学者以中国为对象进行了研究发现，尽管中国的 GVC 地位有所上升，但是中国的 GVC 地位仍然相对较低，并存在价值链"低端锁定"的风险。但是这些实证研究本身存在一些缺陷，使用的是总贸易数据而不是增加值贸易数据，另外使用的一些指标也存在一些缺陷。

第三，关于 GVC 的测度指标，无论是国外增加值占比还是垂直专业化指标，都不能准确衡量 GVC 参与程度（Koopman et al.，2008）。后来学者们开始更多使用出口复杂度、产品国内技术含量等指标，但是这些指标主要采用了传统贸易统计数据，并未考虑出口中的国外增值部分，从而夸大了真实的 GVC 地位（Koopman et al.，2008）。库普曼等（2010）提出了一种新的增加值分解方法，并在此基础上提出了 GVC 参与程度和 GVC 地位指数两个指标来分别衡量 GVC 参与程度和 GVC 地位，这两个指标在一定程度上克服了前面所述其他指标的各种缺陷。

总之，中国制造业在一定程度上存在价值链"低端锁定"，因此无法按照格里菲（1999）指出的路径来进行升级。"一带一路"倡议的提出为中国制造业价值链地位的提升提供了机遇，多数研究都认为中国有必要抓住"一带一路"契机，构建新的全球价值链或区域价值链来寻求中国制造业价值链地位的升级，但是对于"一带一路"倡议下中国制造业价值链地位提升路径的研究欠缺，相关的实证研究更是少见。

第 3 章

中国制造业出口贸易及价值链地位现状

制造业是国民经济的支柱性产业和经济增长的“发动机”，是高技术产业化的基本载体，是吸纳劳动就业的重要途径，是国际贸易的主力军，也是国家安全的重要保障。中国作为全球最大的出口贸易国，制造业出口所占比例自 2001 年就已经超过了 90%，说明中国已经成为典型的制成品出口大国。然而，中国制造业在全球价值链中地位如何？本章先计算了中国本土制造业出口国内技术含量，然后测算了中国制造业 GVC 参与度和 GVC 地位指数，结果发现近年来中国制造业在全球价值链中地位虽然有一定的提升，但是幅度不大，而且明显呈现被“低端锁定”的状态。

3.1 中国制造业出口贸易现状

3.1.1 中国出口贸易概况

改革开放以来，中国所特有的嵌入全球经济的模式受到了全世界的关注，而这种特有模式的最主要表现形式之一是出口的“爆炸型”增长（陈勇兵、周世民，2012），如图 3 – 1 所示，中国的出口贸易额从 1980 年的 181 亿美元增长到了 2014 年的 23422.93 亿美元，除了 2009 年受金融危机的影响出口贸易额有显著下降外，增长势头非常迅猛，年均增速超过 15%；从中国出口贸易额占世界出口总额的比重来看，如图 3 – 2 所示，1980 年中国出口贸易额仅占世界出口总额的 0.9%，2014 年则已经增加到 12.4%；从出口贸易额的世界排名来看，1980 年中国出口额排名第 26 位，

1997 年排名第 10 位，2009 年开始超越德国成为全球最大的出口贸易国，根据现有的统计数据，中国出口额已连续 6 年排名第一①。

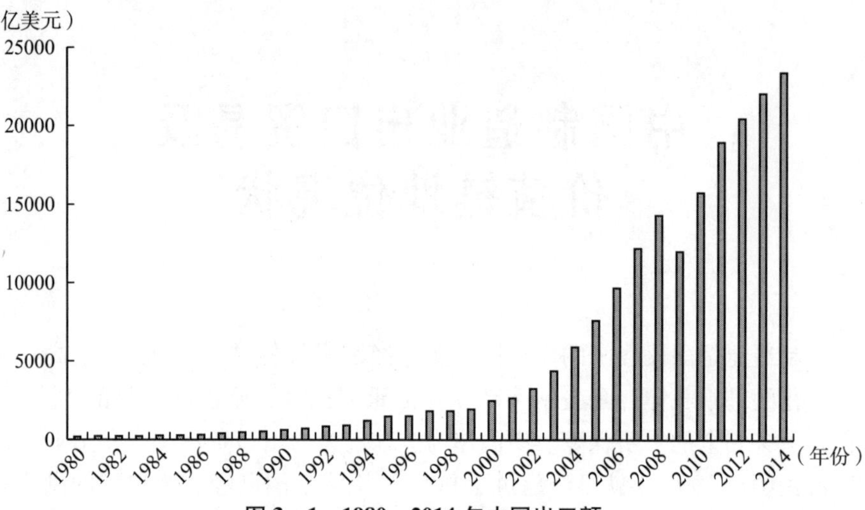

图 3-1　1980～2014 年中国出口额

资料来源：国家统计局官方网站。

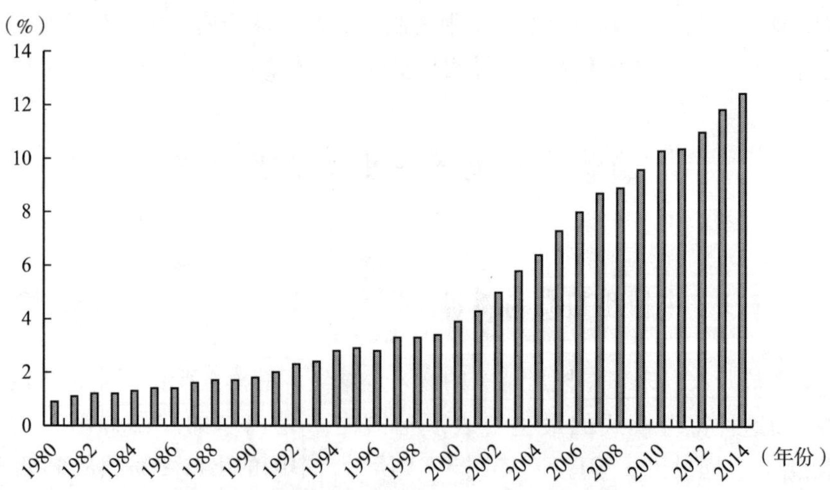

图 3-2　1980～2014 年中国出口额占世界出口总额的比重

资料来源：1980～2013 年数据来自《中国贸易外经统计年鉴》（2013），2014 年数据来自 WTO 官方网站。

① 根据 WTO 网站公布的数据对历年“世界出口总额”进行了调整；资料来源见《中国贸易外经统计年鉴》。

3.1.2　中国制造业出口贸易概况

从中国出口贸易商品结构来看，按照联合国《国际贸易标准分类》(SITC)，可以将全部产品分为初级产品和制成品两大类，如图3-3所示，从两类产品的增长走势来看，初级产品出口总额增长非常缓慢，而工业制成品在1980~1993年间的增长速度跟初级产品相差无几，但从1994~2000年间逐渐拉开距离，特别是2000年开始，制成品出口额突破2000亿美元，而在2001年年底中国加入WTO以后，从2002年开始一直到2008年迅猛发展，到2008年，制成品出口额已经接近14000亿美元，出现第一个高峰，此后受金融危机影响2009年制成品出口额回落到11384.8347亿美元，2010年又马上回升至14960.6856亿美元，然后一路走高，到2014年更是达到了22296.01亿美元。

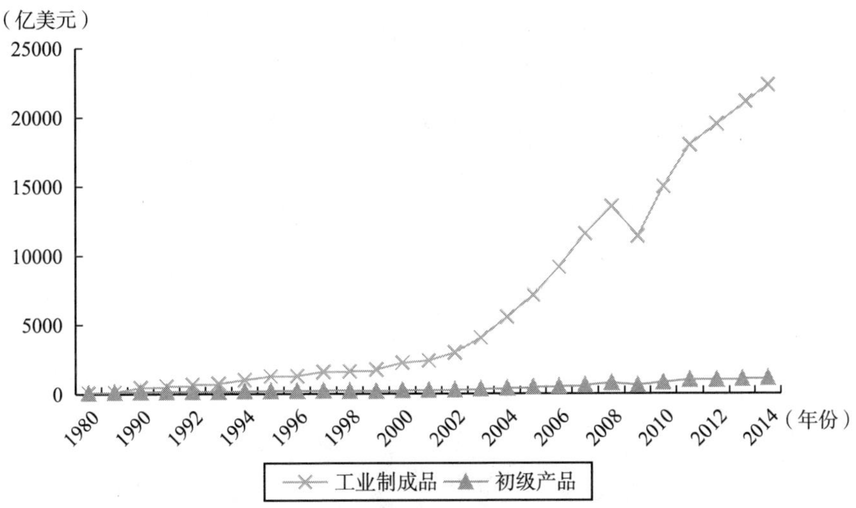

图3-3　1980~2014年中国出口贸易中制成品和初级产品增长走势

资料来源：1980~2014年《中国统计年鉴》。

从两种产品出口占比来看，如图3-4所示，自20世纪80年代中期以后，制成品占中国出口的比重就超过了50%，成为中国出口增长的主要来源，2001年制成品占比超过90%，为90.10%，2009~2012年均在94%以上，其中2014年制成品比重达到95.19%，目前来看，我国很显然已经成为一个典型的以制成品为主的出口国。

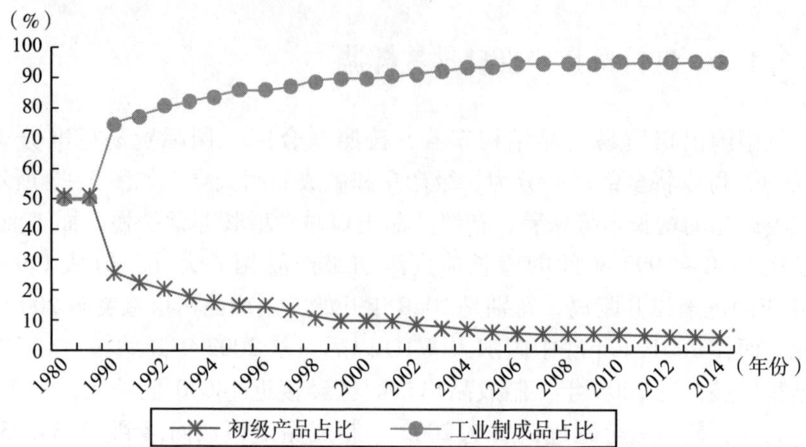

图3-4　1980～2014年中国出口贸易中制成品和初级产品的比重

资料来源：1980～2014年《中国统计年鉴》。

图3-5反映了1981～2015年中国制成品出口增速和初级产品出口增速。从图中可以看出，改革开放以来，除个别年份外，我国出口贸易中制成品出口增长速度都为正数，而且显著高于初级产品出口增长速度，显然我国制成品出口基本一直保持较高的增长速度，最高曾经达到45.5%的水平，平均增速为17.8%，而同期初级产品出口的平均增速只有7.93%，这也是我国制成品能长期在我国总出口中占据较大比重的原因。

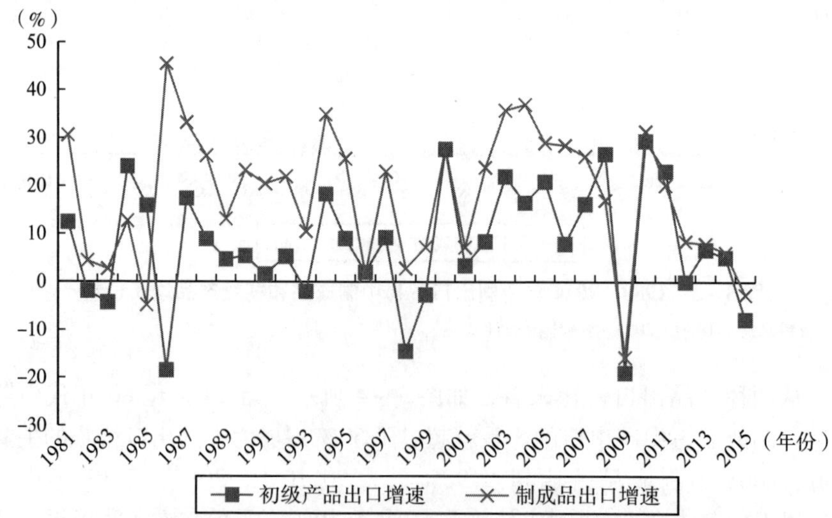

图3-5　1981～2015年中国制成品出口增速和初级产品出口增速

资料来源：1981～2015年《中国贸易外经统计年鉴》。

图3－6反映了中国一般贸易出口、加工贸易出口和总出口现状。从图中可以看出，2011年之前总出口、一般贸易出口和加工贸易出口的变化趋势非常相似，都是先缓慢上升，到20世纪90年代中期上升速度有所加快，到了21世纪初期开始急剧上升，2009年主要是金融危机的影响导致总出口、一般贸易出口和加工贸易出口都有明显的下降，然而之后三者差异比较明显，总出口一路上升，2014年总出口最高值为23422.93亿美元，到2015年小幅回落到22734.69亿美元；一般贸易出口在2010年之后一直保持上升趋势，到2015年为12147.92亿美元；加工贸易出口在2011年之后虽有上升但是幅度很小，2014年达到历史最高点8842.18亿美元，到2015年有小幅下降，金额为7975.3亿美元。这也在一定程度上体现了中国贸易结构正趋于优化。

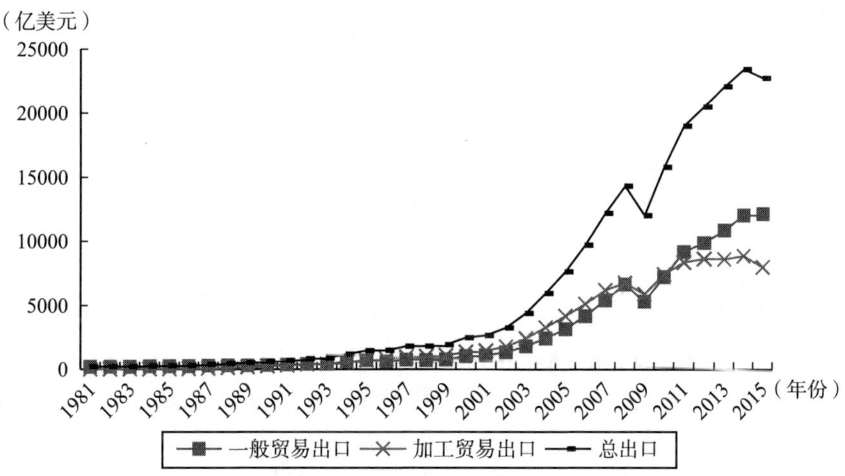

图3－6　1981～2015年中国一般贸易出口、加工贸易出口和总出口

资料来源：1981～2015年《中国贸易外经统计年鉴》。

中国参与国际分工是以加工贸易为主要形式的。尽管中国近年来对外贸易规模不断扩大，贸易结构不断优化，但进出口贸易顺差出现先增后减的态势是不争的事实，主要原因在于产品内分工的变化导致了全球贸易利益重新分配。

图3－7反映了中国加工贸易占比情况。近几年，中国加工贸易进出口出现了大幅变化，虽然加工贸易出口规模仍在不断增长，但加工贸易所占的比例却不断下降，2005年出口加工贸易占总出口的比例为54.7%，然后持续下降，到2008年已经下降到50%以下，到2015年下降到

35.8%；进口加工贸易占进口的比例逐年下降，由2005年的41.7%下降到2015年的26.6%；加工贸易进出口在总进出口中的比重由2005年的48.6%下降到2015年的31.5%。

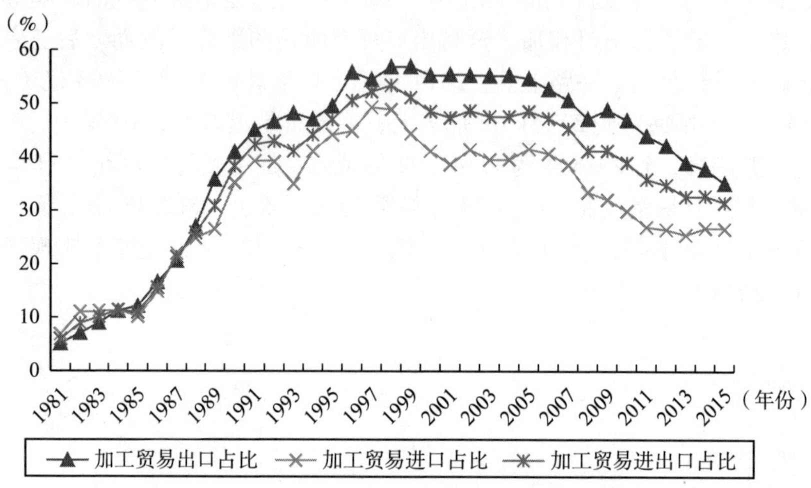

图3-7 1981~2015年中国加工贸易占比情况

资料来源：1981~2015年《中国贸易外经统计年鉴》。

考虑到加工贸易“两头在外”的特征，用加工贸易余额占出口的比例更能反映中国对外贸易的本来特征。如图3-8所示，中国加工贸易余额占出口的比例也呈现先增后减的态势，2007~2010年，占比均超过20%，在2009年达到最高为22%，之后一路下降，到了2015年降为为15%。由于中国以加工贸易为主要形式参与产品内分工，得到的贸易收益比例很少，而且大进大出的“统计假象”很容易导致贸易摩擦。刘建江和杨细珍(2011)通过构建中美双边贸易利益分配的理论模型发现，美国依靠比较优势和垄断优势占据了产品价值链两端高附加值环节，而中国承担低附加值的中间环节，中美贸易失衡背后的利益流向并没有与贸易差额一致，而且很容易导致贸易摩擦。

3.1.3 中国制造业出口结构变化

如前所述，制造业是我国国民经济生活中的支柱产业，也是我国经济增长的主导部门。改革开放以来，中国制造业的发展非常迅速，无论是总

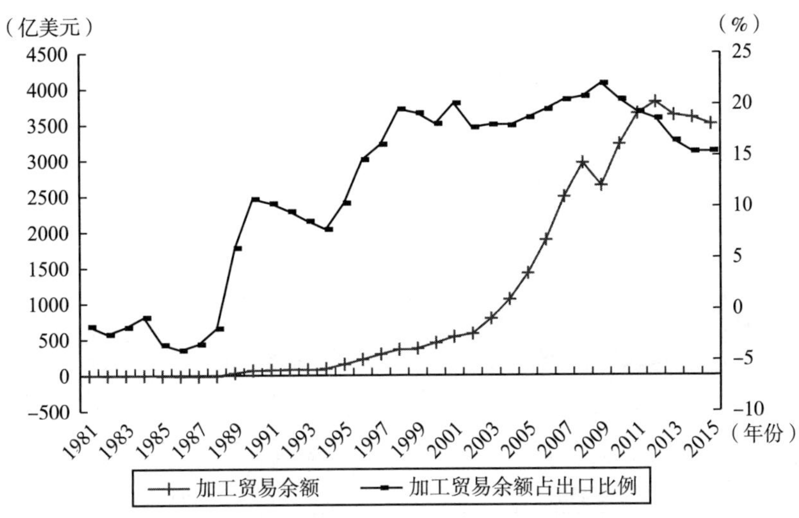

图3-8 1981~2015年中国加工贸易余额及占比

资料来源：1981~2015年《中国贸易外经统计年鉴》。

量规模还是技术水平都有很大的提高，中国已经成为一个名副其实的制造业大国。然而，正如罗德里克（2006）指出的“重要的不是出口多少，而是出口什么”，学术界关注的重点已经从“量”转向了“质”，即出口结构方面。从制成品出口内部结构来看，各类产品出口表现不尽相同，下面分别进行分析和比较。

以联合国国际贸易标准分类（SITC）为基础，我国贸易统计中制成品主要包括五大类：“机械及运输设备类产品”“杂项制品”“轻纺产品、橡胶制品、矿业产品及其制品”“化学品及有关产品”以及“未分类的其他产品”。图3-9和图3-10分别反映了1980~2014年我国五类制成品出口金额及其占制成品出口比例情况。

如图3-9所示，从各类制成品出口金额变化来看，1980~2014年间，五大类产品中，除了“未分类的其他产品”出口金额变化不大较为稳定外，其余四类制成品出口虽然在2009年均出现下降，但总体来看都呈现显著上升趋势，其中技术含量最高的“机械及运输设备类产品”增长幅度最大，“杂项制品”出口次之，“轻纺产品、橡胶制品、矿业产品及其制品”出口再次，“化学品及有关产品”出口增幅最小。

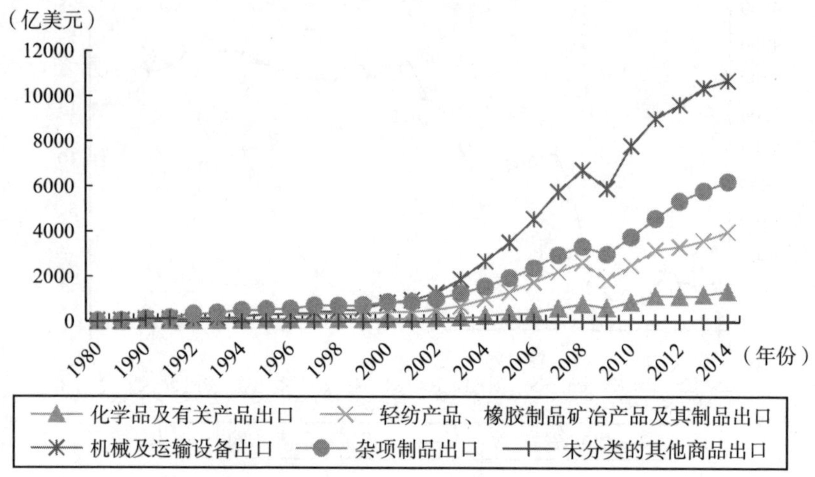

图 3－9　1980～2014 年中国各类制成品出口金额

资料来源：1980～2014 年《中国统计年鉴》。

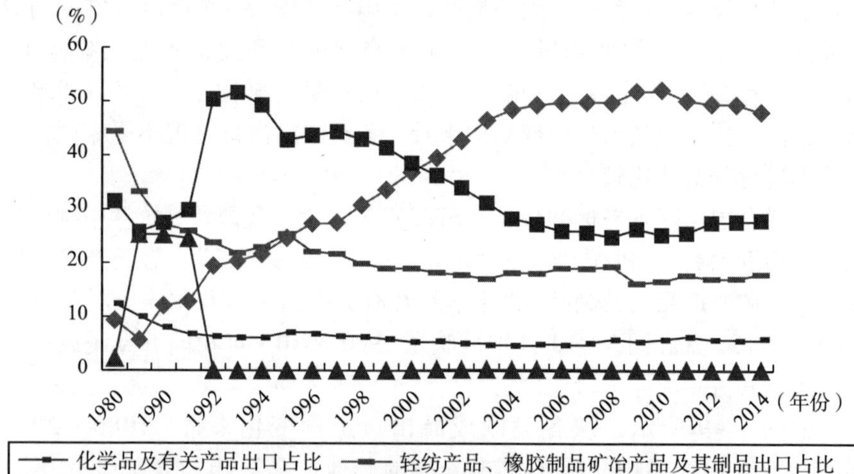

图 3－10　1980～2014 年中国各类制成品出口占比

资料来源：1980～2014 年《中国工业经济统计年鉴》。

图 3－10 则反映了五大类制成品 1980～2014 年出口占比变化走势，如图所示，“未分类的其他商品”出口占比在 1980～1992 年间有较大起伏，1992 年以后基本维持在 0.1% 左右；“轻纺产品、橡胶制品、矿业产

品及其制品”和“化学品及有关产品”出口占比总体呈下降趋势，2002年以来比较稳定，基本维持在20%和8%左右；“杂项制品”下降幅度最大，从1992年的50%左右到2014年的27%左右，而技术含量最高的“机械及运输设备类产品”则是唯一呈上升趋势的一类，1980年仅为8%左右，1985年更是只有5%，1998年以后迅速增长，到2004年达到50%，此后稳步上升，最高值出现在2010年，达到52.15%，后来又稍有下降，2014年在50%左右。

图3－11和图3－12分别反映了制成品中机电产品出口贸易额及其占制成品出口比例变化。如图3－11所示，1995～2012年，除2009年由于金融危机的影响出现较大幅度下降外，机电产品总体出口贸易额一路走高，从1995年的437亿美元，已经上升至2014年的13108亿美元；从图3－12中，可以看出1995～2012年机电产品出口占制成品出口比例也呈现上升趋势，从1995年占比34.33%，到2009年的62.64%，近年虽有所下降，但仍然维持在60%左右。这说明无论从出口贸易额还是出口占比来看，机电产品都是我国制成品出口的第一大类产品。

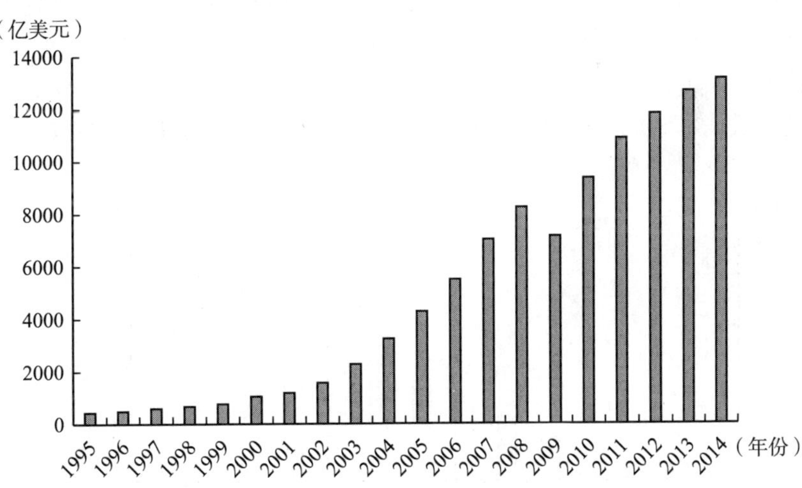

图3－11　1995～2014年机电产品出口贸易额

资料来源：1995～2014年《中国国民经济和社会发展统计公报》。

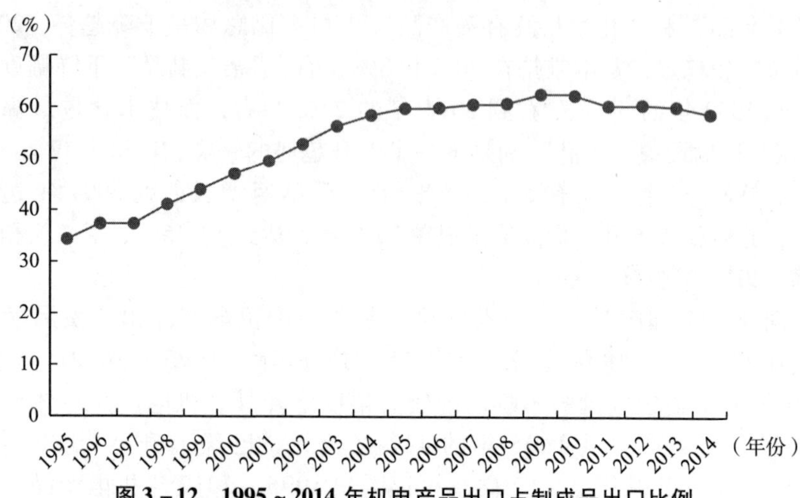

图 3 – 12　1995 ~ 2014 年机电产品出口占制成品出口比例

资料来源：1995 ~ 2014 年《中国国民经济和社会发展统计公报》。

图 3 – 13 和图 3 – 14 则反映了制成品内部高技术制成品的出口贸易额及其占制成品出口比例情况。从出口贸易金额来看，如图 3 – 13 所示，高技术制成品出口贸易额由 2001 年的 465 亿美元跃升至 2014 年的 6605 亿美元，增长了约 13.2 倍，除了 2009 年和 2014 年略有下降，总体呈现上升趋势，显示出我国外贸出口产品结构的不断优化①；同时图 3 – 14 显示，高技术产品出口比重连年攀升，占中国制造业出口的比例约为 30%，已经超过了低技术制成品的出口份额，成为我国出口最主要的产品类型。

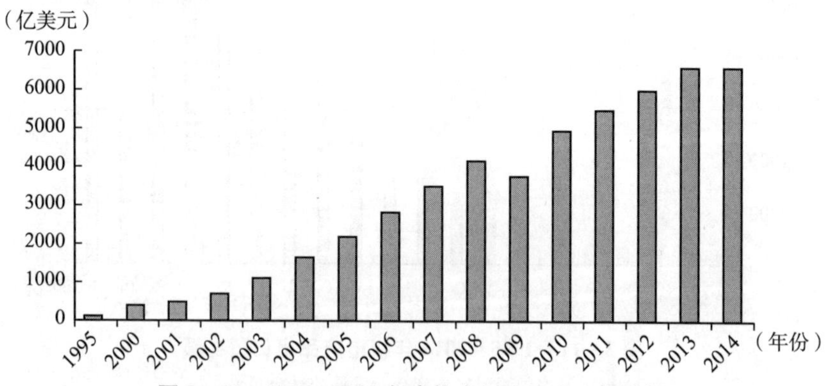

图 3 – 13　1995 ~ 2014 年高技术制成品出口贸易额

资料来源：1995 ~ 2014 年《中国科技统计年鉴》。

① 根据 2001 年和 2012 年《国民经济和社会发展统计公报》计算得出。

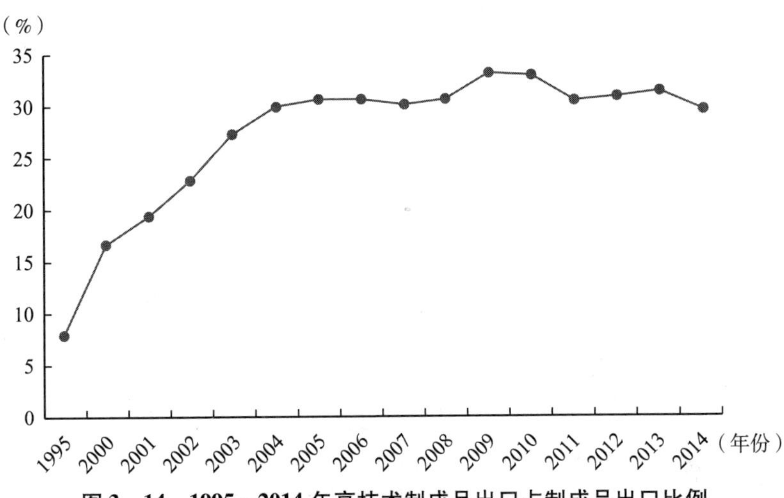

图 3-14　1995~2014 年高技术制成品出口占制成品出口比例

资料来源：1995~2014 年《中国科技统计年鉴》。

图 3-15 将中国高技术产品出口情况与四个主要发达国家美国、德国、英国、日本以及世界平均水平进行了比较，考察中国与这四个国家在高技术产品出口额占制成品出口额的比重方面的变化趋势，结果发现，中国在 2000~2013 年间高技术产品出口占制成品出口额比重不仅远超世界平均水平，也明显领先四个发达国家。如图所示，美国高技术产品出口额占制成品出口额比重在 2000~2005 年间具有绝对的优势，但是 2004 年以后被中国超越，而且持续下降特别是在 2007~2011 年下降幅度比较大，2013 年仅为 17.76%；德国总体变化幅度不太大，2000~2008 年间下降趋势相对明显，2008 年仅为 13.31%，但此后开始呈现回升趋势，虽然幅度不大，但是上升趋势是明显的，到 2013 年已经达到 16.08%；英国除了在 2004~2007 年和 2012~2013 年间超过 10 个百分点的急速升降、2008~2009 年和 2010~2012 年间小幅回升之外，其余年份一直在下降，2013 年暴跌至历史最低水平，仅为 7.65%；日本总体也是呈现下降趋势，仅在 2008~2009 年有小幅回升，2009 年以来变化幅度较小，2013 年数据为 16.78%；中国的趋势与这四个国家完全不同，虽然起点比较低，仅为 18.58%，但是发展非常迅速，除了 2008 年由于金融危机的影响小幅回落外，一直是稳中有升的趋势，并且在 2009 年以后以绝对优势远远领先四个发达国家，2013 年数据为 26.97%。

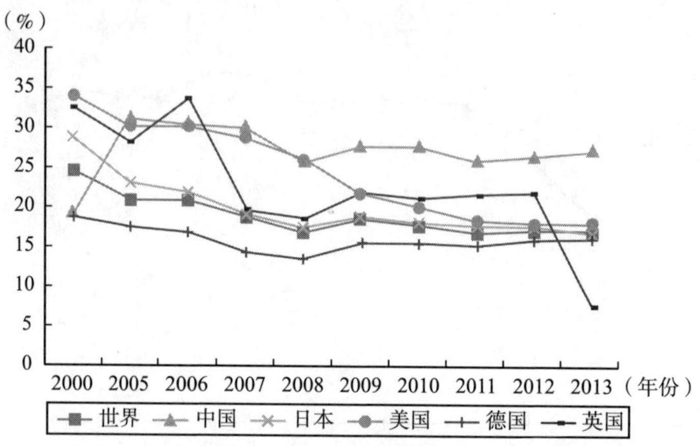

图 3-15 2000~2013 年中国与主要发达国家高技术产品出口额占制成品出口额的比重

资料来源：2000~2013 年《国际统计年鉴》。

下面考虑按照传统分类方法，按照投入要素比例的差异度，将我国制造业分成劳动密集型、资本密集型和技术密集型三大类产业[①]，并分别计算三类产业出口金额及其占比情况。具体如表 3-1 所示。

表 3-1 制造业行业分类

劳动密集型产业	资本密集型产业	技术密集型产业
农副食品加工业 食品制造业 饮料制造业 纺织业 纺织、服装、鞋帽制造业 皮革、毛皮、羽毛（绒）及其制品业 木材加工及木、竹、藤、棕、草制品业 家具制造业 印刷业和记录媒介的复制 文教体育用品制造业 橡胶制品业 金属制品业	烟草加工业 造纸及纸制品业 塑料制品业 非金属矿物制品业	石油加工及炼焦业 化学原料及化学制品制造业 医药制造业 化学纤维制造业 黑色金属冶炼及压延加工业 有色金属冶炼及压延加工业 通用设备制造业 专用设备制造业 交通运输设备制造业 电气机械及器材制造业 电子及通信设备制造业 仪器仪表及文化办公用机械制造业

资料来源：笔者自行制作得出。

① 目前所掌握的多数数据为按照国民经济行业分类数据，其中 2003~2011 年的数据遵循的是我国国民经济行业分类标准 GB/T4754-2002，而 2012 年以后的数据则采用了我国国民经济行业分类标准 GB/T4754-2011。两个版本存在一定的差异，为了保证统计口径的连续性，本书仅选择 2003~2011 年为样本区间。

从2003~2011年中国各年度制造业分类出口金额来看，如图3-16所示，除了2009年由于受金融危机的影响有所下降，三种类型产业出口金额都在稳步上升，技术密集型产业出口尤为突出，资本密集型和劳动密集型上升速度不是太快。图3-17反映的是2003~2011年各年度中国制造业分类出口金额占比，如图所示，2003~2011年技术密集型产业出口占比除了2009年有所下降之外上升趋势比较明显，资本密集型产业出口占比各年度基本持平，总体变化不大，而劳动密集型产业出口占比则呈现下降趋势。

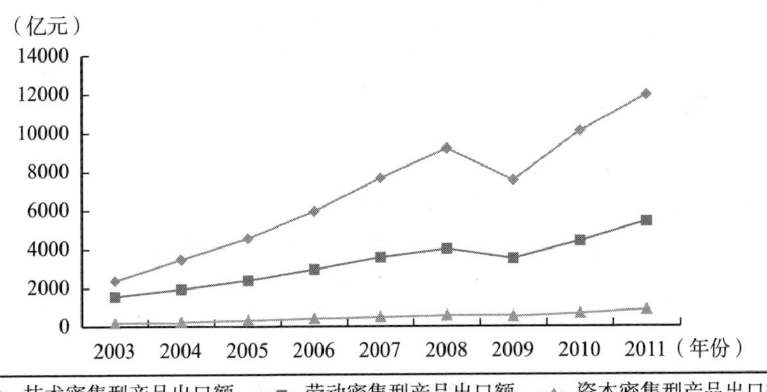

图3-16　2003~2011年各年度制造业分类出口金额

资料来源：根据UNCOMTRADE数据库数据自行计算整理得出。

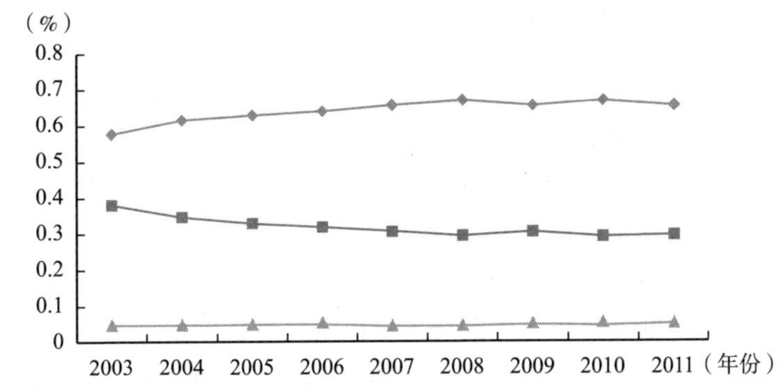

图3-17　2003~2011年各年度中国制造业分类金额出口占比

资料来源：根据UNCOMTRADE数据库数据自行计算整理得出。

如前所述，无论是机械及运输设备类产品，机电产品，高技术制成品，还是技术密集型产业的出口贸易额及其所占比例来看，似乎都表明中国制成品出口技术结构得到提升，中国目前已经开始具有技术比较优势了。

然而，事实真的如此吗？其实，与国外先进水平相比，中国制造业的差距还比较明显。目前我国在全球生产链中承接的仍然主要是低技术含量、低附加值环节的生产，巨大的出口贸易额呈现出的“统计假象”看似美好，实际上掩盖不了真实出口技术水平。仍然以 2013 年数据为例，虽然机电产品和高新技术产品出口比重已经很高，但是很多商品核心技术掌握在外方手中。其中，机电产品中 61.2% 是外资企业生产的，51.1% 是加工贸易方式出口的；高新技术产品 73% 是外资企业生产的，65.3% 是加工贸易方式出口的。

由此可见，要想准确测度中国制成品出口技术结构是否得到有效提升，必须考虑产品内分工条件下 FDI 和加工贸易的影响，因此，需要借助相对科学的指标来进行测度，下一节将对中国本土制造业出口产品国内技术含量进行准确测算。

3.2 中国本土制造业出口国内技术含量

3.2.1 测算方法及指标

在全球生产网络中，一国的地位必然会反映在其生产和出口产品的技术含量水平上。一般来说，发达国家专注于生产价值链中的研发设计和关键零部件生产等技术含量较高的环节，而发展中国家则集中于原材料供应、组装加工和简单零部件生产等技术含量较低的工序。依照贸易结构反映生产结构的逻辑，一国或地区的出口技术含量水平可反映出该国和地区在全球价值链所处的地位。本部分主要以出口复杂度指标为基础，剔除加工贸易进口中间投入和外资成分，计算出中国本土制造业出口国内技术含量来测度中国本土制造业价值链地位。

要测算出口国内技术含量，必须先计算出口技术含量。出口技术含量可以从国家（或地区）层面、产业层面以及产品层面进行定义和理解，出口国内技术含量同样有这三个层面的含义。本书主要侧重于行业角度分析，测算研究2003～2011年中国本土制造业及细分行业出口国内技术含量水平。

学者们在关注进出口贸易量变化的同时也在密切关注出口产品结构的变迁。现有文献中出口技术含量的测度，总体上可以归纳为三种方法：贸易品分类法、出口相似指标法和技术附加值法。其中，传统的贸易品分类法是根据产品的要素密集度特征或国际惯用标准对贸易品技术水平进行划分的方法，该方法由于存在诸多缺陷，特别是不适应目前国际垂直专业化分工细化到产品内部的新形势（Hummels，2001；Lall，2002；卢锋，2004；刘志彪等，2006），而且会高估加工贸易大国出口产品的技术水平，多数学者已经用得不多。而就基于出口结构对比的出口相似度指标法（Schott，2006；Wang and Wei，2008）和豪斯曼等（2005）提出的基于RCA指数及比较优势理论的出口复杂度指数法相比来看，考虑到后者能"保证一些贫穷的小国（或经济体）的出口被赋予足够的权重（Rodrik，2006）"，因此，本书采用豪斯曼等（2005）的方法对中国本土制造业出口国内技术含量进行测度。

本书测算的基本思路如下。

首先，先计算2003～2011年中国制造业出口产品层面的出口收入指数$PRODY$，采用的权重是各国出口该产品的显性比较优势指标RCA。

$$RCA_{jq} = \frac{x_{jq}/x_j}{\sum_{j=1}^{z} x_{jq} \Big/ \sum_{j=1}^{z} x_j} \tag{3-1}$$

$$PRODY_q = \sum_{j=1}^{z} \frac{x_{jq}/x_j}{\sum_{j=1}^{z} x_{jq} \Big/ \sum_{j=1}^{z} x_j} Y_j \tag{3-2}$$

式（3－1）和式（3－2）中j表示不同的国家，q表示不同种类的产品，RCA_{jq}是j国q产品的显示性比较优势指数，x_{jq}表示j国q产品的出口额，x_j表示j国出口总额，$\sum_{j=1}^{z} x_{jq}$表示q产品世界出口额，$\sum_{j=1}^{z} x_j$表示世界出口总额，i表示不同的行业，Y_j表示国家j的人均国民收入，$PRODY_q$表示产品q的出口收入指数。

其次，以每种产品出口额占所属行业出口总额的比例为权重，将产品层面的$PRODY$进行加权求和，得到15个细分制造业层面的技术含量TC。

$$TC_{ji} = \sum_{q \in I_i} \left(\frac{x_{jq}}{\sum_{q \in I_i} x_{jq}} \right) \cdot PRODY_q \tag{3-3}$$

式（3－3）中 TC_{ji} 表示国家 j 在行业 i 上的出口收入指数，即国家 j 行业 i 的出口技术含量，I_i 表示第 i 个行业包含的产品种类集合，其余各符号含义同前。

再次，将计算出的行业出口技术含量 TC 中进口中间投入的成分扣除，得到出口国内增值的部分，即行业出口国内技术含量 DTC。

最后，计算出各年度本土制造业出口占比，求出本土制造业出口国内技术含量 $LDTC$。

需要特别说明的是，第一，关于如何剔除出口中所包含的进口中间投入品价值，现有文献一般有两种处理方法：一个是通过直接减去进口中间品的价值来估算出口中的国内增加值；另一个是利用投入产出表来测算出口商品所包含的完全国内增加值。显然，方法一比较简单，但是比较粗略，方法二相对精准，但需以反映加工贸易的各国非竞争型投入产出表为基础，数据相对难收集。本书选择了第二种方法，采用增值贸易统计法，利用非竞争型投入产出表得出各制造业行业出口国内增值率，进而确定出口国内技术含量。第二，关于如何区分本土制造业和外资制造业。现有文献研究不多，由于数据来源限制，本书以出口交货值来进行估算，即用各年度各制造行业出口交货值减去同期各行业外资制造业出口交货值，得到各年度本土制造业出口交货值，再除以各年度制造业行业出口交货值，得到本土制造业出口交货值占比，本书以该比例近似替代各年度各本土制造行业出口份额占比。

3.2.2 数据来源及产业选择

由于国内外现有研究大多表明，中国出口技术结构迅速深化出现在进入21世纪以后（Rodrik，2006；Schott et al.，2006），特别是近年来中国出口技术含量变化更为显著；同时考虑到2001年年底中国正式加入WTO，入世后中国的贸易和投资环境发生了改变，2002年入世的经济效应尚未充分体现，因此本书以2003年为研究的起始点，同时2012年起我国开始采用国民经济行业分类标准GB/T4754－2011而不再是之前的2002版本，为了保证统计口径的一致性，本书选取了2003～2011年中国行业层面出口数据来测算制造业出口国内技术含量水平。

本部分计算中要求使用的数据主要包括：世界各国各种产品的出口贸易额、世界各国的人均国民收入数据以及投入产出表。

本书使用的所有出口贸易数据均来自联合国 COMTRADE 数据库，考虑到样本的代表性和数据的可获得性，本书选取 2003 ~ 2011 年期间各年度出口额之和世界排名靠前的 38 个国家和地区①，这 38 个国家和地区样本期间内各年度出口额之和占相应年度世界出口总额比例的平均值约为 87.47%，因此具有充分的代表性。由于样本时期为 2003 ~ 2011 年，为使数据更具有可比性，出口数据均转换为 HS2002 版本②，按 HS 对产品进行分类，而且细化至 HS6 位代码，该分类每年包含的产品种类数均在 5000 个以上，制造业产品种类数均在 4000 个以上，具体数据见表 3 - 2。各制造业行业总体出口交货值和外资制造行业出口交货值数据主要来自 2003 年和 2005 ~ 2011 年《中国工业经济统计年鉴》，其中 2004 年数据来自《中国经济普查年鉴》。

表 3 - 2　　2003 ~ 2011 年 38 个国家和地区出口产品种类数

年份	所有出口产品种类（个）	中国制造业出口产品种类（个）	年份	所有出口产品种类（个）	中国制造业出口产品种类（个）
2003	5423	4480	2008	5303	4203
2004	5405	4468	2009	5259	4219
2005	5385	4482	2010	5006	4201
2006	5385	4483	2011	5004	4193
2007	5341	4233	均值	5279	4329

资料来源：笔者根据联合国 COMTRADE 数据计算整理所得。

本书所使用的人均国民收入数据来自世界银行 WDI 数据库，选取了

① 本来是选择前 50 位的国家和地区，但是由于一些国家样本区间内或者缺乏个别年份出口贸易数据，或者人均 GNI 数据指标不全，后面的国家无论从绝对量还是相对量来看都比较小，所以最终确定了 38 个国家和地区。这 38 个国家和地区分别是：爱尔兰、澳大利亚、奥地利、巴西、比利时、丹麦、德国、俄罗斯、法国、菲律宾、芬兰、哈萨克斯坦、韩国、荷兰、加拿大、罗马尼亚、马来西亚、美国、墨西哥、南非、挪威、葡萄牙、日本、瑞典、瑞士、泰国、土耳其、乌克兰、西班牙、新加坡、以色列、意大利、印度尼西亚、英国、越南、智利、中国香港和中国。

② 多数国家在 2007 年均开始采用 HS2007，还有极少数国家如印度尼西亚 2003 ~ 2009 年、哈萨克斯坦 2003 年、菲律宾 2003 ~ 2006 年、越南 2003 年、乌克兰 2003 ~ 2007 年，一直采用 HS1996，在此统一采用 HS2002。

世界银行公布经过购买力平价调整的按 2005 年不变国际元[①]核算的人均 GNI 指标，该指标按照相对购买力平价原理进行核算，减少了不同国家和地区由于汇率波动所带来的影响，同时以 2005 年不变国际元为基准，保证了计算得出的产品出口技术含量和出口国内技术含量指标跨年度比较的可行性以及在不同年度间的连续性[②]。

本书所使用的投入产出数据，主要是中国国家统计局国民经济核算司编制的 2007 年中国投入产出表（陈锡康和杨翠红，2011）和经济合作与发展组织（OECD）和欧盟（EU）的投入产出数据库。值得注意的是，国家统计局公布的 2007 年《投入产出表》中，虽然附录中给出进出口数据调整表，但只是列出了分产业来料加工的进出口数额，因此本书在剔除国外成分时，将来料加工进口的数额视作加工贸易进口，参考迪恩等（Dean et al.，2007）的做法，将来料加工进口全部看作进口中间投入。

需要特别说明的是，本书实证中主要采用了 2003 ~ 2011 年间的数据，但是中国的投入产出表官方每 5 年编制一次，现存最新的是 2007 年投入产出表，因此本书中假定各行业间的结构短期内不会发生太大的改变，也即这 9 年间产业的关联程度不会发生太大的改变，因此本书中使用 2007 年的投入产出表来构造 2003 ~ 2011 年产业间的关联关系。

3.2.3 测算结果及解释

笔者依据 2007 年中国投入产出表的制造业分类，将其合并后进行编号，以供后文使用。合并后的行业代码及名称见表 3 - 3。

表 3 - 3 合并后的行业代码及行业名称

行业代码	合并后行业名称
1	食品制造及烟草加工业
2	纺织业

① 国际元，又名 Geary - Khamis Dollar，是多边购买力平价比较中将不同国家货币转换为统一货币的方法。国际元更大意义上是一种平衡各国货币在贸易中出现的货币价值差值的工具，是一种独立于主权国货币的虚拟交易货币，其产生为世界性经济危机、周期性经济衰退等课题提供了有力的解决思路与实施方案。目前在国际宏观经济的比较研究中应用比较广泛。

② 比较来看，该指标优于世界银行公布的按 Atlas 方法得出的人均 GNI 指标，后者虽然相对简单，但没有消除跨年度比较时价格因素导致的影响。

续表

行业代码	合并后行业名称
3	服装皮革羽绒及其制品业
4	木材加工及家具制造业
5	造纸印刷及文教用品业
6	石油加工炼焦及核燃料加工业
7	化学工业
8	非金属矿物制品业
9	金属冶炼及压延加工业
10	金属制品业
11	通用专用设备制造业
12	交通运输设备制造业
13	电气机械及器材制造业
14	通信设备计算机及其他电子设备制造业
15	仪器仪表及文化办公用机械制造业

采用前面的测算方法和数据，本书首先计算得出 2003 ~ 2011 年间中国 15 个制造业细分行业出口技术含量（见表 3 – 4），接着考虑到进口成分的剔除问题，本书借鉴库普曼等（2010）和李昕（2013）的做法，使用最新的增值贸易统计法，计算出 2007 年 15 个制造业行业的出口国内增值率（见表 3 – 5），进而得到各制造行业的出口国内技术含量（见表 3 – 6）；但是，由于各制造业行业包括外资制造行业和本土制造行业，本书采用出口交货值占比近似替代出口贸易额占比（见表 3 – 7），最终计算得本土制造行业出口国内技术含量（见表 3 – 8）。

表 3 – 4　2003 ~ 2011 年中国 15 个制造业出口技术含量　单位：国际元

行业代码	2003 年	2004 年	2005 年	2006 年	2007 年	2008 年
1	846710. 4457	863016. 2484	855506. 9	1120695	901600	889478. 1
2	450566. 87	438055. 3184	445334	447953. 7	386152. 5	392169. 6
3	173708. 2674	196855. 94	214870. 7	330781. 3	284523. 5	320896
4	840660. 9249	959823. 5929	722729. 8	359790. 7	1049309	811473. 9

续表

行业代码	2003 年	2004 年	2005 年	2006 年	2007 年	2008 年
5	1294952. 551	1443759. 327	1537140	1762683	1473353	1039860
6	36759. 35979	73777. 65676	17696. 72	33622. 68	7723. 881	7993. 394
7	2167985. 134	2266388. 962	2271195	2731865	2792165	2620299
8	397179. 2161	422577. 2994	369931. 4	402893. 4	415988. 7	424450. 4
9	1300625. 337	1238517. 493	1246320	1166965	1231836	1173262
10	595256. 0251	539740. 9964	511425. 4	661852. 6	606712. 9	588664. 3
11	827572. 4662	856390. 3671	898494. 3	1327547	1193044	1196289
12	368895. 9986	367577. 4572	387513	493848. 7	554200. 3	542586. 4
13	740633. 1842	763406. 9592	888863. 9	618778. 2	681131. 7	585490. 1
14	534214. 7644	551333. 2857	437013. 2	617491	577266	665444. 8
15	1304911. 125	1755995. 72	1929629	1023631	1751767	1905108
均值	792042. 1113	849147. 7749	848910. 9	873359. 9	927118. 3	877564. 3

行业代码	2009 年	2010 年	2011 年	均值	年均增长率
1	836441	864483. 6	845070. 7185	891444. 63	-0. 02%
2	367972. 4	353669. 4	351740	403734. 87	-3. 05%
3	325494. 1	343965. 3	381359. 3704	285828. 29	10. 33%
4	704022. 9	741832. 7	709119. 8393	766529. 29	-2. 10%
5	1435597	822038. 3	1258981. 091	1340929. 3	-0. 35%
6	15410. 32	10680. 35	12345. 25774	24001. 069	-12. 75%
7	2637207	2441857	2631594. 607	2506728. 7	2. 45%
8	351500. 3	406905. 9	334309. 2395	391748. 44	-2. 13%
9	1182536	1253236	1334672. 36	1236441. 1	0. 32%
10	686324. 3	610837. 2	519753. 1137	591174. 09	-1. 68%
11	1146061	1147994	1163845. 23	1084137. 4	4. 35%
12	538048. 7	510304. 5	474423. 2624	470822. 03	3. 19%
13	538746. 1	589396. 7	548340. 2571	661643. 03	-3. 69%
14	651493. 8	575243. 2	659784. 2481	585476. 03	2. 67%
15	1681919	1784220	2016191. 799	1683708	5. 59%
均值	873251. 6	830444. 3	882768. 6929	861623. 08	1. 36%

资料来源：笔者计算所得。

表 3-5　　2007 年中国制造业行业出口国内、国外增值率对比

行业代码	合并后行业名称	出口国内增值率	出口国外增值率
1	食品制造及烟草加工业	0.90	0.10
2	纺织业	0.82	0.18
3	服装皮革羽绒及其制品业	0.82	0.18
4	木材加工及家具制造业	0.84	0.16
5	造纸印刷及文教用品业	0.83	0.17
6	石油加工炼焦及核燃料加工业	0.86	0.14
7	化学工业	0.81	0.19
8	非金属矿物制品业	0.85	0.15
9	金属冶炼及压延加工业	0.82	0.18
10	金属制品业	0.81	0.19
11	通用专用设备制造业	0.79	0.21
12	交通运输设备制造业	0.79	0.21
13	电气机械及器材制造业	0.78	0.22
14	通信设备计算机及其他电子设备制造业	0.67	0.33
15	仪器仪表及文化办公用机械制造业	0.73	0.27

资料来源：主要由笔者计算整理得出，部分数据来自李昕（2013）。

从各年度出口技术含量和出口国内技术含量的均值变化来看，如表 3-4 和表 3-6 所示，以 2005 年不变国际元衡量且经过购买力平价调整后，2003~2011 年间中国制造业所有 15 个细分行业出口技术含量平均值从 792042.113 国际元，增加到 882768.6929 国际元，增加了 90726.58 国际元，增加幅度为 11.45%；而剔除国外成分后的出口国内技术含量平均值从 2003 年的 632957.4 国际元，增加到 2011 年的 698388.49 国际元，增加了 65431.11 国际元，增幅为 10.34%。

表 3-6　　2003~2011 年中国 15 个制造业出口国内技术含量　　单位：国际元

行业代码	2003 年	2004 年	2005 年	2006 年	2007 年	2008 年
1	762039.4	776714.62	769956.1816	1008625.2	811440.03	800530.3067
2	369464.8	359205.36	365173.8937	367322.04	316645.04	321579.0444
3	142440.8	161421.87	176194.004	271240.71	233309.29	263134.7547

续表

行业代码	2003 年	2004 年	2005 年	2006 年	2007 年	2008 年
4	706155. 2	806251. 82	607093. 0539	302224. 16	881419. 83	681638. 0583
5	1074811	1198320. 2	1275826. 034	1463027	1222883. 2	863083. 5196
6	31613. 05	63448. 785	15219. 17529	28915. 505	6642. 5378	6874. 319201
7	1756068	1835775. 1	1839668. 276	2212811. 1	2261653. 9	2122441. 907
8	337602. 3	359190. 7	314441. 6735	342459. 39	353590. 41	360782. 8538
9	1066513	1015584. 3	1021982. 691	956911. 4	1010105. 2	962074. 946
10	482157. 4	437190. 21	414254. 5992	536100. 62	491437. 43	476818. 1094
11	653782. 2	676548. 39	709810. 5254	1048761. 8	942504. 73	945068. 1796
12	291427. 8	290386. 19	306135. 2615	390140. 44	437818. 2	428643. 2905
13	577693. 9	595457. 43	693313. 8801	482647	531282. 76	456682. 2703
14	355252. 8	366636. 64	290613. 774	410631. 52	383881. 86	442520. 7982
15	887339. 6	1194077. 1	1312147. 448	696068. 81	1191201. 4	1295473. 749
均值	632957. 4	675747. 25	674122. 0314	701192. 44	738387. 73	695156. 4071

行业代码	2009 年	2010 年	2011 年	均值	年增率
1	752796. 8749	778035. 1978	760563. 65	802300. 1651	-0. 02%
2	301737. 3726	290008. 9461	288426. 8	331062. 5933	-3. 05%
3	266905. 1496	282051. 5151	312714. 68	234379. 1952	10. 33%
4	591379. 2183	623139. 4773	595660. 67	643884. 6064	-2. 10%
5	1191545. 364	682291. 7921	1044954. 3	1112971. 346	-0. 35%
6	13252. 87888	9185. 102413	10616. 922	20640. 91937	-12. 75%
7	2136137. 978	1977904. 473	2131591. 6	2030450. 249	2. 45%
8	298775. 282	345870. 0454	284162. 85	332986. 1719	-2. 13%
9	969679. 1123	1027653. 334	1094431. 3	1013881. 679	0. 32%
10	555922. 6577	494778. 098	421000. 02	478851. 0144	-1. 68%
11	905388. 0483	906915. 0191	919437. 73	856468. 5148	4. 35%
12	425058. 4815	403140. 5256	374794. 38	371949. 4008	3. 19%
13	420221. 9906	459729. 4239	427705. 4	516081. 5606	-3. 69%
14	433243. 3794	382536. 7184	438756. 52	389341. 559	2. 67%
15	1143704. 955	1213269. 592	1371010. 4	1144921. 45	5. 59%
均值	693716. 5828	658433. 9506	698388. 49	685344. 695	1. 24%

资料来源：笔者计算所得。

从年均增长率来看，在 8 个出口技术含量和国内技术含量年均增长率为正的制造业行业中，增长率最高的是服装皮革羽绒及其制品业 10.33%，其次是仪器仪表及文化办公用机械制造业 5.59%，通用、专用设备制造业 4.35%，交通运输设备制造业 3.19%，通信设备、计算机及其他电子设备制造业 2.67%，化学工业 2.45%，增长率最低的是金属冶炼及压延加工业，只有 0.32%。7 个年均增长率为负的行业中，降幅最大的是石油加工炼焦及核燃料加工业 -12.75%，其次是电气机械及器材制造业 -3.69%，纺织业 -3.05%，非金属矿物制品业 -2.13%，木材加工及家具制造业 -2.10%，金属制品业 -1.68%，造纸印刷及文教用品业 -0.35%，以及食品制造及烟草加工业 -0.02%。进一步可以计算出 2003 ~ 2011 年间中国制造业细分行业出口技术含量和国内技术含量的年均增长率，分别只有 1.36% 和 1.24%[①]，远远低于同期中国人均 GNI 和人均 GDP 大约 10.30%[②]的年均增长率水平。这一方面表明 2003 ~ 2011 年间，中国各制造业分行业的出口技术含量和出口国内技术含量总体上是增加的，但是增幅不高，这与现有研究结论是不同的，现有文献或者发现中国出口技术含量大幅度增加（Rodrik，2006；陈晓华等，2011），或者发现出口技术含量或国内技术含量呈下降趋势（姚洋和张晔，2008），这说明“Rodrik 悖论”其实并不存在，9 年间中国出口品技术含量增加幅度很小，并没有以超出自身经济发展水平异常高速增长；另一方面也可以看出中国制造业出口产品技术含量的提升很大程度上是由国外成分推动的，出口产品真实的国内技术含量增加并不快，而且剔除国外成分以后的出口国内技术含量增幅更小。

但是，前面计算得出的是在中国所有制造业企业出口的国内技术含量，这其中既包含了本土企业，也包含了在中国投资的外资企业；外资企业相比本土企业在很多方面都具有明显的优势，出口产品的技术含量自然比本土企业高出不少，这样就在一定程度上拉高了总体的出口国内技术含量水平，也会导致后面实证部分的检验结果不准确，因此，必须把外资企业出口的部分剔除。但是由于无法直接获得各制造业细分行业外资企业的出口贸易额，在此用出口交货值来近似替代，总交货值中扣除外资企业之后，即可得到本土企业所占比例，结果如表 3 -7 所示。

---

① 由笔者计算得出。

② 该数据由笔者根据世界银行数据库 2003 ~ 2011 年间的按照 2005 年不变国际元经购买力平价调整后的人均 GNI 和人均 GDP 数据计算得出，具体分别为 10.294262% 和 10.252399%。

表 3－7　2003～2011 年中国本土制造行业出口交货值占比

行业代码	2003 年	2004 年	2005 年	2006 年	2007 年	2008 年	2009 年	2010 年	2011 年	均值
1	0.49	0.50	0.52	0.52	0.49	0.49	0.51	0.54	0.56	0.51
2	0.59	0.52	0.54	0.53	0.52	0.53	0.52	0.53	0.53	0.53
3	0.39	0.35	0.35	0.34	0.34	0.36	0.37	0.37	0.38	0.36
4	0.31	0.28	0.33	0.37	0.40	0.42	0.45	0.47	0.50	0.39
5	0.26	0.25	0.26	0.25	0.22	0.24	0.26	0.28	0.27	0.26
6	0.70	0.53	0.56	0.38	0.40	0.40	0.48	0.50	0.53	0.50
7	0.46	0.41	0.44	0.43	0.43	0.43	0.44	0.45	0.48	0.44
8	0.51	0.47	0.50	0.51	0.48	0.48	0.49	0.52	0.50	0.50
9	0.76	0.76	0.77	0.77	0.76	0.75	0.61	0.69	0.65	0.72
10	0.36	0.30	0.32	0.33	0.32	0.35	0.42	0.40	0.40	0.36
11	0.50	0.40	0.42	0.41	0.40	0.44	0.47	0.41	0.41	0.43
12	0.56	0.50	0.53	0.52	0.52	0.49	0.49	0.50	0.53	0.52
13	0.33	0.30	0.32	0.32	0.31	0.32	0.33	0.35	0.36	0.33
14	0.08	0.05	0.06	0.09	0.07	0.08	0.09	0.09	0.09	0.08
15	0.10	0.09	0.09	0.10	0.12	0.13	0.17	0.15	0.16	0.12
均值	0.43	0.38	0.40	0.39	0.39	0.39	0.41	0.42	0.42	0.40

资料来源：笔者根据各年度《中国工业经济统计年鉴》和《2004 年中国经济普查年鉴》自行计算得出。

表 3－7 反映的是 2003～2011 年中国本土制造业行业出口交货值占比情况。如表所示，金属冶炼及压延加工业中本土制造企业出口交货值占比最高，各年均值达到 72%，其次是纺织行业、交通运输设备制造业、食品及烟草加工业以及非金属矿物制品业和石油炼焦及核燃料加工业，这六个细分行业中本土企业出口交货值占比多在 50% 以上，而本土制造企业出口交货值占比最低的是通信设备计算机及其他制造业和仪器仪表及文化办公用机械制造业，前者各年度本土制造企业出口交货值占比均在 10% 以下，后者则都未超过 17%。无论从各年度的行业均值，还是从各行业的年度均值来看，本土制造行业的出口占比除了少数行业少数年份，多数行业和年份都低于 50%，这说明在我国出口贸易额中至少有一半是外资企业的出口。

表3-8和图3-18给出了2003~2011年中国15个本土制造行业出口国内技术含量变化情况。表3-8显示，从各年度行业均值变化来看，2003~2011年15个本土制造行业年均增长率为1.03%，增长幅度很小。从各行业年均增长率来看，有9个行业年均增长率大于0，从高到低依次为3、14、11、4、1、9、7、12、8，即服装皮革羽绒及其制品业18.56%、通信设备计算机及其他电子设备制造业8.11%、通用专用设备制造业6.76%、木材加工及家具制造业5.91%、食品制造及烟草加工业5.70%、金属冶炼及压延加工业3.49%、化学工业2.90%、交通运输设备制造业1.73%、非金属矿物制品业1.26%。年均增长率为负值的有6个行业，从小到大依次为13、2、15、6、10、5，即电气机械及器材制造业-2.79%、纺织业-3.35%、仪器、仪表及文化办公用机械制造业-8.25%、石油加工、炼焦及核燃料加工业-8.34%、金属制品业-15.60%、造纸印刷及文教用品业-18%。

表3-8 2003~2011年中国本土制造业出口国内技术含量 单位：国际元

行业代码	2003年	2004年	2005年	2006年	2007年	2008年
1	372820.6	386135.9	399520.5	520481.8	398665.5	394238.7
2	217861.5	186438.6	197667.2	194907.8	165936.9	169742.6
3	55559.73	56285.59	61220.04	92324.08	80137.57	93436.07
4	219102	226743.1	200683.4	112705.3	351102.1	286713.5
5	277275.2	301237.5	337071	359714.8	270068.8	205943
6	22281.37	33369.81	8575.023	10906.51	2646.361	2756.491
7	802975.2	748847.1	801811.4	953143.1	973251.5	910560.6
8	171524.3	170434.7	158313.4	173229.3	171102.5	174107
9	814669.6	774332.4	785397.4	732270.5	770299.5	718518.1
10	172349.7	130295.4	134559.3	177886.2	155083.3	168764.5
11	328148.7	273452.1	298231.4	428858.5	376172.7	419472.4
12	163537.5	145254.3	162785.8	203996.6	229100.4	211817.4
13	191154.4	178778	220370.2	155709.3	166118.2	144661.4
14	28658.88	17494.76	18279.1	36387.13	26035.67	35850
15	92738.05	104928.3	120300.8	72206.18	141877.9	163936.9
均值	262043.8	248935.2	260319.1	281648.5	285173.3	273367.9

续表

行业代码	2009 年	2010 年	2011 年	平均	年增率
1	381364. 4143	416892. 5869	423526. 9502	410405. 2163	1. 43%
2	156179. 0538	153724. 4371	153305. 0834	177307. 0172	-3. 83%
3	99212. 89553	105245. 1717	118099. 1339	84613. 36558	8. 74%
4	267298. 3301	292049. 6136	298034. 4365	250492. 4152	3. 48%
5	314974. 7217	192464. 0729	286968. 8747	282857. 5538	0. 38%
6	6407. 786713	4562. 97459	5644. 185428	10794. 502	-14. 15%
7	939495. 1585	899395. 8579	1022390. 262	894652. 2324	2. 72%
8	145670. 0813	180564. 5255	142707. 0227	165294. 774	-2. 02%
9	589458. 3204	711915. 0937	711609. 9097	734274. 544	-1. 49%
10	232558. 8547	198003. 4331	169727. 5053	171025. 3585	-0. 17%
11	421238. 0784	375668. 0868	372951. 6484	366021. 5038	1. 43%
12	210376. 7133	203452. 3016	197255. 7982	191952. 9762	2. 10%
13	138781. 7822	161755. 8599	153092. 7027	167824. 6547	-2. 44%
14	39156. 29601	36101. 0874	40047. 31735	30890. 02726	3. 79%
15	194201. 4809	185515. 6629	213731. 3294	143270. 7297	9. 72%
均值	275758. 2645	274487. 3844	287272. 8107	272111. 7914	1. 03%

资料来源：笔者自行计算得出。

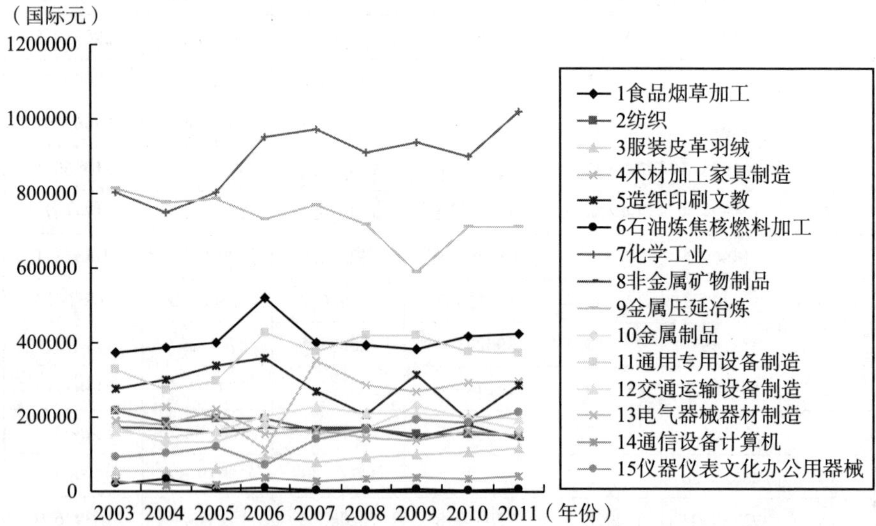

图 3-18 2003~2011 年中国 15 个本土制造行业出口国内技术含量

资料来源：笔者自行计算绘制得出。

如图3－18所示，15个本土制造行业中，化学工业、造纸印刷及文教用品业出口国内技术含量变化幅度较大，趋势不太明显；仪器仪表及文化办公用机械制造业虽然变化幅度也比较大，但是总体呈下降趋势；石油加工炼焦及核燃料加工业总体较为稳定；其余11个行业在2003～2011年各年度出口国内技术含量呈小幅上升或下降趋势，不过中间有多次小的波动。但可以确定的是，中国本土制造业出口国内技术含量总体来看并未大幅度上升，也并没有大幅度下降，除个别行业外，升幅或降幅都比较小。

从图3－19中可以看出，对比本土制造行业出口国内技术含量年均增长率LDTC与制造行业总体出口技术含量TC及总体出口国内技术含量DTC增长率的变化趋势，总体来看变化的基本方向大体是一致的，除了石油加工炼焦及核燃料加工业、交通运输设备制造业和电气机械及器材制造业之外，LDTC年均增长率变化的绝对值均超过TC及DTC年均增长率的绝对值，其中在食品制造及烟草加工业、服装皮革羽绒及其制品业、化学工业、通用专用设备制造业以及通信设备计算机及其他电子设备制造业，

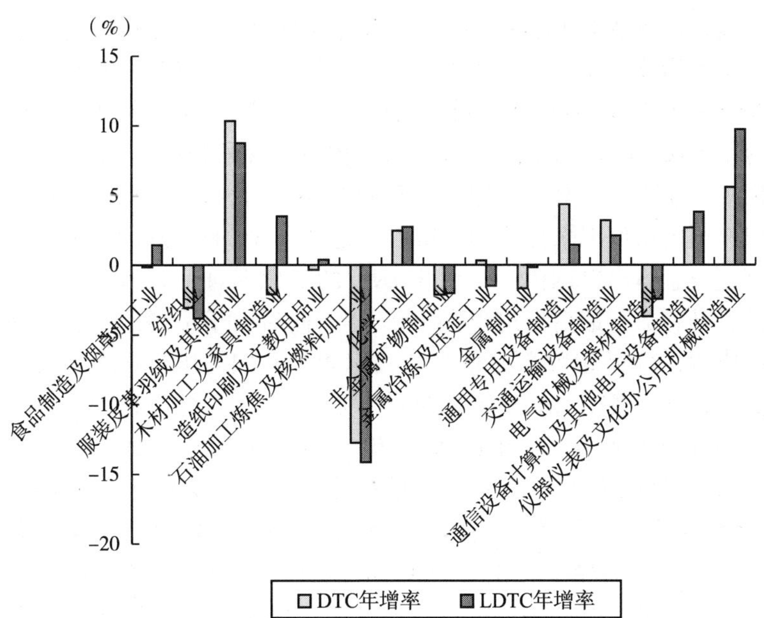

图3－19　2003～2011年各年度DTC（TC）及LDTC年均增长率变化

资料来源：笔者自行计算绘制得出。

LDTC 和 TC 及 DTC 年均增长率均大于 0，且 LDTC 增长幅度远超 TC 及 DTC，说明这些行业中本土制造业出口产品技术含量显著提升；而在纺织业、造纸印刷及文教用品业和金属制品业三个行业 LDTC 和 TC 及 DTC 年均增长率均为负值，且 LDTC 年均增长率下降幅度超过 TC 和 DTC 年均增长率下降的幅度，说明这三个行业中本土制造业出口产品国内技术含量明显下降，特别是造纸印刷及文教用品业和金属制品业尤其明显，分别超过 TC 和 DTC 接近 18% 和 15%。

但是有三个行业出现了 LDTC 和 TC 及 DTC 年均增长率的变化出现了背离：一个是木材加工及家具制造业，其 TC 及 DTC 年均增长率为 -2.1%，LDTC 年均增长率为 5.91%；另一个是非金属矿物制品业，其 TC 及 DTC 年均增长率为 -2.13%，而 LDTC 年均增长率为 1.26%，这两个行业 LDTC 年均增长率均为正值，但是 TC 及 DTC 年均增长率均为负值，说明这两个行业中本土制造业出口国内技术含量增长率上升，但是外资制造业出口国内技术含量增长率下降幅度非常大，以至于整体 TC 及 DTC 年均增长率为负值；还有一个是仪器仪表及文化办公用机械制造业，其 TC 及 DTC 年均增长率为 5.59%，但是 LDTC 年均增长率为 -8.25%，跟前两个行业相反，该行业本土制造业国内技术含量年均增长率下降幅度很大，整体为正是因为该行业中外资制造业国内技术含量年均增长率非常高。

2003~2011 年各年度中国制造业出口技术含量 TC、制造业出口国内技术含量 DTC 以及本土制造行业出口国内技术含量 LDTC 行业均值变化走势如图 3-20 所示，由于数据来源限制，DTC 的计算是以 2007 年制造业部门出口国内增值率来计算的，所以其走势与 TC 是一致的，因此本书只关注制造业总体出口国内技术含量 DTC 的变化即可，总体来看均体现为微弱的上升趋势，最高点出现在 2007 年，此后由于金融危机引发的经济危机的影响，直到 2010 年总体出口技术含量和国内出口技术含量一直趋于下降，2011 年则开始回升。但是本土制造行业出口国内技术含量 LDTC 的变化却有较大的不同，相比 2003 年，2004 年 DTC 明显趋于上升，但 LDTC 反而出现微弱下降趋势，说明外资制造业的提升使得总体 DTC 上升；2005 年当 DTC 平缓变化略有下降时，LDTC 大幅度上升，但此后直到 2007 年，DTC 一直稳步上升，LDTC 却呈现相反趋势，一路走低；2007 年 DTC 出现最高点，而 LDTC 则达到较低点；2007~2008 年 DTC 走低，而 LDTC 略有上升；2008 年之后，DTC 和 LDTC 走势比较一致，平稳下降然后回升。

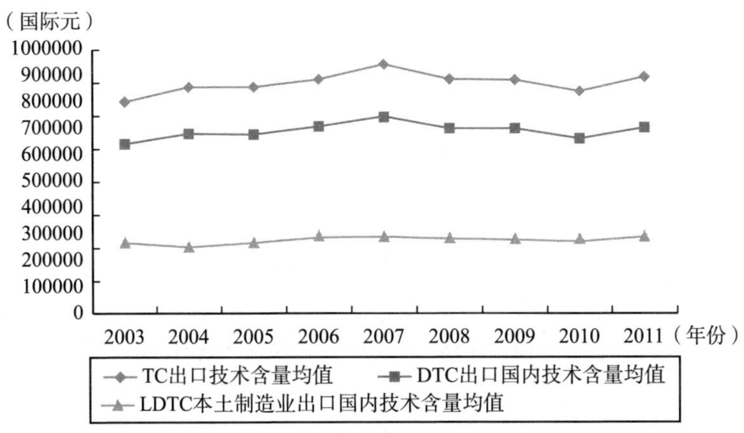

图3-20　2003~2011年各年度制造业TC、DTC和本土制造业LDTC变化走势图

资料来源：笔者自行计算制作得出。

由此可见，总体制造业出口国内出口技术含量和本土制造业出口国内技术含量变化走势有比较大的差异，必须加以区分，否则会影响计算结果以及实证部分研究结果的有效性，进而导致全书的结论有失偏颇。

3.3　中国制造业GVC参与度和GVC地位指数

20世纪80年代以来，全球价值链分工这一新的国际贸易分工体系发展迅速，而由此产生的中间品贸易也逐渐成为国际贸易的主要形式。据统计，目前大约60%的国际贸易是由于全球价值链分工而产生的中间品贸易（UNCTAD，2013）。在这种情况下，传统的贸易核算方式所得到的贸易数据越来越难以反映真实的贸易状况，基于增加值核算方式所得到的增加值贸易数据则相对更为准确，通过某国增加值贸易数据也容易了解该国参与全球价值链分工的状况及其在全球价值链中的地位。

上一节中是通过采用增值贸易统计法，利用非竞争型投入产出表得出各制造业行业出口国内增值率，进而确定出口国内技术含量，最终得出本土制造业出口国内技术含量来衡量中国制造业价值链地位现状。本节在库普曼（2010）的基础上，根据OECD-WTO的TiVA数据库，中国参与全球价值链的程度和在全球价值链中所处的位置。

3.3.1 测算方法及指标

如前所述，关于衡量某国全球价值链参与程度和全球价值链地位的指标目前相对最准确的是库普曼等（2010）提出的 KPWW 指标。KPWW 指标具体包括 GVC 参与程度和 GVC 地位两个指标。本书将使用这两个指标来测算中国制造业的价值链参与程度和价值链地位，以及中国和“一带一路”国家参与全球价值链分工的情况。

KPWW 指标以增加值作为统一口径，不仅完整地反映了产品价值在各国间的分配，而且排除了传统的贸易统计方式中重复计算的部分，为测度各国各产业实际贸易利得创造了条件。按照增加值分解的思路，完整地得到一国出口产品的价值在世界各国各产业的分配向量，其总出口中增加值的归属满足式（3-4）。

$$VBE = \begin{bmatrix} V_r B_{rr} \hat{E}_r & V_r B_{rs} \hat{E}_s & V_r B_{rt} \hat{E}_t \\ V_s B_{sr} \hat{E}_r & V_s B_{ss} \hat{E}_s & V_s B_{st} \hat{E}_t \\ V_t B_{tr} \hat{E}_r & V_t B_{ts} \hat{E}_s & V_t B_{tt} \hat{E}_t \end{bmatrix} \tag{3-4}$$

分块矩阵 VBE 对角线上的各矩阵表示产品出口为出口国带来的增加值，非对角线上的各分块矩阵则表示其他国家从该产品中获得的增加值。以 s 国为例，总出口的本国增加值 DV_s 与国外增加值 FV_s 如式（3-5）所示：

$$DV_s = V_s B_{ss} \hat{E}_s ; \; FV_s = V_r B_{rs} \hat{E}_s + V_t B_{ts} \hat{E}_s = \sum_{i \neq s} V_i B_{is} \hat{E}_s \tag{3-5}$$

GVC 参与程度指标被定义为间接增加值和国外增加值占以增加值衡量的总出口的比重，GVC 地位的指标是指一国某产业出口中包含的间接增加值和国外增加值的差距，具体计算公式如下：

$$GVC\_Participation_{ir} = \frac{IV_{ir}}{E_{ir}} + \frac{FV_{ir}}{E_{ir}} \tag{3-6}$$

$$GVC\_Position_{ir} = \ln\left(1 + \frac{IV_{ir}}{E_{ir}}\right) - \ln\left(1 + \frac{FV_{ir}}{E_{ir}}\right) \tag{3-7}$$

其中，$GVC\_Participation_{ir}$ 和 $GVC\_Positon_{ir}$ 分别表示 r 国 i 产业的 GVC 参与程度指数和 GVC 地位指数，IV_{ir} 是 i 国 r 产业中出口中的间接增加值出口，FV_{ir} 为 i 国 r 产业中国外增加值部分，E_{ir} 为 i 国 r 产业以增加值衡量的总出口，ln 表示取对数。

如果一个国家的某个特定产业参与全球价值链的程度较高，那么计算

得出 *GVC_Participation* 指数值就比较大；相反，如果一个国家的某个特定产业参与全球价值链的程度较低，那么 *GVC_Participation* 指数值就比较小。

如果一个国家的某个特定产业在全球价值链中处于上游，那么 *GVC_Positon* 指数值就比较大。相反，如果一个国家的某个特定产业在全球价值链中处于下游，那么 *GVC_Positon* 指数值就比较小。

3.3.2 数据来源及产业选择

本节需要测算 GVC 参与度指数和 GVC 地位指数，根据上文所列公式，计算所需要的数据主要来源于 OECD - WTO 联合发布的 TiVA 数据库，该数据库包括对全球贸易影响较大的 61 个国家和地区的国际贸易数据，时间跨度为 1995 ~ 2011 年，按照前面提出的方法，本节对世界主要的 61 个国家和地区的出口贸易进行了分解，在此基础上测算了包括中国在内的各国以及中国各细分行业的 GVC 相关指标和 RCA - VA 指数，61 个国家和地区中，除了中国以外，属于“一带一路”相关国家和地区的共有 26 个。

TiVA 数据库中列出的 61 个国家和地区分别是：澳大利亚、奥地利、比利时、加拿大、智利、捷克、丹麦、爱沙尼亚、芬兰、法国、德国、希腊、匈牙利、冰岛、爱尔兰、以色列、意大利、日本、韩国、拉脱维亚、卢森堡、墨西哥、荷兰、新西兰、挪威、波兰、葡萄牙、斯洛伐克、斯洛文尼亚、西班牙、瑞典、瑞士、土耳其、美国、阿根廷、巴西、文莱、保加利亚、柬埔寨、中国、哥伦比亚、哥斯达黎加、克罗地亚、塞浦路斯、中国香港、印度、印度尼西亚、立陶宛、马来西亚、马耳他、菲律宾、罗马尼亚、俄罗斯、沙特阿拉伯、新加坡、南非、中国台湾、泰国、突尼斯和越南。

其中属于“一带一路”沿线国家和地区除了中国以外还有 26 个，分别是：爱沙尼亚、保加利亚、波兰、俄罗斯、菲律宾、柬埔寨、捷克、克罗地亚、拉脱维亚、立陶宛、罗马尼亚、马来西亚、塞浦路斯、沙特阿拉伯、斯洛伐克、斯洛文尼亚、泰国、土耳其、文莱、希腊、新加坡、匈牙利、以色列、印度、印度尼西亚和越南。

由于本书的主要目的是考察制造业行业，所以在测算国家层面的 GVC

参与程度指数和GVC地位指数之后，进一步测算了农业[①]，采掘业，建筑业和制造业等四个主要行业的相关指标，然后将制造业又进一步细分为九个行业：电气和光学设备制造业，纺织品、纺织产品、皮革和鞋制造业，化学品及非金属品矿产品制造业，机械及设备制造业，基础金属和金属制品制造业、木材、纸、纸制品、印刷和出版制造业，其他制成品及回收设备制造业，食品、饮料及烟草制造业，运输设备制造业，并测算了制造业9个细分产业的GVC指标。

按照OECD－WTO的产业分类，可以将制造业类产业分为三大类：劳动密集型制造业、资本密集型制造业和知识密集型制造业。其中纺织品、纺织产品、皮革和鞋制造业，木材、纸、纸制品、印刷和出版制造业，其他制成品及回收设备制造业属于劳动力密集型产业，食品、饮料及烟草制造业，化学品及非金属矿产品制造业，基础金属和金属制品制造业属于资本密集型产业，机械设备制造业，电器和光学设备制造业，运输设备制造业属于知识密集型产业。从产业结构上看，中国的产业结构正在从劳动为密集型产业向资本密集型和知识密集型产业转变。

3.3.3 测算结果及解释

如图3－21所示，1995～2011年间中国的GVC参与程度呈现出明显的倒“L”形走势，即先是快速上升然后稳定中逐渐趋于平缓。具体来说，在市场经济改革、对外开放日益深化以及2001年成功入世的大背景下，1995～2008年间中国的GVC参与程度呈现显著的快速上升趋势，从1995年的0.6332到2009年的0.6879，之后到2009年上升幅度比较小，而2009年之后，中国的GVC参与程度开始趋于稳定，走势逐渐呈平坦化，此后至2011年三年间，中国的GVC参与指数分别为0.6908、0.688和0.689，变化不足1个百分点，究其原因，应该是受2007年的次贷危机引发的金融危机直至演变为蔓延全球的经济危机影响所致。

横向来看，如表3－9所示，中国总体的GVC参与指数在本文所测算的61个主要经济体内排名非常靠前，而且远高于同期其余60个经济体GVC参与指数的平均水平，高出幅度约为25%～31%。1995～2011年，在61个经济体内，中国GVC参与程度排名始终位于前三位；1995年和

① 此处的农业是大农业，即广义的农业，具体包括农业、林业、狩猎和渔业等。

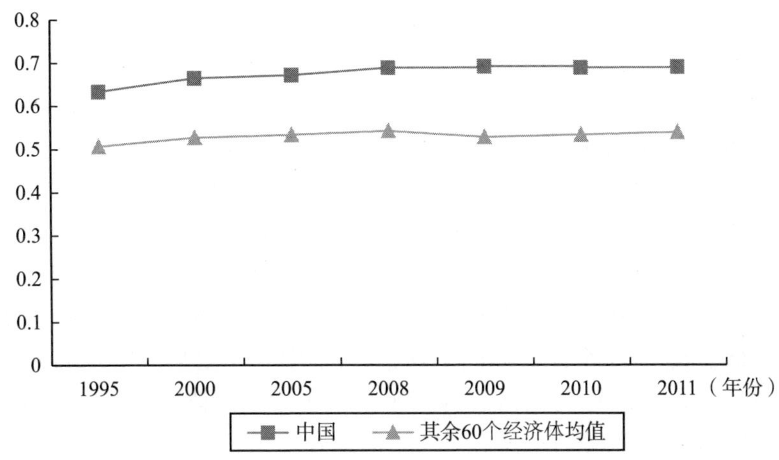

图 3－21　1995～2011 年中国 GVC 参与指数

资料来源：根据 OECD－WTO 数据库计算结果绘制。

2000 年均为第二位，2005 年排名第三位，2008～2011 年均排名第一位，如前所述，2009 年、2010 年和 2011 年，中国总体 GVC 参与指数分别为 0.6908、0.6879 和 0.6894，虽然从绝对数值及其变化来看比较稳定，但是与其余 60 个经济体相比非常突出，2008～2011 年连续四年在 61 个经济体内位居第一位，由此确实可以看出，自 1995 年以来，中国或主动或被动地较多参与了全球价值链分工，而且融入全球价值链体系的程度相对深入。

表 3－9　　1995～2011 年 61 个经济体 GVC 参与指数排名前十位的经济体

年份	1995	2000	2005	2008	2009	2010	2011
1	保加利亚	匈牙利	匈牙利	中国	中国	中国	中国
2	中国	中国	冰岛	匈牙利	匈牙利	匈牙利	捷克
3	新加坡	爱沙尼亚	中国	卢森堡	斯洛伐克	斯洛伐克	卢森堡
4	中国台湾	斯洛伐克	马来西亚	冰岛	冰岛	捷克	斯洛伐克
5	爱沙尼亚	马来西亚	捷克	捷克	卢森堡	卢森堡	匈牙利
6	马耳他	马耳他	卢森堡	斯洛伐克	捷克	冰岛	冰岛
7	爱尔兰	卢森堡	斯洛伐克	保加利亚	马来西亚	马来西亚	韩国
8	捷克	捷克	爱沙尼亚	韩国	韩国	韩国	中国台湾
9	斯洛伐克	新加坡	泰国	中国台湾	泰国	中国台湾	保加利亚
10	匈牙利	冰岛	波兰	马来西亚	保加利亚	保加利亚	马来西亚

资料来源：根据 OECD－WTO 数据库计算结果整理得出。

与GVC参与指数不同，中国的GVC地位指数则呈现出了一种先降后升再小幅下降然后趋于平稳的近似“S”形的变化轨迹，如图3-22所示。1995年中国的GVC地位指数为-0.0257，然后一直下降，到2000年降为-0.0599，到2005年为-0.0571，变化不大，此后开始一路上升，到2007年已经为0.0406，到2009年达到历史最高水平0.0564，之后又开始下跌到2010年的0.0365，到2011年有小幅下降，但变化不大；如果跟同期其余60个经济体的平均值比较，由于缺少2006~2007年的数据，只能大致做出判断，1995年、2000年和2005年三个年份中国的GVC地位指数显著低于其余60个经济体的平均值，但2008年之后，中国的GVC地位指数显著高于其余60个经济体的平均值水平，总体来看，中国自1995年以来在GVC中的地位确实有了一定的提升。

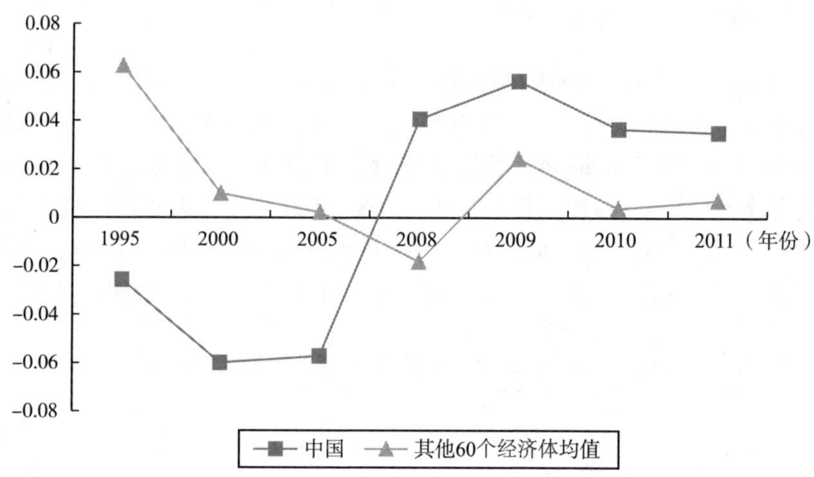

图3-22 1995~2011年中国GVC地位指数

资料来源：根据OECD-WTO数据库计算结果绘制。

横向对比一下，表3-10是中国GVC地位指数在61个经济体中的排名，从1995年的51位，到2000年的48位和2005年的44位，提升幅度不大，而且这期间中国的GVC指数都是负值，不考虑中间缺失数据的2006~2007年，2008年开始中国的GVC指数不仅为正值，而且排名上升到21位，此后虽然有一定变动，但都在前25位。

表3－10　　1995～2011年中国GVC地位指数在61个经济体中的排名

年份	1995	2000	2005	2008	2009	2010	2011
位次	51	48	44	21	25	24	21

资料来源：根据OECD－WTO数据库计算结果整理得出。

对比图3－21和图3－22，可以看出，20世纪90年代后期到21世纪初期，中国GVC参与指数和地位指数出现了明显的背离，即中国参与GVC分工的程度在趋于上升，但是同期中国的GVC地位不仅没有呈现相同的上升趋势，反而在趋于下降，究其原因，应该与中国当时对外贸易的特点和早期参与全球价值链分工的方式有关。改革开放以来至21世纪初期，在中国的对外贸易中加工贸易所占比重非常突出，而中国融入全球价值链分工也主要是凭借“两头在外，一头在内”的加工贸易，“为他人作嫁衣裳”，自己赚取的只是加工费这种“辛苦钱”，这就决定了中国在全球价值链分工体系中的地位相对较低的现实。

2001年成功入世以后，中国融入全球价值链分工的步伐进一步加快，参与全球价值链的程度进一步提高，很大程度上是因为加工贸易的规模快速增加所导致的，如图3－23所示，2001年开始加工贸易出口额迅速增长，且明显高于一般贸易出口额，即便是2009年由于金融危机的影响一般贸易和加工贸易出口额双双下降时，加工贸易出口额也高于一般贸易出口，直到2011年开始才被一般贸易出口反超。由图3－24可以看出，从20世纪80年代初期开始，中国的加工贸易出口占比不断上升，大约从2005年开始出现显著的下降趋势，正好与上文提到的中国GVC地位指数上升的时间相吻合，但此时加工贸易出口占比仍然高达54.66%，到2008年降至47.19%，这是首次低于50%，此后中国的GVC地位指数在2009年达到了峰值，之后有所下降，但幅度不大，走势趋于稳定。这说明中国的GVC参与指数和GVC地位指数出现的背离确实与中国以加工贸易嵌入全球价值链的方式有关系。

前面是计算了中国和其他主要经济体GVC参与指数和地位指数，本书重点在于制造业，所以下面将进一步计算中国各行业特别是制造业的GVC参与指数和GVC地位指数。首先本书选取了农业、采掘业、建筑业和制造业等四个主要行业，然后将制造业又进一步细分为九个行业：电气和光学设备制造业，纺织品、纺织产品、皮革和鞋制造业，化学品及非金属品矿产品制造业，机械及设备制造业，基础金属和金属制品制造业，木材、纸、纸制品、印刷和出版制造业，其他制成品及回收设备制造业，食品、饮料及烟草制造业，运输设备制造业。

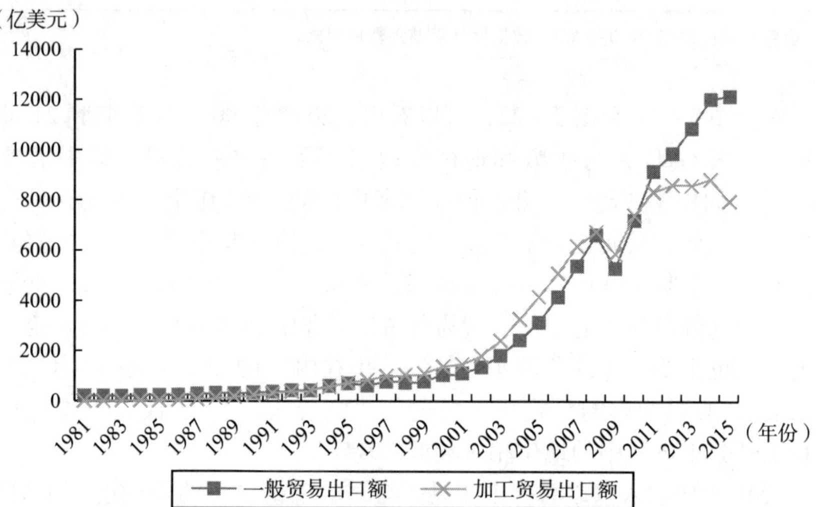

图 3－23　1981～2015 年中国一般贸易出口额和加工贸易出口额

资料来源：历年《中国贸易外经统计年鉴》。

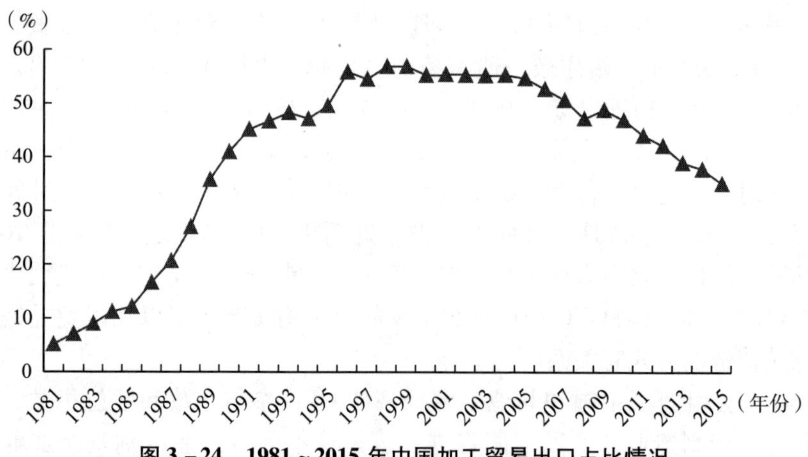

图 3－24　1981～2015 年中国加工贸易出口占比情况

资料来源：根据 OECD－WTO 数据库计算结果绘制。

从 GVC 参与指数来看，如图 3－25 所示，除了建筑业呈现下滑趋势外，农业、采掘业和制造业都呈现微弱上升趋势，特别是 2000 年之后稳中有升；四个行业中制造业 GVC 参与程度最高，平均指数达到 0.7441，其次是建筑业的 0.681，再次是采掘业的 0.5223，最低的是农业的 0.3806，计算结果与各产业的实际状况基本一致，这可能是由各行业自身的特点所决定的。农业、采掘业和建筑业等由于行业特性限制，许多生产环节只能在相同且特定的地理区域内完成，无法像制造业一样可以将绝大多数生产环节进行拆分进而在全球不同国家和地区进行分工。

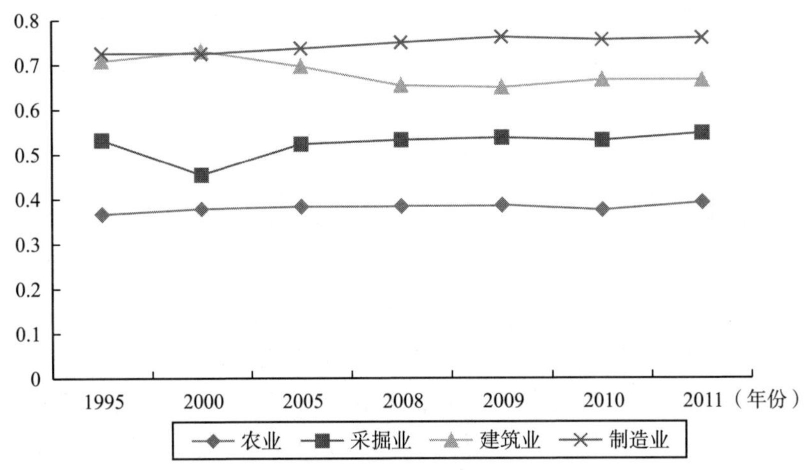

图 3－25 1995～2011 年中国主要行业 GVC 参与指数

资料来源：根据 OECD－WTO 数据库计算结果绘制。

从 GVC 地位指数来看，如图 3－26 所示，中国的四个主要行业中，建筑业 GVC 地位最高，其次是农业，制造业居第三位，地位最低的是采掘业。从各行业走势来看，建筑业自 1995 年以来先下降，到 2008 年以后逐渐趋于平稳，升幅和降幅都不太大；农业 GVC 地位指数变化幅度相对不大，1995 年为 0.192，然后稍有下降，2005 年是最低值为 0.153，之后到 2009 年回升到 0.179，到 2011 年为 0.159，总体变化幅度不大；制造业则呈现先快速上升后小幅下降趋于平稳的态势，1995 年为－0.128，到 2009 年达到最高值为 0.099，之后小幅下降，2010 年为 0.075，2011 年为 0.061；采掘业 GVC 地位指数变化走势跟制造业比较相似，也是先升后降，在 2005 年之前跟制造业 GVC 地位指数相差无几，但是 2005 年以后虽然也上升但是升幅小于制造业，之后二者的差距一直维持在 0.04 左右。由此可见，在我国国民经济主要行业中，制造业的地位相对不高。

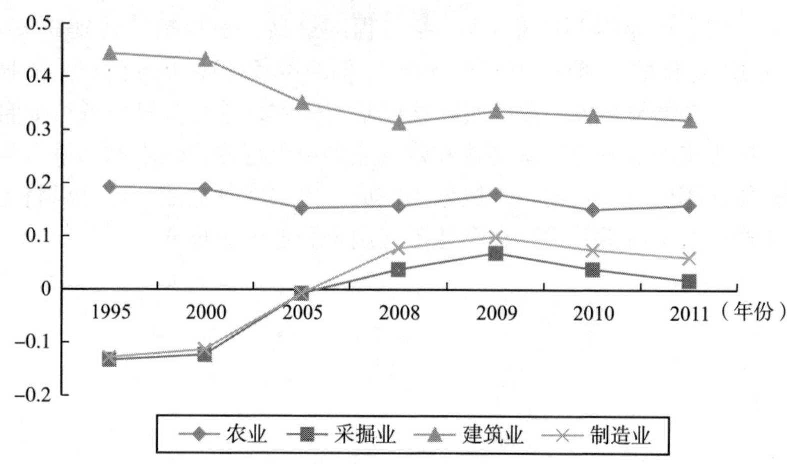

图3－26　1995～2011年中国主要行业GVC地位指数

资料来源：根据OECD－WTO数据库计算结果绘制，第3章余同。

对比一下四个主要行业的GVC参与指数和GVC地位指数，我们发现制造业GVC参与程度在四个行业中最高，平均指数高达0.7441，但是地位相对较低，平均指数仅有0.0093；采掘业GVC地位也是相对较低，平均值为－0.0141，但是GVC程度相对不低，平均指数为0.5223；农业的参与程度较低，但是GVC地位相对不低，平均指数达到0.1684；而建筑业在四个行业中GVC地位最高，平均值高达0.3604，建筑业的GVC参与程度也相对较高，平均指数为0.6810，仅次于制造业的0.7441。由此可见，GVC参与程度和GVC地位并不必然对等，即GVC参与程度高的行业地位不一定高，而GVC地位低的行业参与程度不一定低。最为明显的就是本书重点关注的制造业，其参与程度高但是GVC地位低，两者出现了背离。

鉴于本书重点关注的是制造业，接下来将对制造业进行细分，如前所述，按照OECD－WTO的产业分类，本书将制造业细分为九个行业：电气和光学设备制造业，纺织品、纺织产品、皮革和鞋制造业，化学品及非金属品矿产品制造业，机械及设备制造业，基础金属和金属制品制造业，木材、纸、纸制品、印刷和出版制造业，其他制成品及回收设备制造业，食品、饮料及烟草制造业，运输设备制造业，并分别测算制造业9个细分产业的GVC参与指数和GVC地位指数。

图3－27给出的是1995～2011年中国9个制造业行业GVC参与指数。

从图中可以看出，1995～2011年9个制造业细分行业GVC参与指数都比较高，都在0.65以上，说明9个制造业行业参与全球价值链分工程度比较高；1995～2011年间9个制造业行业GVC参与指数走势相对比较平稳，变化幅度不大。具体来看，电气和光学设备制造业的GVC参与指数最高，总体呈现先上升后趋于平稳的走势，1995年参与指数为0.726，最高点出现在2005年，GVC指数为0.82，后来基本趋于平稳，一直保持在0.81左右的水平；食品、饮料及烟草制造业的GVC参与指数一直趋于上升，从1995年的0.659一直上升到2011年的0.773，说明该产业参与全球价值链分工的程度在持续加深；比较特殊的还有其他制成品及回收设备制造业，该产业的GVC指数走势呈现“W”形，即先下降然后小幅回升，再下降，然后上升，后来基本趋于平稳，基本保持在0.74左右的水平，虽然很难达到1995年0.787的最高值，但是近三年的0.74左右的指数也是比较高的；其他6个制造业行业或升或降，幅度都不大，总体呈现平稳态势。

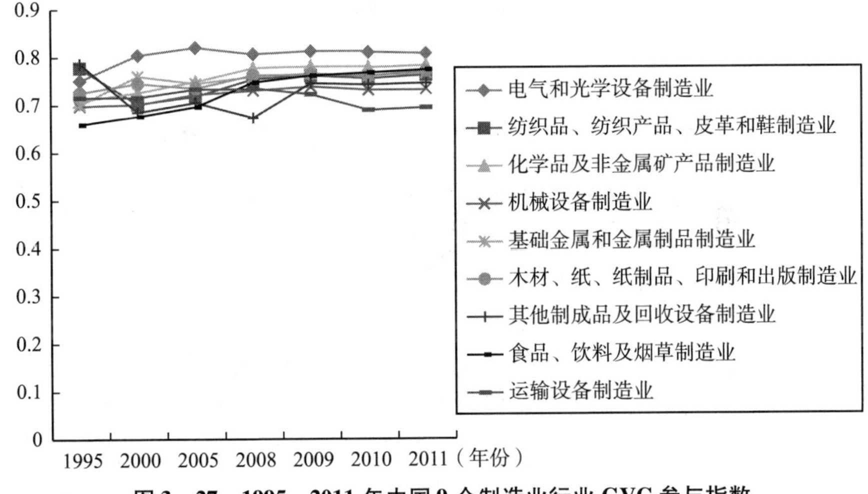

图3-27　1995～2011年中国9个制造业行业GVC参与指数

图3-28直观地反映了9个制造业行业GVC参与指数均值，排名第一的是电气和光学设备制造业，其GVC参与指数均值高达0.8014，然后依次是化学品及非金属矿产品制造业的0.7573，木材、纸、纸制品、印刷和出版制造业的0.7517，基础金属和金属制品制造业的0.7510和纺织品、纺织产品、皮革和鞋制造业的0.7471，这四个行业之间差别不太大，但是跟前面的电气和光学设备制造业相比差距不小；剩下的4个行业属于第三

梯队，其他制成品及回收设备制造业的指数为0.726，接下来是食品、饮料及烟草制造业的0.7256和机械设备制造业的0.7219，最低的是运输设备制造业，其GVC参与指数为0.715。

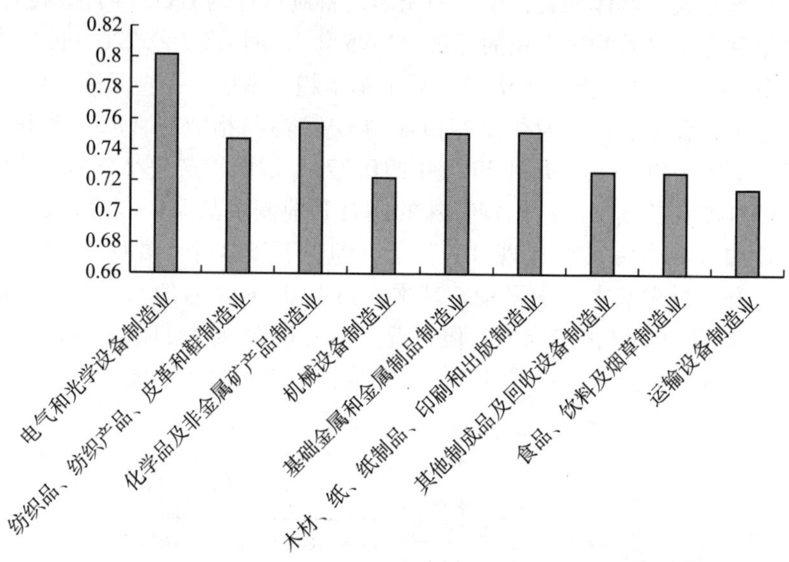

图3-28 1995~2011年中国9个制造业行业GVC参与指数均值

前面是计算了1995~2011年中国9个制造业行业GVC参与指数及其均值，相比GVC参与程度，我们其实更为关注的是各制造业行业在GVC中的地位高低，因此，本书进一步测算了1995~2011年中国9个制造业行业的GVC地位指数，具体如图3-29所示。从图中可以看出，样本期间内9个制造业行业GVC地位指数变化均呈现先上升后小幅下降或趋于平稳的走势；其中其他制成品回收及回收设备制造业的GVC地位最高，2009年的最高值为0.242，而且各年份数值均在0.12以上，基础金属和金属制品制造业GVC地位指数除了2000年为-0.018之外，其余各年份均为正值，而且在2008年达到最高值0.135之后小幅下降，后来基本保持在0.1左右的水平；食品、饮料及烟草制造业、纺织品、纺织产品、皮革和鞋制造业、机械设备制造业和运输设备制造业这4个制造行业都是经历了一个由负转正的过程，而且开始的上升阶段上升速度非常快，到2009年达到最高值，然后有小幅下降；木材、纸、纸制品、印刷和出版制造业和化学品及非金属矿产品制造业相对比较特殊，GVC地位指数由负转正再转负，前者的最高值出现在2008年，数值为0.012，后者的GVC地位指数在2009年达到最高值0.0031，此后两个行业都是持续小幅下滑，到2011年分别降至-0.051和-0.032；9个制造业行业中GVC地位最低的就是电气和光学设备制造业，虽然自1995年以来该行业GVC地位指数上升速度特别快，2008年之后虽然速度有所下降，但是稳中有升，基本仍然稳定在-0.2左右的水平。

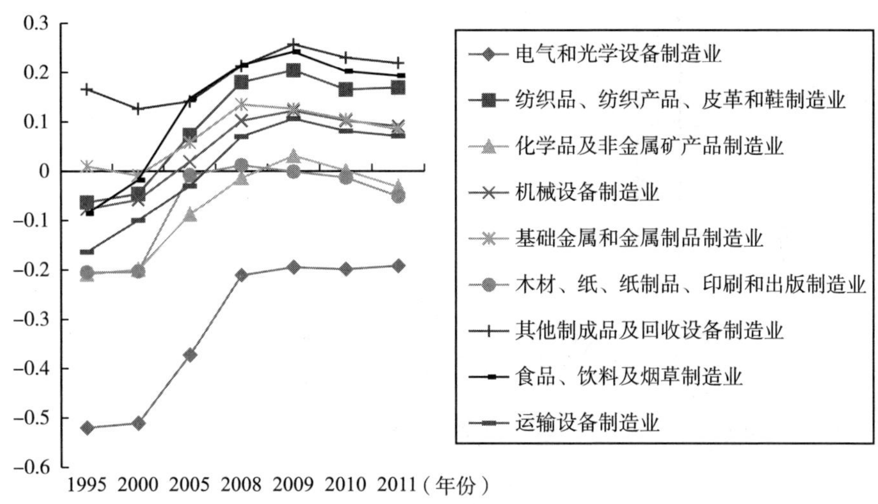

图3-29　1995~2011年中国9个制造业行业GVC地位指数

图3-30给出的是1995~2011年中国9个制造业行业GVC地位指数均值。从图中可以看出，9个制造业行业中，GVC地位最高的是其他制成品及回收设备制造业，其GVC地位指数为0.1931，其次是食品、饮料及烟草制造业的0.1279，纺织品、纺织产品、皮革和鞋制造业的0.0974，基础金属和金属制品制造业的0.0727，机械设备制造业的0.043和运输设备制造业的0.0049，其余3个制造业行业GVC地位指数均值为负值，分别是木材、纸、纸制品、印刷和出版制造业的-0.067，化学品及非金属矿产品制造业的-0.073和电气和光学设备制造业的-0.3144。

表3-11将9个制造业细分行业GVC地位指数均值和GVC参与程度均值分别进行了排名，表中可以看出除了基础金属和金属制品制造业之外，其余8个行业GVC地位排名和GVC参与程度排名均有较大的差别，差别最大的就是电气和光学设备制造业，其GVC参与程度排名第一，但是GVC地位却是最低。

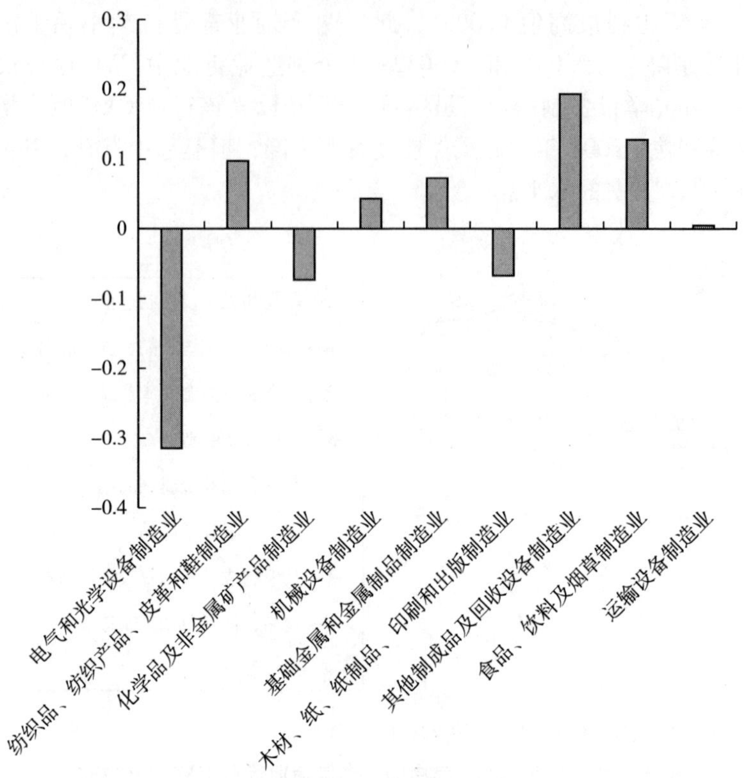

图 3-30 1995~2011 年中国 9 个制造业行业 GVC 地位指数均值

表 3-11 中国 9 个制造业行业 GVC 地位指数均值和 GVC 参与程度均值排名对比

序号	行业	GVC 地位排名	GVC 参与程度排名
1	电气和光学设备制造业	9	1
2	纺织品、纺织产品、皮革和鞋制造业	3	5
3	化学品及非金属矿产品制造业	8	2
4	机械设备制造业	5	8
5	基础金属和金属制品制造业	4	4
6	木材、纸、纸制品、印刷和出版制造业	7	3
7	其他制成品及回收设备制造业	1	6
8	食品、饮料及烟草制造业	2	7
9	运输设备制造业	6	9

上面是按照 OECD - WTO 关于产业的分类，将制造业行业细分成9个具体制造业部门，根据9个制造业行业不同的要素禀赋特征，借鉴多数文献的做法，下面将对9个制造业行业进行分类，具体可以分为三类：劳动密集型、资本密集型和知识密集型。其中纺织品、纺织产品、皮革和鞋制造业、木材、纸、纸制品、印刷和出版制造业和其他制成品及回收设备制造业属于劳动密集型制造业；食品、饮料及烟草制造业、化学品及非金属矿产品制造业以及基础金属和金属制品制造业属于资本密集型制造业；机械设备制造业、电气和光学设备制造业以及运输设备制造业属于知识密集型制造业。

图3-31反映了1995~2011年中国三种要素密集型制造业GVC参与指数。图中可以看出，资本密集型制造业参与程度最高，自1995年以来参与程度逐年上升，最高点出现在2009年，此时GVC参与指数为0.7717，此后虽然有所下降，但是幅度非常小，到2011年的指数为0.7687；其次是劳动密集型制造业，1995年开始劳动密集型制造业的GVC参与指数先下降，然后一直上升，到2008年达到最高值0.7553，此后有所下降，到2010年降到0.7407，2011年又有小幅回升，具体指数为0.746；GVC参与程度最低的是知识密集型制造业，该行业的GVC参与指数走势与劳动密集型制造业非常相似，都是先下降再上升接着小幅下降最后小幅回升，不同之处在于GVC参与指数的高峰值有差异，劳动密集型制造业高峰值出现在2008年，而知识密集型制造业高峰值出现在2009年，这应该是由于行业性质差异所致。

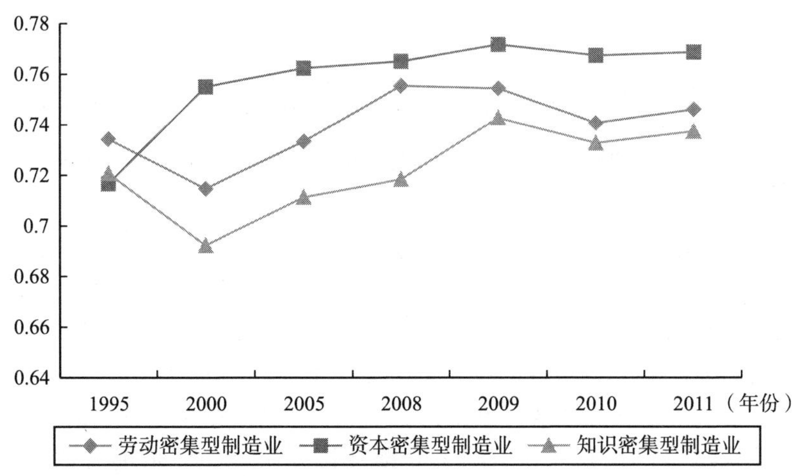

图3-31　1995~2011年中国不同要素密集型制造业GVC参与指数

图3－32反映了1995～2011年中国三种要素密集型制造业GVC地位指数。总体来看1995年以来，三种要素密集型制造业GVC地位指数均经历了先升后降最后趋于平稳的过程。其中1995～2000年上升幅度很小，劳动密集型制造业相对升幅大一些，然后自2000年开始快速上升，到2009年达到最高值，此后开始趋于下降，但幅度非常小。三种要素密集型制造业中，GVC地位最高的是知识密集型制造业，2000年以后开始转负为正，2009年达到历史最高点0.166，此后两年虽然有所下降，但幅度不大，2011年仍然保持在0.1203的水平；其次是劳动密集型制造业，2005年以后转负为正，2009年达到历史最高点0.1137，此后也是小幅下降，2011年的数值为0.0693；地位最低的是资本密集型制造业，2008年转负为正，2009年的历史最高值为0.0177，此后开始下降，虽然幅度不大，但是到2011年已经开始转正为负了，具体数值为－0.0057。

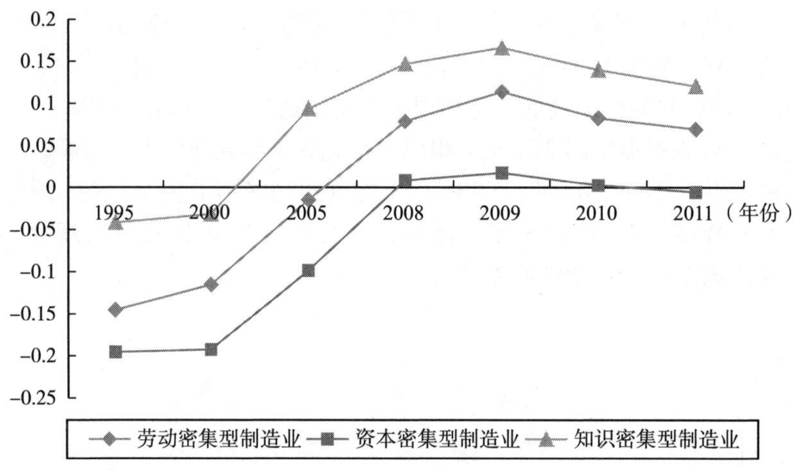

图3－32 1995～2011年中国不同要素密集型制造业GVC地位指数

综合对比图3－31和图3－32可以看出，三种不同要素密集型制造业中，资本密集型制造业GVC参与程度最高，但是GVC地位最低，而且多数年份为负值；知识密集型制造业GVC参与程度最低，但是GVC地位最高；劳动密集型制造业GVC参与程度和GVC地位均居中。然而比较明显的事实是，三种不同要素密集型制造业GVC参与程度绝对数值比较高，但是GVC地位都比较低，虽然上升幅度比较明显，但是绝对数值都比较低。

为了更好地进行横向比较，本书根据世界银行数据库选取了2015年GDP规模排名前20的国家，他们分别是美国、中国、日本、德国、英国、法国、印度、意大利、巴西、加拿大、韩国、澳大利亚、俄罗斯、西班牙、墨西哥、印度尼西亚、荷兰、土耳其、瑞士和沙特阿拉伯。

图3-33反映的是2015年GDP规模排名前20的国家GVC参与程度。从图中可以看出，1995~2011年中国的GVC参与指数在20个国家中均排名第一，不仅高于土耳其、墨西哥、印度、印度尼西亚等发展中国家，而且也高于美国、英国、德国、日本、加拿大等发达国家，说明中国已经很好地融入了全球价值链分工体系。

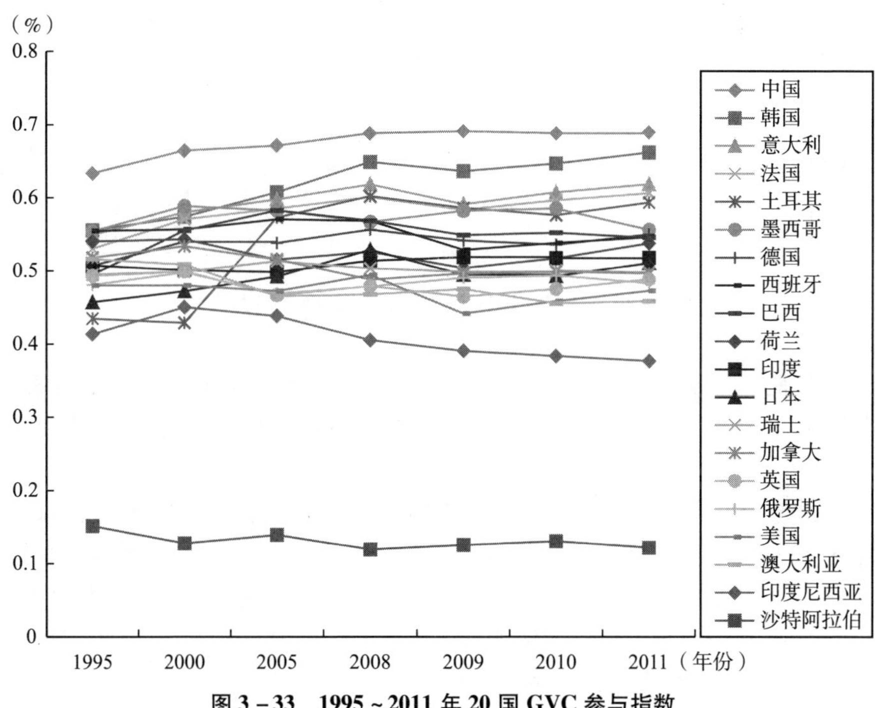

图3-33　1995~2011年20国GVC参与指数

图3-34反映的是1995~2011年20个大国的GVC地位指数。在这20个国家中，中国的GVC地位虽然也有显著的提升，但是和中国的贸易规模以及GVC参与程度并不匹配。中国的GVC地位不仅低于美国、日本、法国、意大利、澳大利亚等发达国家，而且低于土耳其、印度尼西

亚、俄罗斯、印度和沙特阿拉伯等发展中国家，这说明中国在全球价值链中的地位还处于比较低的地位，亟待提升。

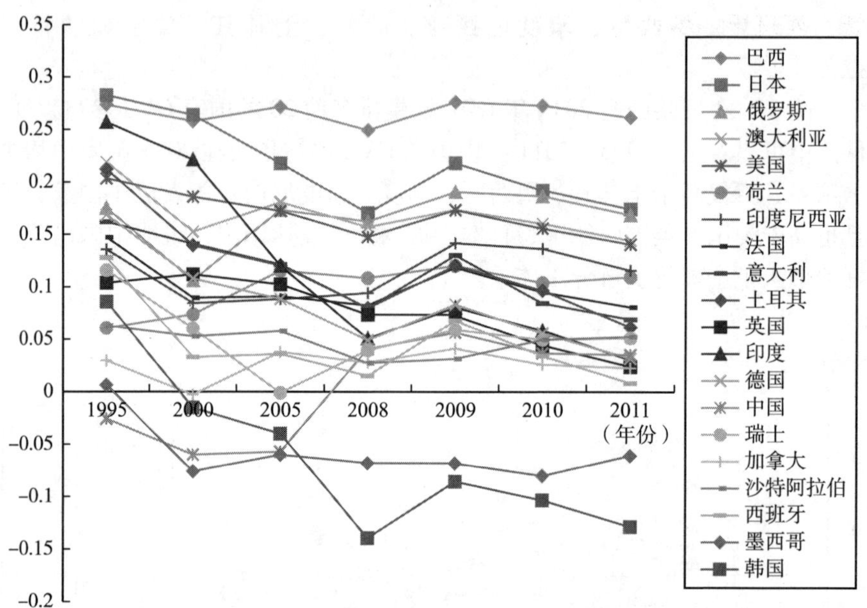

图 3－34　1995～2011 年 20 国 GVC 地位指数比较

下面本书将中国与“一带一路”沿线的 26 个国家和地区进行比较，分别考察 1995～2011 年间中国与沿线 26 国 GVC 参与程度和 GVC 地位状况。

图 3－35 反映了 1995～2011 年中国和“一带一路”沿线 26 个国家和地区 GVC 参与程度指数。从图中可以看出，中国的 GVC 参与程度一直比较高，而且呈上升趋势，绝对领先于多数“一带一路”沿线国家。1995 年中国 GVC 参与指数仅次于保加利亚排名第二，2000 年和 2005 年均排名第二，位列匈牙利之后，2008 年开始直到 2011 年中国 GVC 参与指数均在 0.68 以上，在 27 个国家中的排名稳居第一。

图 3－36 反映的是中国 GVC 参与指数和 26 国 GVC 参与指数均值的对比。从图中可以看出，1995～2011 年中国 GVC 参与指数持续领先 26 国 GVC 参与指数均值，说明中国已经深度参与了全球价值链分工体系。

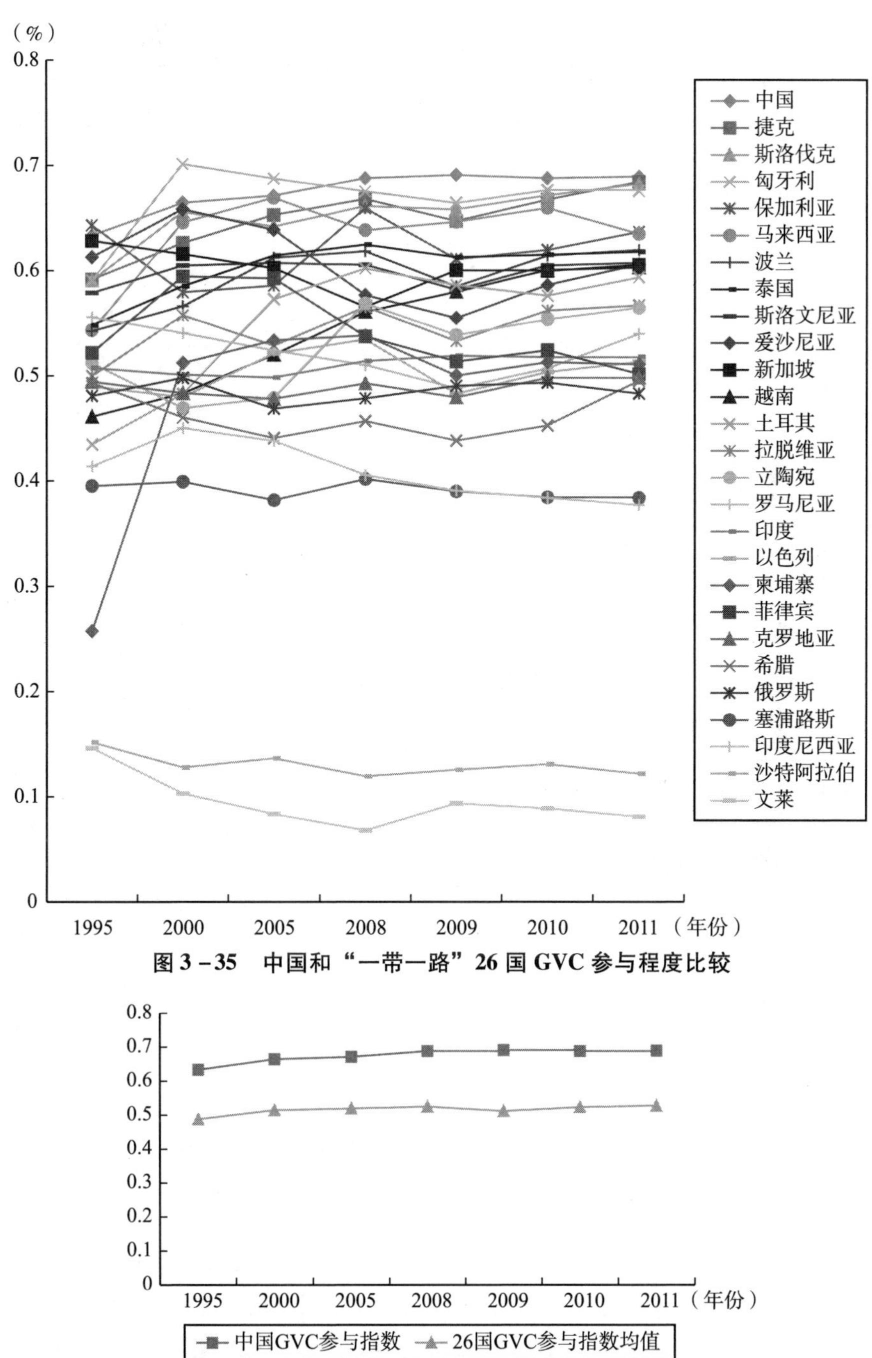

图3-35　中国和“一带一路”26国GVC参与程度比较

图3-36　中国GVC参与指数与“一带一路”26国GVC参与指数均值比较

图 3 -37 反映的是中国与“一带一路”26 个国家 GVC 地位指数。从图中可以看出，相比其他 26 个国家和地区，中国各年度 GVC 地位指数处于中上游位置，特别是 2008 年以来，中国 GVC 地位有了一定程度的提升。2005 年之前，中国 GVC 地位指数为负值，2008 年以后开始转负为正，而且比较稳定。

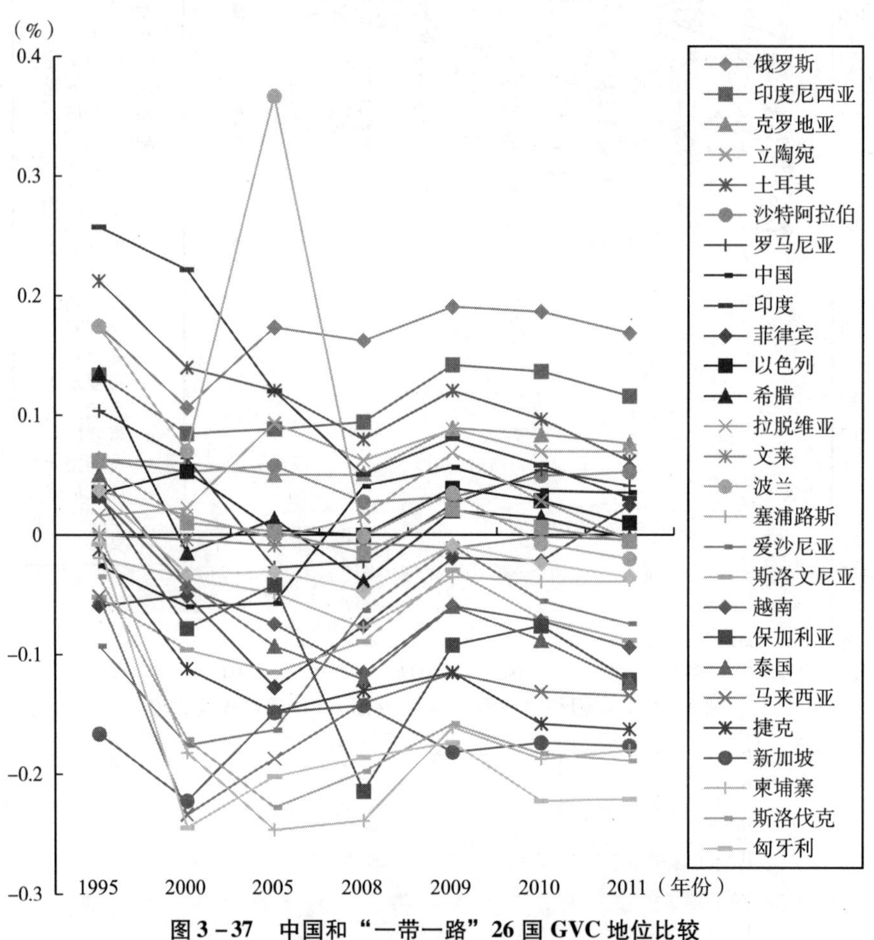

图 3 -37 中国和“一带一路”26 国 GVC 地位比较

图 3 -38 反映的是中国与“一带一路”26 国和地区以及世界 61 个经济体 GVC 地位均值的对比。在 2005 年及之前，中国的 GVC 地位指数明显低于 26 国和 61 个经济体 GVC 地位均值，由于缺少 2006 年和 2007 年的数据，图中我们可以看到 2008 年开始中国 GVC 地位指数不仅转负为正，而

且开始显著高于“一带一路”沿线 26 国和地区及 61 个经济体均值，而 26 国和地区 GVC 地位均值一直低于世界 61 个经济体的 GVC 均值，除了 1995 年为正值，之后均为负值，说明“一带一路”沿线 26 个国家和地区在全球价值链分工中地位非常低下，这也说明中国和“一带一路”沿线国家有构建区域价值链进行经贸合作的基础。

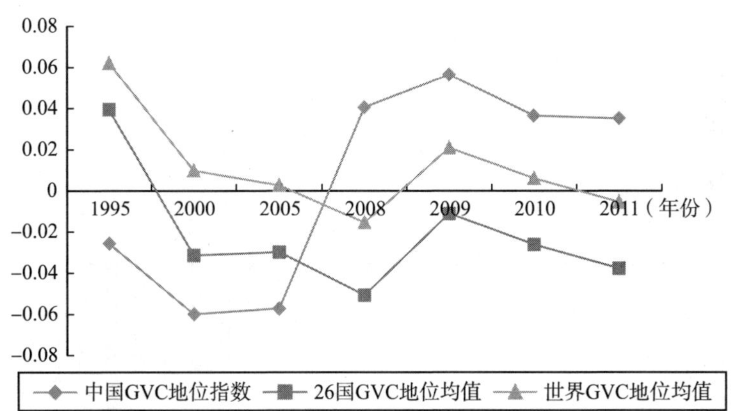

图 3－38　中国与“一带一路”26 国及世界 GVC 地位均值比较

图 3－39 反映的是 2011 年中国与“一带一路”沿线 26 个国家和地区 GVC 参与程度的比较。从图中可以看出，2011 年中国 GVC 排名位居 27 国榜首，说明相比其余 26 个国家，中国更为深入地参与了全球价值链分工。

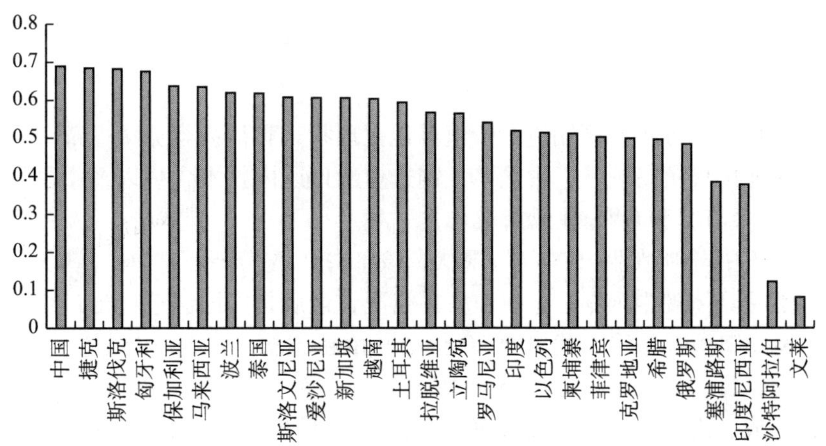

图 3－39　2011 年中国与“一带一路”沿线 26 国 GVC 参与程度比较

图 3－40 反映的是 2011 年中国与“一带一路”沿线 26 个国家和地区 GVC 地位的比较。从图中可以看出，2011 年中国 GVC 地位指数排名第八位，居于中上游水平，与 GVC 参与程度第一名的地位不太一致；但尽管如此，中国的 GVC 地位相比其余 26 国的绝大多数国家要高出不少，这也为后面的合作奠定了基础。

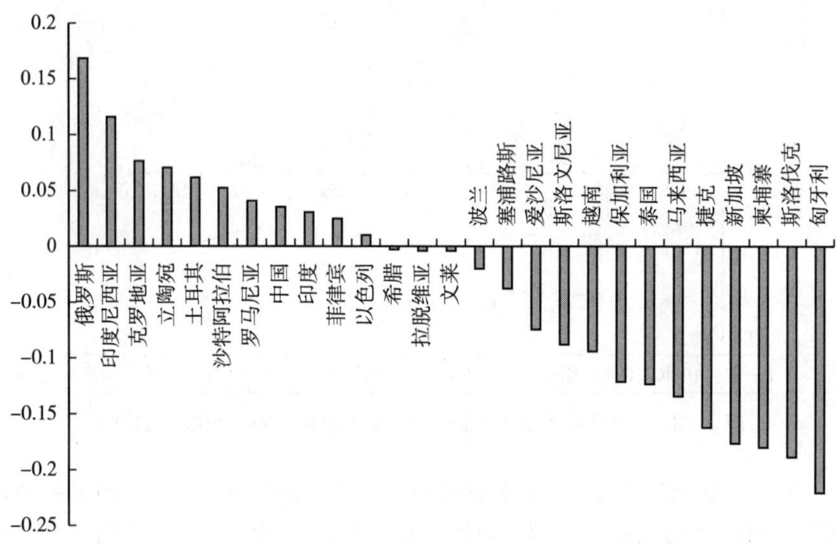

图 3－40　2011 年中国与“一带一路”沿线 26 国 GVC 地位比较

3.4　本章小结

本章主要分析中国制造业价值链地位现状，具体内容分为三部分：中国制造业出口贸易现状、中国本土制造业出口国内技术含量以及中国制造业 GVC 参与度和 GVC 地位指数。

关于中国制造业出口贸易现状，该部分首先分析了中国出口贸易概况，然后具体到中国制造业出口贸易概况，最后是中国制造业出口结构变化。从出口贸易来看，我国自 2009 年开始超越德国成为全球最大的出口贸易国，目前出口额已连续 5 年排名第一；而自 20 世纪 80 年代中期以后，制成品出口占比就超过了 50%，成为中国出口增长的主要来源，2012 年制成品比重达到 95.03%；从制成品出口内部结构来看，五大类产品中技术含量最高的机械及运输设备产品无论从出口金额还是出口占比，增长态势都非常明显；机电产品出口占制成品出口比例已经达到2012年的60.54%，成为我国第一大类出口产品，而从高技术制成品出口来看，其占中国制造业出口的比例连年攀升，目前达到31%左右，已经超过了低技术制成品的出口份额，成为我国出口最主要的产品类型；此外，即使将制造业部门划分成资本密集型、劳动密集型和技术密集型三大产业，技术密集型产业出口金额和出口占比也都有了显著地增长，而且其比重达到65%左右，以绝对优势领先于另外两类产业。

然而，这些数据并不意味着我国制造业出口产品的国内技术含量得到提升，因为现有的出口技术结构在很大程度上与加工贸易和FDI有关。可见，要想准确测度中国制成品出口技术结构是否得到有效提升，必须考虑产品内分工条件下FDI和加工贸易对一国制成品出口技术结构的影响，因此，需要借助相对科学的指标来进行测度，以准确判断中国本土制造业真实的出口技术结构状况。在第二部分中，采用豪斯曼等（2005）的方法对中国制造业出口技术含量TC、中国制造业出口国内技术含量DTC以及中国本土制造业出口国内技术含量LDTC进行了测度。我们发现这三个指数都呈现上升走势，但是幅度不大，而中国本土制造业出口国内技术含量LDTC由于剔除了加工贸易和外资成分，相对更能准确地反映中国制造业出口产品真实的技术含量。

20世纪80年代以来，全球价值链分工这一新的国际贸易分工体系发展迅速，中国制造业在全球价值链中的参与程度和地位究竟如何？本章第三部分在库普曼等（2010）的基础上，根据OECD－WTO数据库，测算了1995～2011年中国参与全球价值链的程度和在全球价值链中所处的位置。主要结论有以下三点：（1）2005～2011年中国总体的全球价值链参与程度较高，走势呈现倒“L”形，先快速上升后趋于稳定，在61个经济体中全球价值链参与程度稳居前三，特别是2008年之后，连续四年排名第一。（2）中国制造业价值链地位指数则先降后升小幅下降后趋于平稳，2005年以后由负转正，而且开始高于其余60个经济体的全球价值链地位指数均值，在61个经济体中排名也基本一直在上升，但总体全球价值链地位仍然较低，不仅低于美国、日本等发达国家，而且也低于印度、土耳其等发展中国家。中国的全球价值链参与程度和地位指数相背离的变化轨迹，背后隐含的深层次原因主要在于中国早期主要以加工贸易的形式来参与全球价值链分工。（3）在进一步计算了中国各行业特别是制造业及其细分产业的全球价值链参与指数和地位指数之后，结论同总体的情况类似，中国制造业各细分行业全球价值链参与程度较高，在主要经济体中排名靠前，但是从全球价值链地位来看，虽然部分细分行业的价值链地位有了明显的提升，大部分行业的价值链地位并没有显著提升，而且总体仍然处在较低的水平，两者确实存在一定程度的背离。其中电器和光学设备制造业、木材、纸、纸制品、印刷和出版制造业以及化学品及非金属矿产品制造业等行业的全球价值链地位指数在主要经济体中的排名始终非常靠后，明显呈现被“低端锁定”的状态。

第 4 章

“一带一路”倡议及沿线国家制造业发展概况

“一带一路”倡议思想形成于2013年，完善于2014年，实施于2015年。“一带一路”沿线65个国家和地区资源丰富，但工业化水平差距较大，基本上涵盖了工业化进程的各个阶段，与中国存在良好的产业合作基础。本章首先解释了“一带一路”倡议提出的背景、内涵、意义、经济学定位和理论依据以及实施推进过程，接着介绍了“一带一路”沿线国家和地区经济贸易发展概况，最后具体分析了沿线国家和地区制造业发展现状。

4.1 “一带一路”倡议概述

4.1.1 “一带一路”倡议提出的背景

1. 国内方面

(1) 中国经济进入新常态。

中国目前已进入工业化后期，处于国内产业全面转型升级的调整时期，中国经济进入由高速增长转至调整期的“新常态”时期。“新常态”一词最早是由习近平主席在2014年5月考察河南的行程中提出来的，当时他指出：“中国发展仍处于重要战略机遇期，我们要增强信心，从当前中国经济发展的阶段性特征出发，适应新常态，保持战略上的平常心态。”同年12月召开的中央经济工作会议，从消费需求、投资需求、出口和国际收支、生产能力和产业组织方式、生产要素相对优势、市场竞争特点、资源环境约束、经济风险积累和化解、资源配置模式和宏观调控方式等九个方面分析指出，当前中国经济发展出现了趋势性的变化，进入了一种新常态。具体来说，中国经济新常态主要有三个特点：第一，经济从高速增长转为中高速增长；第二，经济结构不断优化升级，第三产业逐渐成为主体；第三，经济增长动力从要素驱动、投资驱动转向服务业发展和创新驱动。

（2）供给侧结构性改革适应和引导经济新常态。

如前所述，认识新常态、适应新常态、引领新常态，是当前和今后一个时期内我国经济发展的大逻辑，而推动供给侧结构性改革则是适应和引领新常态的战略行动。供给侧有劳动力、土地、资本、创新四大要素，供给侧结构性改革旨在调整经济结构，使要素实现最优配置，提升经济增长的质量和数量。供给侧结构性改革的主要任务有两个：一个是促进过剩产能有效化解，促进产业优化重组；另一个是降低成本，帮助企业保持竞争优势。

供给侧结构性改革能够加速经济结构转型，重新分配经济蛋糕。从生产的角度看，供给侧结构性改革将激发消费倾向，使第三产业在经济中的占比进一步上升，而第二产业中的传统工业部门占比将明显收缩；而从收入的角度看，供给侧结构性改革将引发经济蛋糕的重新分配：减税将导致生产税净额占比下降；加速折旧和产能去化将导致固定资产折旧占比短期上升、长期趋降，降低成本和产能去化将导致企业营业盈余占比上升；而加速劳动力跨地域、跨部门流转以及提高人力资本，将导致劳动者报酬上升。

中国于2013年9月提出“一带一路”倡议，作为一项重要的中长期国家发展战略，也会显著影响中国调整期的经济结构，与供给侧结构性改革相适应，引导经济新常态。

（3）我国区域发展经济不平衡，迫切需要形成全新的对外开放格局。

由于地理与历史等多重因素，东部沿海地区成为我国改革开放的前沿阵地。1978年至今，东南沿海地区借助区位与政策优势，发挥了巨大的发展潜力，GDP规模不断扩大，劳动生产率持续提高，人民生活水平不断提高，吸引了大批高端人才。与之相比，中西部内陆地区发展滞后，产业结构较为单一，人民生活水平虽也有一定程度上的提高，但与东部沿海地区相比相距甚远，无法吸引高端人才驻足服务。这一差距的存在不利于我国全面建设小康社会，实现中华民族的伟大复兴。因此，要充分考虑中西部省份的自身特点与发展方向，为其量身定做着力促进经济发展，促进生活水平的顶层设计，实现区域经济协调发展。

2. 国际方面

（1）后金融危机时代，世界经济复苏乏力。

2008年的金融危机席卷全世界，各国经济普遍受到影响，不少国家更是损失严重，导致了世界贸易70多年来的最大下滑。根据WTO统计数据显示，后金融危机时代世界GDP增长率2009年为-2.4%，2010年为3.8%，2011年为2.4%，2012年为2.1%。与危机前2004年的3.9%，2005年的3.2%，2006年的3.4%和2007年的3.5%相比，增长趋势明显放缓，复苏乏力。2014年发达经济体重新取代新兴经济体成为世界经济的“引擎”，改变了过去五年依靠新兴经济体拉动世界经济的局面。但世界经济复苏态势仍显脆弱，欧美国家启动“再工业化”进程，将部分产能从新兴经济体迁回本国，“调整”成为新兴经济体当前经济形势的主题。随着国际金融危机深层次影响的继续显现和世界经济复苏乏力，国际贸易格局和多边贸易规则正进行深刻调整。想要加快世界经济的回暖速度，必须找到新的世界经济增长点，为低迷的世界经济注入一股新的活力。作为一个普惠、开放、共赢的新平台，中国于2013年9月提出“一带一路”倡议，将为沿线各国特别是新兴经济体国家带来新的增长动力，实现各国的共赢。

（2）巨型自由贸易区企图主导新一轮贸易规则制定的主导权。

跨太平洋伙伴关系协定①（Trans-Pacific Partnership Agreement，TPP）和跨大西洋贸易与投资伙伴协定（Trans-atlantic Trade and Investment Partnership，TTIP）是目前世界范围内最重要，也是最有可能领导建立新一轮自贸规则的两个巨型自由贸易区。这两个协定的谈判包括了中国绝大多数的主要贸易伙伴，这会减少中国的区域贸易自由化收益，中国的出口贸易将会被排挤，经济的增长也将受到一定的负面影响（汤碧、林桂军，2012）。同时，TPP协定也将对中国在亚太经济版图中的地位产生不利影

---

① TPP协定由美国等12个国家于2016年2月4日在新西兰奥克兰正式签署，2017年1月20日，美国新任总统唐纳德·特朗普就职当天宣布从12国的跨太平洋贸易伙伴关系（TPP）中退出，并于2017年1月23日签署行政命令，标志美国正式退出TPP，2017年11月11日，日本等11国就继续推进TPP正式达成一致，宣布将签署新的自由贸易协定，新名称为“全面且先进的TPP”（Comprehensive Progressive Trans-Pacific Partnership，CPTPP）。

响，成为一种“新型”贸易模式，并将中国排除在外，使中国面临被孤立的危险。与普通自贸区不同，一方面，巨型自贸区往往具有地理范围广、经济体量大、辐射能力强等特点；而另一方面，由于自由贸易区本身具有排他性的特点，巨型自贸区对于非成员国造成的负面影响相较于一般自贸区要严重得多。对于发达国家来说，巨型自贸区的兴起有利于其在小范围内重塑新一代贸易规则，进而推广到全世界是十分有利的。而对于仍处于较低发展层次的发展中国家来说，则是一个两难选择：如果以现阶段的发展水平加入 TPP 和 TTIP 这种高标准自贸区，有可能对国内尚不成熟的产业造成致命打击；而如果不参加，则可能丧失在新一代贸易规则制定中的话语权，只能沦为追随者和接受者。

对此，中国以创始者的身份提出了“一带一路”倡议，旨在实现亚欧大陆的互联互通。“丝绸之路”作为中国古代的物流网络，促成了东西方商贸往来和文明交流，新时期的“一带一路”倡议希望重现当年的商贸发展奇迹，也为扩大中国国外市场、进而打通连接欧洲市场的陆路大通道提供思路。“一带一路”倡议的提出，有利于促进市场深度融合和资源高效配置，实现沿线国家在更高水平和更深层次的区域合作。因此，以 TPP 战略为启示、以“一带一路”倡议的推进为基础，中国的开放性策略将采取更为主动的实施规划，这有利于解决发达国家主导的 TPP 和 TTIP 协议对中国经济贸易的威胁。

（3）世界经济区域发展不平衡，欧亚经济圈之间存在“塌陷地带”。

先有“亚洲四小龙”，后有“亚洲四小虎”，加之中国改革开放以来的迅速发展，以及日、韩、东盟等国经济的持续快速增长，亚太经济圈已成为全球最重要的经济增长点之一。欧洲作为近代文明的发源地，其经济发展已经达到较高水平，一直以来都是全球经济增长的重要来源之一。而在这两大活跃的经济圈中间，却存在着中亚、西亚、南亚和北非等一大片经济相对落后，增长后劲不足的经济“塌陷地带”。这些地区因历史、政治、安全等众多因素，长期以来经济结构单一、劳动生产率低下。这种不平衡对于全球经济的整体发展，全球人民生活水平的普遍提高和全人类的自由与发展是十分不利的。只有加快这一“塌陷地带”与其他亚欧国家的共同发展和共同富裕，才能使世界经济的整体发展水平进入一个新层次。

4.1.2 “一带一路”倡议的内涵

“一带一路”（the belt and road，B&R）是“丝绸之路经济带”和

“21世纪海上丝绸之路”的简称。其中，“一带”即“丝绸之路经济带”，涵盖东南亚经济整合和东北亚经济整合，并最终融合在一起通向欧洲，形成欧亚大陆经济整合的大趋势；“一路”即“21世纪海上丝绸之路经济带”，从海上联通欧亚非三个大陆和丝绸之路经济带战略形成一个海上、陆地的闭环。

“一带一路”倡议思路形成于2013年，完善于2014年，实施于2015年。2013年9月和10月，中华人民共和国国家主席习近平在出访中亚和东南亚国家期间，先后提出共建“丝绸之路经济带”和“21世纪海上丝绸之路”的重大倡议，得到国际社会高度关注；2015年3月28日，中华人民共和国国家发展和改革委员会、外交部、商务部联合发布了《推动共建丝绸之路经济带和21世纪海上丝绸之路的愿景与行动》，由此“一带一路”逐渐上升为国家级顶层战略。

“一带一路”旨在借用古代丝绸之路的历史符号，并为其赋予了新的时代内涵，高举和平发展的旗帜，充分依靠中国与有关国家既有的双多边机制，借助既有的、行之有效的区域合作平台，积极发展与沿线国家的经济合作伙伴关系，坚持共商、共建、共享的建设原则，坚持和平合作、开放包容、互学互鉴、互利共赢的丝路精神，共同打造政治互信、经济融合、文化包容的利益共同体、命运共同体和责任共同体。

“一带一路”是开放包容的合作之路。凡是有意愿的国家、地区、区域组织和国际组织都可以参与进来；尊重各国自主选择的权利和为推进经济社会发展做出的努力和探索；不断建立新的实体和机制，为既有机制和平台充实新的内涵。“一带一路”是共商共建的繁荣之路。中国将与沿线国家共同制定时间表、路线图，共同推动发展规划对接和重点项目建设，通过区域大合作实现区域大发展，让建设成果惠及各国人民。“一带一路”是循序渐进的发展之路。“一带一路”将从沿线国家共同关切的事情做起，推动实施一批重大合作项目，并以点带面、从线到片，逐步形成沿线区域合作的贸易投资流、产业合作带、联通发展网、人文交流圈。

“一带一路”以“互联互通”为主要内容，旨在打造和平、发展、共赢的经济合作带。具体来说，一是加强政策沟通。加强政府间合作，积极构建多层次政府间宏观政策沟通交流机制，深化利益融合，促进政治互信，达成合作新共识。二是加强设施联通。促进沿线国家的基础设施建设和铁路等设施联通，完善跨境交通基础设施，逐步形成连接亚洲各区域以及亚欧非之间的基础设施网络，为贸易便利化提供支持。三是加强贸易畅通。消除和减少贸易和投资壁垒，优化贸易投资环境，提高区域经济循环的速度和质量，促进沿线国家之间的贸易便利化。四是加强资金融通。促进沿线国家之间的金融合作，加强货币政策协调，扩大沿线国家相互贸易投资本币结算和货币互换，深化多双边金融合作，建设区域开发性金融机构，加强金融风险监管合作，为沿线国家的相关建设提供资金支持。五是加强民心相通。促进不同文明之间的交流对话，增进相互了解和传统友谊，为开展区域合作奠定民意基础和社会基础。其中，贸易畅通是“一带一路”建设“五通”之中的重要推进内容。

“一带一路”倡议的重点合作方向主要包括五条跨越不同地区的路线。其中，丝绸之路经济带有三条路线：一条是中国经中亚、俄罗斯至欧洲，另一条是中国经中亚、西亚至中东、地中海，还有一条是中国至东南亚、南亚和印度洋。21 世纪海上丝绸之路主要有两条重点路线：一条是从中国沿海港口到南海，再到印度洋，最后通往欧洲，另一条是从中国沿海港口经过南海到南太平洋。

中国提出的“一带一路”倡议是一个跨越亚欧等区域，强调与相关各国打造互利共赢合作关系的重大倡议，更是推动新一轮经济全球化飞速发展的重大倡议。未来应着眼于构建“一带一路”区域价值链的合作机制，这不仅可以为中国产业转移与产业升级提供新机遇，也势必会推动新一轮全球贸易的繁荣与增长。本质而言，“一带一路”合作框架可以看作是一种新型的“贸易协同战略”。

4.1.3 “一带一路”倡议的意义

党的十八大以来，习近平总书记就经济发展作出系列重要论述。“一带一路”倡议是运用马克思主义政治经济学原理分析、解决国内外经济问题的最新实践。习近平总书记着眼于坚持和发展中国特色社会主义，提出了“一带一路”倡议构想，这也是党中央主动应对全球经济形势和中国经济社会新常态作出的战略举措。“一带一路”倡议集中体现了马克思主义基本原理同中国具体实际相结合的最新成果，是中国特色社会主义理论体系的重要组成部分。作为习近平总书记提出的伟大战略构想和党中央、国务院统筹国内国际两个大局作出的重大战略决策，“一带一路”倡议对实现中国全方位对外开放、推进中华民族伟大复兴、促进地区经济繁荣和世界和平发展，具有重大而深远的意义。

1. “一带一路”倡议对中国、沿线国家和世界的意义

“一带一路”是习近平总书记提出的伟大战略构想，是党中央、国务院统筹国内国际两个大局作出的重大战略决策，对中国、“一带一路”沿线国家和世界都具有重要意义。

（1）“一带一路”倡议对中国的意义。

对中国自身来说，“一带一路”倡议是我国加大对外开放的需要，有利于开创我国全方位对外开放新格局，缓解经济下行压力，形成陆海统筹、东西互济、双向开放的发展局面；它是我国加快经济转型的需要，有利于消化富余产能，为化解过剩产能提供战略空间，促进产业结构优化升级；它是我国区域协同发展的需要，有利于促进东部地区的产业转移与升级，有利于增强中西部地区经济发展动力，促进我国区域经济协调发展；它是我国维护国家经济安全的需要，有利于抵消跨 CPTPP 达成所造成的排挤效应，缓解周边安全形势。

（2）“一带一路”倡议对沿线国家的意义。

对于“一带一路”沿线国家来说，有利于其整体福利的提升；有利于劳动生产率的提高与产业升级；有利于在全球经贸规则重构的过程中争取主动权，避免沦为牺牲品。中国提出的“一带一路”倡议是一个跨越亚欧等区域，强调与相关各国打造互利共赢合作关系的重大倡议，坚持共商、共建、共享的建设原则，坚持和平合作、开放包容、互学互鉴、互利共赢的丝路精神，坚持打造命运共同体、利益共同体和责任共同体的合作目标。凡是有意愿的国家、地区、区域组织和国际组织都可以参与进来，尊重各国自主选择的权利和为推进经济社会发展做出的努力和探索；中国将与沿线国家共同制定时间表、路线图，共同推动发展规划对接和重点项目建设，通过区域大合作实现区域大发展，让建设成果惠及各国人民；具体合作中，采取循序渐进的发展之路，将先从沿线国家共同关切的事情做起，推动实施一批重大合作项目，并以点带面、从线到片，逐步形成沿线区域合作的贸易投资流、产业合作带、联通发展网、人文交流圈。

（3）“一带一路”倡议对世界的意义。

对整个世界来说，2008 年金融危机后，全球经济复苏缓慢且不平衡，导致近年来经济增速放缓，金融市场波动，大宗商品价格低迷，不平等现象加剧，就业问题突出，国际贸易增长放慢。“一带一路”正是在这个背

景下提出来的。中国提出的“一带一路”倡议是一个跨越亚欧等区域，强调与相关各国打造互利共赢合作关系的重大倡议，更是推动新一轮经济全球化飞速发展的重大倡议。它是实现亚欧区域协同发展的需要，有利于加强不同文明交流互鉴，释放亚欧大陆经济发展潜能，促进沿线各国经济共同繁荣发展；它是完善国际经济治理体系的需要，有利于为世界经济复苏注入新动力，为世界经济增长开辟新道路，推动国际体系和秩序朝着公平公正合理的方向发展。“一带一路”有利于形成新的世界经济支柱，增添新的世界经济重心，使世界经济更加平衡；有利于为世界经济注入新的发展动力，使其焕发新的生机。

总之，对实现中国全方位对外开放、推进中华民族伟大复兴、促进“一带一路”沿线地区经济繁荣和世界和平发展，具有重大而深远的意义。

2. “一带一路”倡议对于区域贸易合作发展的意义

作为中国对外开放新战略，“一带一路”被赋予了多重使命，其中构筑新的区域合作模式成为重要目标。2015 年 3 月 28 日，中华人民共和国国家发展和改革委员会、中华人民共和国外交部、中华人民共和国商务部联合发布了《推动共建丝绸之路经济带和 21 世纪海上丝绸之路的愿景与行动》（以下简称《愿景与行动》），提出：“投资贸易合作是‘一带一路’建设的重点内容。宜着力研究解决投资贸易便利化问题，消除投资和贸易壁垒，构建区域内和各国良好的营商环境，积极同沿线国家和地区共同商建自由贸易区，激发释放合作潜力，做大做好合作‘蛋糕’。”因此，以“一带一路”倡议引领国际自贸区发展不仅有理论渊源，而且是现实需求。

（1）“一带一路”倡议顺应了国际自贸区发展的新走向。

推进“一带一路”倡议可以充分彰显 21 世纪的区域经济合作的主要共性特征。《愿景与行动》已经意识到“国际投资贸易格局和多边投资贸易规则酝酿深刻调整”，因而提出“开展更大范围、更高水平、更深层次的区域合作，共同打造开放、包容、均衡、普惠的区域经济合作架构”。因此，推进“一带一路”倡议的落实有利于国际自贸区向规则化、巨型化、跨区域、多边化和机制化方向发展。

（2）已有的合作机制是“一带一路”引领国际自贸区发展的现实基础。

“一带一路”倡议并非另起炉灶，而是充分利用现有的双边和多边等机制，搭建灵活开放的战略伙伴关系网络，打通我国与东亚、南亚、中亚、中东欧，甚至非洲、拉美等地区之间的合作交流之路。

亚洲已经成为经济增长的引擎，是世界多极化和全球化的中坚力量。如何巩固和平发展，进一步凝聚亚洲国家的共识和力量，增强“利益共同体”和“命运共同体”，实现和谐亚洲是亚洲国家的共同课题。“一带一路”是开放包容的经济合作倡议，不限国别范围，不是一个实体，不搞封闭机制，有意愿的国家和经济体均可参与进来，成为“一带一路”的支持者、建设者和受益者。而“一带一路”区域已有的多个区域经济合作组织，其建设不仅会推动亚欧经济融合创新，而且将为中国走向全球提供更加便利的条件，为“一带一路”引领国际自贸区发展提供平台。

在外需不足的情况下，中国和亚洲经济的振兴就需要克服两大难题：一是为以我国和东南亚为中心的生产网络的过剩产能寻找和培育新的需求市场；二是如何提升中国和亚洲各国经济的竞争力形成可持续发展的基础。“一带一路”倡议正是基于此背景而提出，目的在于通过相互紧密的合作，推动区域经济一体化，形成新的生产网络和消费市场，通过经贸合作的制度建设，降低制度和交易成本，提升亚洲各国产业经济的国际竞争力。因此，“一带一路”倡议无论对于中国，亚洲经济还是世界经济的复兴都是十分重要的举措。

（3）加快自贸区建设是务实推进“一带一路”倡议的基本要求。

“一带一路”不只是两点相连，而且是立体交叉、多元会通。“一带一路”倡议是主动性战略而非主导性战略，是以我国周边国家和地区的发展为依托，并进一步延伸的全球性战略。也就是，把沿线国家作为区域经济一体化的重点方向，推进 RCEP 及一系列自贸区谈判，与沿线更多国家和地区发展自由贸易关系，逐步形成立足周边、辐射“一带一路”、面向全球的高标准自贸区网络。因此，近期重点目标是道路、能源管线、电信、港口等基础设施共建和互联互通，提高贸易和投资便利化程度；中期目标是在条件成熟的国家和地区朝自贸区迈进，打造中国与东盟自贸区升级版，与中亚国家建立自贸区，将非洲东海岸和拉美地区环太平洋国家纳入合作机制；远期目标是建成覆盖中亚、南亚、西亚、欧洲、非洲、拉美国家的自贸区群，直至覆盖全球。

4.1.4 “一带一路”倡议的经济学定位及理论依据

一带一路旨在借用古代丝绸之路的历史符号，高举和平发展的旗帜，充分依靠中国与有关国家既有的双多边机制，借助既有的、行之有效的区域合作平台，积极发展与沿线国家的经济合作伙伴关系，共同打造政治互信、经济融合、文化包容的利益共同体、命运共同体和责任共同体。

党的十八大以来，习近平总书记就经济发展作出系列重要论述。“一带一路”倡议是运用马克思主义政治经济学原理分析、解决国内外经济问题的最新实践。习近平总书记着眼于坚持和发展中国特色社会主义，提出了“一带一路”倡议构想，这也是党中央主动应对全球经济形势和中国经济社会新常态作出的战略举措。“一带一路”倡议集中体现了马克思主义基本原理同中国具体实际相结合的最新成果，是中国特色社会主义理论体系的重要组成部分。

“一带一路”倡议需要综合经济学各分支学科的研究内容，主要是政治经济学、国际经济学和区域经济学，此外还包括世界经济学、国际贸易学、产业经济学等其他经济学科内容进行研究。

（1）“一带一路”倡议与政治经济学。

“一带一路”倡议从本质上来看体现了一种经济关系。从狭义角度考虑，是以“一带一路”沿线国家贸易投资为支撑的新型全球化中的国际分工合作关系；从广义角度来说，是以“一带一路”沿线国家贸易投资与分工合作为支撑的新型全球化中的国际经济新关系，则直指经济关系。这都与马克思主义政治经济学的研究对象高度契合。而且，由于政治经济学“一直强调历史学与社会学分析角度”，可以对“一带一路”建设的历史延展性和超国家性加以指导。鉴于“一带一路”经济学的研究对象高度内嵌于政治经济学的研究对象，又因政治经济学的研究方法可高度统领“一带一路”经济学的研究，所以，“一带一路”经济学首先要综合政治经济学的研究对象和研究方法。

（2）“一带一路”倡议与国际经济学。

“一带一路”经济学需要综合国际经济学的研究内容。中国提出的“一带一路”倡议是一个跨越亚欧等区域，强调与相关各国打造互利共赢合作关系的重大倡议，更是推动新一轮经济全球化飞速发展的重大倡议。本质而言，“一带一路”合作框架可以看作是一种新型的“贸易协同战略”。“一带一路”经济学研究涵盖丝绸之路经济带和21世纪海上丝绸之路在国际和国内两大空间。在对“一带一路”国际空间的研究中，回答诸如“‘一带一路’是全球战略还是区域战略，‘一带一路’应以多重双边伙伴关系为基础还是应以跨区域整合为基础”这样的问题；研究“一带一路”沿线国家各种层次的国际和国家分工与合作，国际贸易投资等议题，都需要借鉴国际经济学中“开放经济的宏观均衡”的分析框架，借助国际要素流动和跨国资源配置、国际贸易和投资自由化等理论，使用FDI、ODI等分析工具，才能回答和破解。所以，“一带一路”经济学需要综合国际经济学的相关研究内容。

（3）“一带一路”倡议与区域经济学。

在对“一带一路”国内空间的研究中，回答诸如“‘一带一路’倡议应以西北方向为优先还是应以东南方向为优先”“‘一带一路’是两条‘线状’经济体还是应扩展到更大范围”这样的问题，研究“一带一路”国内各个层级区域和区域组织的分工与合作，产业关联与产业布局，城镇化发展与支点城市建设等议题，都需要借助区域经济学中的增长极、扩散和回波效应、聚集经济等理论，使用需求圆锥、地租梯度、区位商等分析工具，才能回答和解决。因为区域经济学正是“涉及对空间区位的所有形式的经济分析”。所以，“一带一路”经济学需要综合区域经济学的研究内容。

（4）“一带一路”倡议与其他部门经济学。

“一带一路”经济学需要综合其他部门经济学的可借鉴部分。“一带一路”经济学研究还涉及其他部门经济学的研究领域。单单就《推动共建丝绸之路经济带和21世纪海上丝绸之路的愿景与行动》中提出的合作重点——“五通”来看，“政策沟通”所牵涉的各国政府合作、“构建国家利益融合机制”等都是世界经济学研究的核心问题。“设施联通”所提出的开展跨国基础设施规划与投资、“国际运输便利化”“能源基础设施互联互通合作”需要交通经济学、能源经济学进行研究。“贸易畅通”所牵涉的“跨国投资贸易便利化”“共同商建自由贸易区”等都是国际贸易学研究的核心议题；而“推动新兴产业合作”“优化产业链分工布局”“鼓励合作建设境外经贸合作区和跨境经济合作区等各类产业园区”等则需要产业经济学加以研究；“在投资贸易中突出生态文明理念，加强生态环境、生物多样性和应对气候变化合作”则有赖人口资源环境经济学和气候经济学的新视角。“资金融通”中提出“加强金融监管合作”，“构建区域性金融风险预警系统”“推进亚洲货币稳定体系、投融资体系和信用体系建设”的任务是国际金融学研究的问题。“民心相通”则需要以发展经济学研究“一带一路”沿线国家协同发展、互利共赢为基础。

由此可见，“一带一路”经济学需要进一步包容和涵盖世界经济学、产业经济学、发展经济学、国际贸易学、国际金融学、人口资源环境经济学、交通经济学、能源经济学、气候经济学中的相关理论、研究视角和研究方法。

从经济学的角度看，在规则制定的宏观层面要立足于价值链分工模式中产业互补功能，各个国家可以针对不同发展阶段，根据自身的要素禀赋状态，形成多层次的经贸合作机制。这样不仅可以追求更多的国际贸易和投资的盈利点，还可以聚点为面，逐步形成“一带一路”经济共同体。而在针对企业的微观层面，应以不断改善区域营商环境，降低经济活动的制度成本和交易成本为核心。比如通过提供公共信息平台等措施，让各国政府、企业、个人对不同国家和地区的社会文化、宗教习俗、时局政情等有充分认识，以达到规避投资风险、合理配置资源、保障商贸利益，促进区域商贸繁荣。

4.1.5 “一带一路”倡议实施推进过程

自2013年习近平主席首次提出“一带一路”倡议后，国家高度重视这一战略的研究、部署和落实工作。我国已采取多项具体行动推动“一带一路”这一理念的落地实施。这些行动不仅包括多次召开相关的主题会议，而且还有陆续出台的多个相关支持文件，具体内容分别涉及基础设施建设、金融合作、交通互联、经济走廊建设等众多方面，其对于沿线国家的繁荣发展和我国对外开放全新格局的形成都具有十分重要的影响。在这些大事件中，2015年3月发布的《推动共建丝绸之路经济带和21世纪海上丝绸之路的愿景与行动》和2016年3月发布的《中华人民共和国国民经济和社会发展第十三个五年规划纲要》最具全局性的指导意义，可以统领未来“一带一路”倡议的整体发展方向，明晰“一带一路”倡议具体推进路径。

2013年9月7日，中国国家主席习近平在哈萨克斯坦纳巴尔扎耶夫大学发表了题为《弘扬人民友谊　共创美好未来》的重要演讲，提出要用创新的合作模式，共同建设“丝绸之路”经济带，以点带面，从线到片，逐步形成区域大合作的倡议，这是中国领导人首次在国际场合公开提出共同建设“丝绸之路经济带”的重大战略构想；同年10月3日，习近平主席在印度尼西亚国会发表了题为《建设中国—东盟命运共同体》的重要演讲时提出，中国致力于加强同东盟国家互联互通建设，倡议筹建亚洲基础设施投资银行，愿同东盟国家发展好海洋合作伙伴关系，进而首次提出共同建设21世纪“海上丝绸之路”的重要倡议。自从两大倡议提出后，得到了国际社会的高度关注，在国内外引起了强烈的反响，沿线60多个国家领导人积极响应，亚洲基础设施投资银行起步超出预期，丝路基金也成功建立，为“一带一路”建设提供了有力支撑。

2013年11月，十八届三中全会通过的《中共中央关于全面深化改革若干重大问题的决定》中提出：“推进丝绸之路经济带、海上丝绸之路建设，形成全方位开放新格局。”这次会议将“一带一路”作为国家级重要战略写入了党的重大决定，明确提出要加快同周边国家和区域基础设施互联互通建设，推进“一带一路”建设。

2013年12月，中华人民共和国国家发展和改革委员会和中华人民共和国外交部等部委联合召开了推进“一带一路”建设座谈会，东部5省市和西部9省区市相关负责人及科技部等12部委负责人参加了会议。

2013年12月10~13日，中央经济工作会议召开，习近平总书记在会议上发表重要讲话强调，推进“丝绸之路经济带”建设，抓紧制定战略规划，加强基础设施互联互通建设；建设“21世纪海上丝绸之路”，加强海上通道互联互通建设，拉紧相互利益纽带。这次会议之后，“一带一路”成为一个专有名词，特指“丝绸之路经济带”和“21世纪海上丝绸之路”，此后“一带一路”成为统筹我国全方位对外开放的长远、重大国家战略，是我国开放发展的旗帜和主要载体。

2014年2月6日，习近平总书记在俄罗斯索契会见俄罗斯总统普京。习近平强调，中方欢迎俄方参与丝绸之路经济带和海上丝绸之路建设，使之成为两国全面战略协作伙伴关系发展的新平台；俄方积极响应中方建设丝绸之路经济带和海上丝绸之路的倡议，愿将俄方跨欧亚铁路与“一带一路”对接，创造出更大效益。

2014年3月，国务院总理李克强在《政府工作报告》中介绍2014年重点工作时指出，抓紧规划建设丝绸之路经济带、21世纪海上丝绸之路，推进孟中印缅、中巴经济走廊建设，推出一批重大支撑项目，加快基础设施互联互通，拓展国际经济技术合作新空间。

2014年5月19日，中国—哈萨克斯坦（连云港）物流合作基地启用，这是“丝绸之路经济带”的首个实体平台。

2014年6月5日，习近平主席在中国—阿拉伯国家合作论坛开幕式上阐述了“丝绸之路经济带”和“21 世纪海上丝绸之路”的内涵，提出了中阿合作共建“一带一路”的战略构想。

2014 年 9 月 12 日，上海合作组织成员国元首理事会第十四次会议在塔吉克斯坦首都杜尚别举行。国家主席习近平出席会议并发表重要讲话。习近平在会上发表重要讲话强调，目前，丝绸之路经济带建设正进入务实合作新阶段，中方制定的规划基本成形。欢迎上海合作组织成员国、观察员国、对话伙伴积极参与，共商大计、共建项目、共享收益，共同创新区域合作和南南合作模式，促进上海合作组织地区互联互通和新型工业化进程。

2014 年 10 月 24 日，21 个亚洲基础设施投资银行（简称“亚投行”）意向成员国在北京签署亚投行《筹建备忘录》。当日，中国国家主席习近平在北京人民大会堂会见出席筹建亚洲基础设施投资银行备忘录签署仪式的各国代表，习近平强调，中国正在全面深化改革，朝着“两个一百年”的奋斗目标向前迈进。中国提出共同建设丝绸之路经济带和 21 世纪海上丝绸之路，并提出建立亚投行的倡议，目的就是深化亚洲国家经济合作，实现共同发展；我们将努力使中国自身发展更好惠及亚洲和世界各国。

2014 年 10 月 29 日，国家主席习近平在北京人民大会堂会见博鳌亚洲论坛理事会工作会议代表。习近平指出，中国发展同亚洲命运息息相关。亚洲国家合作之路宽广，发展前景看好。亚洲国家应该坚持联合自强，互利合作，包容开放，实现共同发展繁荣。中国提出建设丝绸之路经济带和 21 世纪海上丝绸之路的倡议，目的是共同打造沿线区域经济一体化新格局。一个不断发展的中国必将为亚洲发展作出更大贡献。

2014 年 11 月 4 日，习近平主持召开中央财经领导小组第八次会议并发表重要讲话强调，丝绸之路经济带和 21 世纪海上丝绸之路倡议顺应了时代要求和各国加快发展的愿望，提供了一个包容性巨大的发展平台，具有深厚历史渊源和人文基础，能够把快速发展的中国经济同沿线国家的利益结合起来。要集中力量办好这件大事，秉持亲、诚、惠、容的周边外交理念，近睦远交，使沿线国家对我们更认同、更亲近、更支持。

2014 年 11 月 8 日，加强互联互通伙伴关系对话会在北京钓鱼台国宾馆举行。中国领导人利用召开 APEC 北京峰会的时机，会同孟加拉国、柬埔寨、老挝、蒙古国、缅甸、巴基斯坦、塔吉克斯坦等国家领导人举行加强互联互通伙伴关系对话会，国家主席习近平主持会议并发表题为《联通

引领发展 伙伴聚焦合作》的重要讲话指出，“一带一路”和互联互通是相融相近、相辅相成的。如果将“一带一路”比喻为亚洲腾飞的两只翅膀，那么互联互通就是两只翅膀的血脉经络。会议发表了联合新闻公报，决心加强互联互通伙伴关系，深化务实合作，谋求共同发展。

2014 年 11 月 9 日，2014 年亚太经合组织工商领导人峰会在北京国家会议中心举行，国家主席习近平出席开幕式并发表题为《谋求持久发展 共筑亚太梦想》的主旨演讲。习近平强调，中国愿意同各国一道推进“一带一路”建设，更加深入参与区域合作进程，为亚太互联互通、发展繁荣做出新贡献。亚洲基础设施投资银行筹建工作已经迈出实质性一步，创始成员国 2014 年 10 月 24 日在北京签署了政府间谅解备忘录。中国还将出资 400 亿美元成立丝路基金，为“一带一路”沿线国家基础设施建设、资源开发、产业合作等有关项目提供投融资支持。

2014 年 11 月 15 日，二十国集团领导人第九次峰会在澳大利亚布里斯班举行。习近平发表题为《推动创新发展 实现联动增长》的重要讲话，指出将通过建设丝绸之路经济带、21 世纪海上丝绸之路、亚洲基础设施投资银行、丝路基金等途径，为全球基础设施投资做出贡献。

2014 年 11 月 28 ~ 29 日，国家主席习近平在中央外事工作会议上专门提及“一带一路”，他认为，要切实加强务实合作，积极推进“一带一路”建设，努力寻求各方利益的汇合点，通过务实合作促进合作共赢；要切实维护我国海外利益，不断提高保障能力和水平，加强保护力度。

2014 年 12 月 5 日，中国共产党中央政治局进行第十九次集体学习。习近平强调，加快实施自由贸易区战略是一项复杂的系统工程。要加强顶层设计、谋划大棋局，既要谋子更要谋势，逐步构筑起立足周边、辐射“一带一路”、面向全球的自由贸易区网络，积极同“一带一路”沿线国家和地区商建自由贸易区，使我国与沿线国家合作更加紧密、往来更加便利、利益更加融合。

2014 年 12 月 9 ~ 11 日召开的中央经济工作会议明确将重点实施“一带一路”、京津冀协同发展、长江经济带三大战略作为新时期中国统率经济社会发展的重大战略，并将正式进入“‘十三五’规划”，成为中国中长期经济社会发展的战略规划，“一带一路”被进一步列为 2015 年重点推进的区域经济发展战略。

2015 年 2 月 1 日，中国推进“一带一路”建设工作会议在北京召开，“一带一路”建设工作领导小组成员和有关部门单位负责同志参加了会议。

会议要求全国34个省、市、自治区尽快编制推进“一带一路”建设的实施方案，要求全国最晚不迟于10月前制定完成对接“一带一路”的实施方案的编制与公布。广东省第一个发布了《广东省参与建设“一带一路”的实施方案》，并配套出台工作重点和近期优先的项目清单，通过设施联通、贸易畅通和资金融通等方面，联手港澳台和周边省区，推进与沿线国家合作。随后江西省、陕西省、福建省等多地的对接方案和行动计划上报国务院。总体来看，西部省份多强调加快加强航空、铁路、公路等交通基础设施建设，东部省份强调注重利用临海优势，推进与东南亚地区在海上互联互通，优化通关环境，推进贸易投资便利化；同时通过大力推进“三个一批”重点项目，即大力推进一批在建重点项目，力争新开工一批重点项目，主动推进并力争签署一批新的项目合作协议，以基础设施的互联互通为突破口，以产业合作、产能合作为重点，充分发挥企业建设主体的作用，务实推进“一带一路”建设进程。

2015年3月28日，国家发展改革委、外交部和商务部等部委联合发布了《推动共建丝绸之路经济带和21世纪海上丝绸之路的愿景与行动》，“一带一路”正式的纲领文件终于浮出水面，这是唯一一份阐述“一带一路”建设理念、原则、愿景和重点工作的官方文件。同日，国家主席习近平在海南博鳌出席博鳌亚洲论坛2015年年会开幕式并发表主旨演讲。习近平在演讲中指出，“一带一路”建设秉持的是共商、共建、共享原则，不是封闭的，而是开放包容的；不是中国一家的独奏，而是沿线国家的合唱。“一带一路”建设、亚洲基础设施投资银行都是开放的，我们欢迎沿线国家和亚洲国家积极参与，也张开臂膀欢迎五大洲朋友共襄盛举。“一带一路”建设不是空洞的口号，而是看得见、摸得着的实际举措，将给地区国家带来实实在在的利益。

2015年10月中共十八届五中全会发表的公报强调，要推进“一带一路”建设，推进同有关国家和地区多领域互利共赢的务实合作，推进国际产能和装备制造合作，打造陆海内外联动、东西双向开放的全面开放新格局。应积极参与全球经济治理，促进国际经济秩序朝着平等公正、合作共赢的方向发展，加快实施自由贸易区战略。

2016年3月，推进“一带一路”倡议的建设被正式写入《中华人民共和国国民经济和社会发展第十三个五年规划纲要》，即国家“十三五”规划纲要。

2016年8月，中央召开了推进“一带一路”建设工作座谈会，习近平主席提出了八点要求，强调要将“一带一路”建设一步一步推进，并使之造福沿线国家和地区的人民。

2017 年 1 月 17 日，习近平主席在达沃斯论坛上正式宣布 5 月在北京举办首届“一带一路”国际合作高峰论坛。

2017 年 5 月 14～15 日，“一带一路”国际合作高峰论坛在北京香格里拉国际会议中心顺利举行。习近平主席在开幕式致辞中指出，中方提出“一带一路”倡议 4 年来，全球 100 多个国家和国际组织积极支持和参与“一带一路”建设，联合国大会、联合国安理会等重要决议也纳入“一带一路”建设内容。“一带一路”建设逐渐从理念转化为行动，从愿景转变为现实，建设成果丰硕。这是政策沟通不断深化、设施联通不断加强、贸易畅通不断提升、资金融通不断扩大、民心相通不断促进的 4 年。

2017 年 9 月 11 日由香港特区政府与香港贸易发展局合办的第二届“一带一路”高峰论坛在香港举行，“一带一路”沿线国家官员、国际机构代表和企业、行业领袖参会。逾三千名来自各地的政治领袖、商界代表和行业专家出席活动。香港特区行政长官林郑月娥表示，香港作为国际大都会，以及与外地联系最密切的中国城市，能够为“一带一路”的“五通”，即政策沟通、设施联通、贸易畅通、资金融通和民心相通，作出重大贡献。“一带一路”建设的基建投资需要不同专业服务配合落实，包括投资和风险评估、研究、融资、保险、会计、法律服务和仲裁等，这些专业服务将成为香港经济的新动力。

“一带一路”倡议提出 3 年多以来，中国政府通过高层引领推动、签署合作框架、推动项目建设、完善政策措施、发挥平台作用等积极推动“一带一路”建设，取得了重要成果和国际共识。截至目前，已经有 100 多个国家和国际组织表示支持“一带一路”倡议，其中 40 多个国家和国际组织与我国签署了共建“一带一路”合作备忘录。

“一带一路”倡议实施取得的成就主要有以下三个方面。第一，基础设施建设和产能合作取得新进展。亚欧大通道等互联互通建设步伐加快，匈塞铁路建设已经开工，亚美尼亚北—南公路等大项目持续推进，中欧班列迄今已开行 1800 多列；中国已与 20 个国家签署相关协议，开展机制化的国际产能合作，一大批合作项目在各国开花结果。第二，贸易投资合作取得新突破。中国已在沿线国家建立了 50 多个合作区，其中在白俄罗斯、泰国和印度尼西亚的园区取得了重大进展。中国在 2016 年初加入了欧洲复兴开发银行，进一步获得了参与欧洲地区项目的优势。中巴经济走廊建设已全面展开，中蒙俄经济走廊规划纲要正式签署，孟中印缅经济走廊等一批重大项目也正在积极推进，新亚欧大陆桥经济走廊建设稳步推进，有力促进了相关国家经济增长。截至2016年7月，中国对沿线国家投资累计达511亿美元，占同期中国对外直接投资总额的12%。第三，国际金融合作取得新发展。中国与沿线21个国家签署了本币互换协议，并向7个国家授予了人民币合格境外机构投资者额度，在8个国家设立了人民币清算行。这些举措都将促进人民币贸易结算和人民币计价海外融资，并提升海外人民币流动性增长。中国还先后推动成立了“丝路基金”和亚洲基础设施投资银行等相关配套金融机构，为“一带一路”相关建设提供金融支持。

2016年，在国际市场需求持续低迷的情况下，在“一带一路”共建合作当中，中国与沿线国家经贸合作取得了可喜的成绩。据高虎城介绍，2016年中国与“一带一路”沿线国家的进出口总额为6.3万亿元人民币，增长0.6%。其中出口3.8万亿元，增长0.7%；进口2.4万亿元，增长0.5%。在沿线国家新签对外承包工程合同为1260亿美元，增长36%。对沿线国家直接投资145亿美元，占我国对外投资总额的8.5%。我国与沿线国家的经济已经深度融合，我国企业已经在“一带一路”沿线20多个国家建设了56个经贸合作区，涉及多个领域，累计投资超过185亿美元，为东道国创造了近11亿美元的税收和18万个就业岗位。

4.2 “一带一路”沿线国家经济贸易发展概况

4.2.1 “一带一路”沿线国家和地区的界定

目前关于“一带一路”具体包括哪些国家和地区，我国官方并没有明确作出规定①，《愿景与行动》中指出“一带一路”相关的国家基于但是不限于古代丝绸之路的范围，2017年3月上线运行的“中国一带一路网”

① 根据中国一带一路网（https://www.yidaiyilu.gov.cn/gbjg/gbgk/77073.htm）发布的官方消息，截至2020年1月底，我国已与138个国家和30个国际组织签订了200份共建“一带一路”合作文件。本书成书较早，仍然选用之前65个国家的数据，本书实证部分只选取了26个代表国家的数据，所以不会对结论产生太大的影响。笔者将在今后的研究中将采用更新数据进行深入分析。

作为中国推进“一带一路”建设的官方网站，其国别宏观数据库中包括 64 个国家，个别研究认为应该包括 66 个国家，但是目前多数研究普遍认为，除了中国以外，“一带一路”沿线国家共包括 65 个国家。其实，“一带一路”沿线国家究竟是 65 个，还是 64 个，抑或 66 个，其实只是在范围上存在的细微差别，在是否包含个别小国上存在不同，在经贸数据上很难体现出明显的差异，因此并不影响本书分析的最终结论。鉴于此，参考多数研究文献的做法，本书认为“一带一路”沿线国家和地区包括 65 个。“一带一路”沿线国家总面积约 5539 万平方千米，约占全球总面积的 41.3%，人口有 45 亿，占全球总人口的 60% 以上；区域经济总量达 22 万亿美元，占全球经济总量的比例超过 1/3。“一带一路”沿线的 65 个国家和地区，目前有两种分类方法。

一种是主要基于地理划分的角度，结合地缘政治和实际情况将这 65 个国家划分为 7 个区域，分别为：东亚、东南亚、南亚、西亚、中欧、东欧和独联体地区，具体划分标准及说明如表 4 - 1 所示。这样划分主要是考虑到以下三个方面的原因：①避免不必要的重复分析。同一个地理区域内的国家商品贸易出口和进口的结构大致相似，按地理区域分类后既可以避免重复分析。②便于进行区域间的比较。按地理区域划分能够考虑到位置、资源、环境等因素对一国进出口贸易的影响程度，便于进行区域间的比较，更加鲜明地体现出不同区域所特有的比较优势和竞争优势。③有助于消除计算结果偏差。由于数据来源不同、统计口径差异以及统计误差等原因可能出现某些国家数据异常的现象，按地理区域划分能够有助于消除这些数据异常现象导致的计算结果的偏差。

表 4 - 1 “一带一路”沿线 65 个国家的地理区域划分及说明

序号	区域划分	国家数量（个）	国家
1	东亚地区	1	蒙古国
2	东南亚地区	10	新加坡、马来西亚、印度尼西亚、缅甸（无数据）、泰国、老挝（无数据）、柬埔寨、越南、文莱、菲律宾
3	南亚地区	8	印度、巴基斯坦、孟加拉国、阿富汗、斯里兰卡、马尔代夫、尼泊尔、不丹

续表

序号	区域划分	国家数量（个）	国家
4	西亚、南欧、北非地区	18	伊朗、伊拉克、土耳其、叙利亚、约旦、黎巴嫩、以色列、巴勒斯坦、沙特阿拉伯、也门、阿曼、阿联酋、卡塔尔、科威特、巴林、希腊、塞浦路斯、埃及
5	中欧地区	4	捷克、斯洛伐克、匈牙利、波兰
6	独联体地区①	12	哈萨克斯坦、俄罗斯、乌兹别克斯坦（无数据）、土库曼斯坦（无数据）、塔吉克斯坦（无数据）、吉尔吉斯斯坦（无数据）、乌克兰、白俄罗斯、格鲁吉亚、阿塞拜疆、亚美尼亚、摩尔多瓦
7	东欧地区	12	立陶宛、爱沙尼亚、拉脱维亚、斯洛文尼亚、克罗地亚、波斯尼亚和黑塞哥维那、黑山、塞尔维亚、阿尔巴尼亚、罗马尼亚、保加利亚、马其顿

资料来源：赵东麒、桑百川：《“一带一路”倡议下的国际产能合作——基于产业国际竞争力的实证分析》，载于《国际贸易问题》2016 年第 10 期，第 3～14 页。

另外一种方法是从经贸联系的角度进行划分，将东盟、印度和俄罗斯单独列出，将剩下的“一带一路”沿线其他国家看作一个整体，具体如表 4－2 所示。这样分类是考虑到总体来看中国和“一带一路”沿线国家的经贸联系非常紧密，但是主要的贸易伙伴只有东盟、印度和俄罗斯，中国和“一带一路”沿线其他国家的经贸联系并不强。比如 2015 年，中国和“一带一路”沿线其他国家贸易总额仅占中国对外贸易总额的 10% 左右，尚不及中国和东盟的贸易总额占比；2015 年，在“一带一路”沿线其他 50 多个国家中，对中国出口占其出口总额超过 10% 的仅有 4 个国家，绝大部分国家占比不超过 5%，有 17 个国家的占比还不到 1%。相比出口，从中国进口占其进口总额的比重则高些，占比超过 10% 的国家超过 20 个，不过仍有 8 个国家的进口占比不到 5%。由此可见，这种分类也有一定的科学性。

① 该地区 12 个国家中，独联体的正式成员有俄罗斯、白俄罗斯、阿塞拜疆、亚美尼亚、摩尔多瓦、哈萨克斯坦、吉尔吉斯斯坦、塔吉克斯坦和乌兹别克斯坦共 9 个国家；土库曼斯坦、格鲁吉亚和乌克兰先后于 2005 年、2008 年和 2018 年退出独联体。考虑到这 12 个国家地理位置较为接近，而且现在或曾经是独联体成员国，参考多数文献的做法，特归为独联体地区 12 国。

表4-2 “一带一路”国家分类及基本变量（2015年）

国家	GDP总量（万亿美元）	人口（亿）	国土面积（万平方千米）
中国	11	13.7	960
东盟	2.4	6.3	450
印度	2.1	11.7	297
俄罗斯	1.3	1.4	1708
其他国家	5.8	12.2	2129

注：其中其他国家数据是汇总后的数据。
资料来源：世界银行：《data bank（2015）》，https：//databank. worldbank. org/.

但是考虑到多数文献的做法，本书除了在必要的章节两种分类都考虑之外，一般主要选择第一种分类方法。

4.2.2 “一带一路”沿线国家和地区经济发展贸易概况

“一带一路”是世界上跨度最长的经济大走廊，贯通东亚、中亚、东南亚、南亚、西亚及中东欧地区，沿线65个国家和地区绝大多数是新型经济体和发展中国家，经济发展水平差别比较大。除了东南亚和中欧的经济发展水平比较高，中亚和南亚等地区经济发展水平相对比较低。从人均GDP来看，2015年“一带一路”地区人均GDP最高的是卡塔尔，为78829美元，而最低的阿富汗，人均GDP只有615美元，相差了127倍。

下面将按照上述七大区域的划分方法对65个国家和地区的经济发展状况进行简单介绍。

1. 东亚1国

东亚地区属于“一带一路”沿线国家的只有蒙古国。蒙古国的经济以畜牧业和采矿业为主，主要出口矿产品、纺织品和畜产品等，主要进口有矿产品、机器设备和食品等。

2. 东盟 10 国

东盟即东南亚国家联盟的简称，主要包括新加坡、马来西亚、印度尼西亚、泰国、菲律宾、文莱、缅甸、老挝、柬埔寨、越南。其中，前面 6 个是相对比较发达的国家，后面 4 个国家则相对比较落后。东盟 10 国都属于“一带一路”沿线国家。20 世纪 90 年代以来，特别是进入 21 世纪，东盟加快了自身发展的进程，近年东盟总体经济发展态势良好，已于 2015 年 12 月 31 日建成了东盟共同体，东盟一体化进程是一个开放的进程，域内国家走向融合的同时，并没有排斥外部世界，与美国、中国、日本等 10 个国家建立了对话机制，这种开放性将长期推动东盟经济的进一步发展。此外，在当前世界经济不确定性依旧的背景下，多数东盟成员国的宏观经济调控和国家间经济政策的协调是不错的，这也将支撑东盟经济的快速增长。东盟内不同国家面临不同问题，但有几个问题是普遍的：一是基础设施整体不足。这是制约经济增长的长期问题，印度尼西亚、菲律宾等情况稍好，柬埔寨、缅甸等国情况逊色；二是商业环境有待改善。印度尼西亚、缅甸等在这方面空间很大。

3. 南亚 8 国

南亚 8 国主要包括印度、巴基斯坦、孟加拉国、阿富汗①、斯里兰卡、马尔代夫、尼泊尔和不丹等国，这 8 个国家都是发展中国家。第二次世界大战后，工业发展较快，大多以纺织、食品等传统的轻工业为主。印度是南亚经济发展最快的一个国家，印度独立后，在原来利用煤、铁资源发展重工业的基础上，电子、汽车制造、原子能、航空航天等新兴工业逐渐崛起，近年来，印度的电脑软件产业在世界上占有重要的地位。南亚国家在经济发展上呈现不同特点。服务行业在南亚诸国的经济中占的份额较高。除阿富汗外，其他南亚国家的服务业在国民经济中的比重都超过 50%。究其原因，这些国家以旅游为支柱产业的较多，工业不发达，且工业发展程度参差不齐。

---

① 事实上，阿富汗位于西、中、南亚交界处，现有研究也有西、中、南亚国家等至少三种不同界定方法，此处考虑到阿富汗是南亚区域合作联盟（South Asian Association For Regional Cooperation，SAARC，简称南盟）成员，所以将阿富汗归为南亚国家。

4. 西亚南欧北非 18 国

“一带一路”沿线的西亚南欧北非国家主要有 18 个，分别是伊朗、伊拉克、土耳其、叙利亚、约旦、黎巴嫩、以色列、巴勒斯坦、沙特阿拉伯、也门、阿曼、阿联酋、卡塔尔、科威特、巴林、希腊、塞浦路斯、埃及。总体来看，该部分地区拥有石油、天然气等能源资源优势，但各国由于自然条件和经济发展方式不同，发展速度很不平衡，一类是以沙特阿拉伯、阿拉伯联合酋长国等为代表的石油输出国，这些国家相对比较富裕，石油是各国经济命脉，石油业在国民生产总值、国民收入和出口中都占有绝对优势，建筑业、运输业、加工业和商业都是以石油为发展的基础，虽然经济发展非常迅速，人均 GNP 位居世界前列，但是单一经济结构常常受到国际市场特别是能源市场的影响，风险比较大，而且劳动力资源不足，每年需要引进大量外籍工人和技术员，但总体来看这些国家正努力调整经济发展战略，逐步向多样化发展；另一类是以土耳其、叙利亚、以色列等为代表的以农牧业为主的国家，这些国家除了以色列比较富裕之外，其他国家相对比较贫困，虽然以农牧业为主，但是农产品自给率较低，是世界农牧产品主要进口区之一。

5. 中欧 4 国

中欧 4 国主要包括捷克、斯洛伐克、匈牙利和波兰。这四个国家中最为发达的是波兰，波兰的煤、硫黄、铜、锌、铅、铝、银、琥珀等资源比较丰富，其工业发达，采矿业以煤及褐煤最重要。匈牙利自然资源比较贫乏，主要矿产资源是铝矾土，此外有少量褐煤、石油等；农业和工业基础都比较好，政府采取各种措施优化投资环境吸引外资，是中东欧地区人均吸引外资最多的国家之一。近年来，捷克和斯洛伐克经济发展迅速，双双被誉为“中欧小虎”。一般来说，捷克是传统工业国，经济基础好，而斯洛伐克则是农业国，相对落后。直到近几年，斯洛伐克实行较为宽松的税收制度，吸引了大量外国投资发展工业，开始逐步缩小差距。目前，斯洛伐克的工业产值和 GDP 的增幅都略高于捷克。

6. 独联体地区 12 国

独联体地区 12 国主要包括俄罗斯、乌克兰、白俄罗斯、格鲁吉亚、阿塞拜疆、亚美尼亚、摩尔多瓦、哈萨克斯坦、乌兹别克斯坦、土库曼斯坦、塔吉克斯坦和吉尔吉斯斯坦。独联体国家大多地处中亚和欧亚大洲交接处，是“一带一路”建设的关键区域。首先，该区域蕴藏着十分丰富的自然资源，而且地广人稀，使得独联体国家具备了非常好的经济发展潜力，同时在发展过程中其所承担的经济成本也相对较少；其次，该区域国家总体来看国民经济结构不均衡，产业结构中第三产业比重过低，要素结构中资源要素利用率高，科技教育创新等要素利用不足，需求结构呈现居民消费和进出口增速较快而固定资产增速缓慢的畸形状态；最后，由于苏联时期实施的计划经济体制，使独联体国家分工协作的效率不高，为此该地区国家实行积极地对外开放政策，积极吸引外国投资。

7. 东欧 12 国

东欧 12 国主要包括立陶宛、爱沙尼亚、拉脱维亚、斯洛文尼亚、克罗地亚、波黑、黑山、塞尔维亚、阿尔巴尼亚、罗马尼亚、保加利亚和马其顿。罗马尼亚是东欧 12 国中最大的国家，与保加利亚一起于 2007 年加入欧盟，虽然罗马尼亚和保加利亚起点相比欧盟主要国家较低，但不甘落后，正努力赶超中；波罗的海三国即拉脱维亚、爱沙尼亚和立陶宛面积均不足 7 万平方千米、人口均在 350 万以下，经济快速发展，三国都已加入欧元区，但在欧元区内属于经济发展水平最低的国家，但三国政府都在为调整经济结构、提高就业率、增加最低工资标准、减少社会不公等而努力。斯洛文尼亚、克罗地亚、塞尔维亚经济有一定的复苏，但其发展还是面临一系列问题，至于阿尔巴尼亚、波黑、马其顿和黑山四国经济也在恢复，但是发展水平相对低下，人均 GDP 基本都在 5000 美元左右。

4.3 “一带一路”沿线国家制造业发展现状

4.3.1 “一带一路”沿线国家工业化发展概况

“一带一路”沿线 65 个国家和地区之间工业化水平差距较大，涵盖了工业化进程的各个阶段，不同工业化阶段的国家在产能合作进程中可以寻找到不同的角色定位，共同培育以“互补合作”为主导的产能合作“新雁阵”模式。

所谓工业化，是指一个国家和地区的经济结构由农业占统治地位向工业占统治地位转变的整个发展过程，也被认为是一个国家和地区的经济现代化过程。工业化水平是一个综合的经济发展阶段指数，具体测算的五项指标包括人均GDP、三次产业产值结构、制造业增加值占商品增加值的比重、人口城市化率和第一产业就业人员占比。依据这五项指标，可以将国家划分为前工业化阶段、工业化实现阶段（初期、中期和后期）以及后工业化阶段。

测算结果发现，在“一带一路”沿线国家中，处于前工业化时期的国家有1个，处于工业化初期阶段的国家有14个，处于工业化中期阶段的国家有16个，处于工业化后期阶段的国家有32个，而处于后工业化时期的国家有2个。中国社会科学院工业经济研究所所长黄群慧在2016年1月21日社科院工业经济研究所课题组《工业化蓝皮书：“一带一路”沿线国家工业化进程报告》发布会上提到：“这说明‘一带一路’沿线国家总体上仍处于工业化进程中，且大多数国家处于工业化中后期阶段，大体呈现‘倒梯形’的结构特征。”

具体来说，在“一带一路”沿线65个国家中，工业化水平最高的是东南亚的新加坡和中东的以色列，工业化综合指数均为100。新加坡人均GDP为58523美元，居65个国家的第二位，仅次于卡塔尔，以色列人均GDP为27860美元，居第八位；新加坡第一产业占比仅为0.03%，是65个国家中一产占比最小的国家，以色列一产占比1.4%；新加坡制造业增加值占总商品生产部门增加值比重为74.6%，居首位，以色列该比重为63%。工业化水平最低的是位于南亚的尼泊尔，工业化综合指数为0，且各项指标评价均为最低，尼泊尔人均GDP为1345美元，仅仅比位于GDP倒数第一的阿富汗多200美元，第一产业占比34.3%，居65个国家的首位；制造业增加值占总商品生产部门增加值比重为12.8%，居倒数第六位；人口城镇化率为18.2%，处于65个国家的末位；第一产业就业占比66.5%，居65个国家的首位。①

其他国家的工业化水平分布在各个不同的阶段，除了处于后工业化阶段的两个国家之外，工业化综合指数最高的几个国家中有1个位于东南亚，9个位于中东欧，2个位于西亚、中东。按照指数大小依次为黎巴嫩、斯洛伐克、波兰、马来西亚、土耳其、爱沙尼亚、斯洛文尼亚、白俄罗

① 黄群慧：《工业化蓝皮书：“一带一路”沿线国家工业化进程报告》，社会科学文献出版社2015年版。

斯、立陶宛、拉脱维亚、匈牙利及捷克。而除了处于前工业化阶段的尼泊尔之外，工业化水平最低的几个国家分别为位于中亚的塔吉克斯坦，位于东南亚的缅甸、柬埔寨、东帝汶以及位于南亚的阿富汗。

研究发现，与中国处于同一工业化阶段的国家有俄罗斯，中东欧的克罗地亚、塞尔维亚及罗马尼亚，西亚、中东的巴林和约旦。有 14 个国家的工业化水平高于中国，有 44 个国家的工业化水平低于中国，中国在“一带一路”沿线国家中工业化水平处于上游的位置。

从各大区域来看，中亚主要分布在工业化初期和工业化后期两头；东南亚和南亚的国家大部分处于工业化初期；而中东欧和西亚、中东的国家大部分处于工业化后期阶段，只有一个国家位于工业化初期阶段。

4.3.2 “一带一路”沿线国家制造业发展现状

“一带一路”区域内涵盖的65 个国家资源比较丰富，比如原油、矿产等战略性资源储量巨大。从经济发展程度来看，既有经济发展程度较高的国家，也有新兴的发展中国家，还有转轨经济体国家，以及大量亟待经济起飞的国家，比较优势差异较大。

在制造业价值链条上，东亚地区制造能力突出，工业门类齐全，技术较先进；广大的中亚和南亚国家劳动力资源较丰富，在劳动密集型制造业上有一定的比较优势；西亚地区资源采掘和深加工能力较强，因此具有较大的合作空间。从国别来看，中欧的斯洛伐克、捷克和斯洛文尼亚的制造业发展水平比较高，东南亚的泰国、马来西亚和菲律宾位居其后，但西亚和南亚的制造业竞争力相对较低。

从进出口贸易模式来看，沿海和内陆国家（地区）有比较大的差异。内陆地区主要出口矿物燃料、金属矿物及其制品和粮食皮毛等初级原料，进口则以机械设备、电子电器、交通工具等工业制成品和日用生活消费品为主。与内陆地区不同，相对较发达的东亚和东南亚地区的国家主要出口电子电器、机械设备、交通工具等工业制成品，进口油气、金属原材料、塑料化工等初级产品为主。

从产业竞争力来看，“一带一路”国家的国际产业竞争力各有强弱。东亚（蒙古国）主要以资源密集型商品出口为主，其他产业的国际竞争力则较弱。东南亚、南亚、中欧和东欧地区产业国际竞争力的拉动点主要集中在初级产品（SITC0 -4）方面，制造业的国际竞争力相对不强；其中东南亚地区在“动植物、脂和蜡”（SITC4）部门具有极强的国际竞争力，中欧地区和东欧地区在“饮料和烟草”（SITC2）部门的综合指数较高，南亚地区依靠其劳动力人口的优势，在“食品和活动物”（SITC0）部门的竞争优势要高于其他地区。西亚和独联体地区在“矿物燃料、润滑油及有关原料”（SITC3）部门的竞争力较为显著，不同点在于西亚地区在努力摆脱单一出口结构，进行产业转移和升级，而独联体地区受到地缘政治的影响，对其更加依赖。

4.4 本章小结

本章主要介绍“一带一路”倡议及沿线国家和地区制造业发展概况。本章主要内容包括三个部分：一是“一带一路”倡议概述，二是“一带一路”沿线国家和地区经济贸易发展概况，三是“一带一路”沿线国家和地区制造业发展现状。

“一带一路”倡议概述部分主要从“一带一路”倡议提出的背景、内涵、意义、经济学定位及理论依据和实施推进过程。“一带一路”是“丝绸之路经济带”和“21世纪海上丝绸之路”的简称，是以习近平同志为核心的党中央基于对国内外经济形势的变化，审时度势，推动共建“一带一路”，不仅对中国、对沿线国家和地区以及对整个世界和区域经济贸易合作都有着十分重要的意义；对于“一带一路”倡议的研究和分析需要综合经济学各分支学科的研究内容，主要是政治经济学、国际经济学和区域经济学，此外还包括世界经济学、国际贸易学、产业经济学等其他经济学科内容；自2013年提出以来，“一带一路”倡议引起了国内外的广泛关注，特别是沿线多数国家和地区积极响应；我国已采取多项具体行动推动“一带一路”这一理念的落地实施，不仅多次召开相关的主题会议，而且还有陆续出台的多个相关支持文件，具体内容分别涉及基础设施建设、金融合作、交通互联、经济走廊建设等众多方面，对于沿线国家的繁荣发展和我国对外开放全新格局的形成都具有十分重要的影响。

“一带一路”沿线65个国家和地区之间工业化水平差距较大，工业化水平最高的是东南亚的新加坡和中东的以色列，工业化水平最低的是位于南亚的尼泊尔，其他国家的工业化水平分布在各个不同的阶段；与中国处于同一工业化阶段的国家有俄罗斯，中东欧的克罗地亚、塞尔维亚及罗马尼亚，西亚、中东的巴林和约旦；中国在“一带一路”沿线国家中工业化水平处于上游的位置。在制造业价值链条上，东亚地区制造能力突出，工业门类齐全，技术较先进；广大的中亚和南亚国家劳动力资源较丰富，在劳动密集型制造业上有一定的比较优势；西亚地区资源采掘和深加工能力较强，因此具有较大的合作空间；从国别来看，中欧的斯洛伐克、捷克和斯洛文尼亚的制造业发展水平较高，东南亚的泰国、马来西亚和菲律宾位居其后，但西亚和南亚的制造业竞争力相对较低；从进出口贸易模式来看，内陆地区主要出口矿物燃料、金属矿物及其制品和粮食皮毛等初级原料，进口则以机械设备、电子电器、交通工具等工业制成品和日用生活消费品为主，相对较发达的东亚和东南亚地区的国家主要出口电子电器、机械设备、交通工具等工业制成品，进口油气、金属原材料、塑料化工等初级产品为主。总之，“一带一路”沿线 65 个国家和地区涵盖了工业化进程的各个阶段，不同工业化阶段的国家在贸易合作进程中可以寻找到不同的角色定位，共同培育以“互补合作”为主导的产能合作“新雁阵”模式。

第 5 章

中国与"一带一路"沿线国家贸易合作现状

随着国际金融危机深层次影响的继续显现和世界经济复苏乏力，国际贸易格局和多边贸易规则正进行深刻调整。在内部增长不稳定和外部需求不确定的双重影响下，短期内中国经济的增长仍需出口拉动。"一带一路"倡议的提出，有利于促进市场深度融合和资源高效配置，实现中国与沿线国家在更高水平和更深层次的区域合作。目前，中国与"一带一路"沿线国家的贸易总额约占全球贸易总额的40%，未来中国与"一带一路"国家的相互依存程度将进一步提升。虽然具体合作过程中还存在一些障碍和困难，但是可以预见的是中国与"一带一路"沿线国家的贸易合作前景是良好的。本章首先介绍了中国与"一带一路"沿线国家和地区贸易合作的总体格局及区域贸易合作现状，然后指出了中国与"一带一路"沿线国家和地区贸易合作面临的挑战，最后是关于中国与"一带一路"沿线国家和地区制造业贸易发展概况。

5.1 中国与"一带一路"沿线国家贸易合作总体格局

中国与"一带一路"沿线国家的进出口贸易合作有着悠久的历史，近年来随着"一带一路"倡议的提出和不断推进，进出口贸易增长态势明显。目前中国与"一带一路"沿线国家的贸易总额约占全球贸易总额的40%，并且沿线许多国家并非是发达国家，或者许多都不能算是中国的大贸易伙伴国。但是，沿线国家在中国贸易伙伴中地位极其重要，在全球化快速发展的今天，“一带一路”倡议的提出是符合时代潮流，符合全世界利益的伟大战略。

5.1.1 从贸易总量来看，中国与沿线国家贸易比重有所上升且保持较大顺差额①

从贸易总量看，中国与沿线国贸易比重有所上升并且保持较大顺差额。2016 年中国与沿线国家贸易总额为 9535.9 亿美元，占中国与全球贸易额的比重为 25.7%，较 2015 年的 25.4% 上升 0.3 个百分点，超过中国和第一大贸易伙伴欧盟所占的比重；“一带一路”沿线国家和中国贸易总额占这些国家对外贸易总额的 17%。整体而言，中国和“一带一路”沿线国家间贸易依赖度较强。

从出口来看，“一带一路”国家已成为中国重要的出口市场，2000 年中国对“一带一路”国家的出口额为 1829.7 亿美元，2014 年高达 12489.6 亿美元，占对世界出口总额的 53.3%，特别是 2011 年以来整体呈上升态势，2016 年达到近年来的高位，这 16 年间我国对“一带一路”国家出口的年均增速高达近 15%。

从进口看，2016 年中国自沿线国家进口 3661.1 亿美元，较 2015 年下降 5.7%。中国自沿线国家进口占中国总进口额的比重为 23.0%，比 2015 年下降了 0.1 个百分点，2011 年以来这一比重整体呈持续下降的态势。

从进出口结构看，2011 ~2015 年，中国与沿线国家的贸易顺差额逐渐扩大，2015 年为 2262.4 亿美元，较 2014 年增加 47.2%，是 2011 年的 16 倍；2016 年顺差额为 2213.7 亿美元，较 2015 年少 48.7 亿美元，为近年来的首次下降。2016 年，中国与 52 个国家贸易顺差，其中与印度的顺差额最大，达 470.7 亿美元；与 12 个国家贸易逆差，其中与马来西亚的逆差额最大，达 109.0 亿美元。

5.1.2 从贸易市场来看，中国是沿线主要贸易伙伴国的主要进口市场和出口市场

在“一带一路”沿线主要贸易伙伴国中，中国是新加坡的第一出口目

① 资料来源：国家信息中心“一带一路”大数据中心、大连东北亚大数据中心、“一带一路”大数据技术有限公司、大连瀚闻资讯有限公司：《中国与“一带一路”沿线国家贸易合作之大数据》，载于《中国外汇》2017 年第 8 期。

的国，是马来西亚、越南、泰国、俄罗斯、沙特阿拉伯的第二出口目的国，是印度、印度尼西亚、阿联酋、菲律宾的第三出口目的国；新加坡、越南、马来西亚、泰国、菲律宾、印度尼西亚6个国家对中国出口额比重均超过10%。除印度、菲律宾以外，中国在其他8个国家中的出口额比重都有所上升。

中国是沿线主要贸易伙伴国的第一进口市场。越南自中国进口占其总进口额的比重最高，达到34.7%；其次为印度尼西亚和泰国。除越南同比下降0.9个百分点以外，其他9个主要贸易伙伴国自中国进口的比重都有所上升。

5.1.3 从贸易产品来看，电机电气设备和矿物燃料等分别是出口和进口最多的产品

从中国对沿线国家出口看，出口额最高的产品为电机、电气设备及其零件，达1165.9亿美元，较2015年微降0.4%。出口额排名前10位产品较2015年全部出现下降，电机、电气设备及其零件的下降幅度最小。出口额第二位的产品是锅炉、机器、机械器具及零件，出口额为920.0亿美元，微降0.6%；其次为钢铁和塑料及其制品，出口额分别为237.2亿美元和200.7亿美元；钢铁制品、针织或钩编的服装及衣着附件、光学、计量、检验、医疗用仪器及设备等、非针织非钩编服装及衣着附件，出口额均小于200亿美元。前10位产品中，家具、寝具下降最快，降幅达到18.2%；其次为针织或钩编的服装及衣着附件，下降15.6%；非针织非钩编服装及衣着附件下降10.8%；其他产品降幅均在10%以内。

从中国自沿线国家进口看，进口额最高的产品为矿物燃料、矿物油及其蒸馏产品等，为1109.9亿美元，下降15.1%；其次为电机、电气设备及其零件，进口额为772.0亿美元，增长1.7%；锅炉、机器、机械器具及零件进口额为232.9亿美元，下降1.4%；其他产品进口额均小于200亿美元。前10位产品中，除矿物燃料、矿物油及其蒸馏产品等下降15.1%外，有机化学品降幅也很大，达到15.2%；特殊交易品及未分类商品增幅最大，达到60.3%；光学、计量、检验、医疗用仪器及设备等增长26.6%；其他产品增减波动在10%以内。

5.1.4 从贸易主体和贸易方式来看，民营企业继续保持第一大出口主体地位，一般贸易是主要贸易方式

从贸易主体看，民营企业继续保持第一大出口主体地位，比重稳步增加。民营企业出口额占比始终保持最高且逐年上升，由2011年的46.6%上升至2016年的58.9%；外商投资企业、国有企业在出口总额中的占比均呈逐年下降的趋势，外资企业由35.4%下降至27.8%，国有企业由17.9%下降至13.1%。2016年外资企业进口额占比高于其他类型企业，达到37.0%；国有企业逐年下降，由2011年的43.1%下降至2016年的31.6%；民营企业逐年上升，由21.6%上升至28.2%。

从贸易方式看，一般贸易方式在进口和出口均处于绝对优势。从出口看，2011年以来中国对沿线国家出口始终以一般贸易为主，占比逐年上升，由2011年的61.5%上升至2016年的63.5%；加工贸易占比呈现下降趋势，由2011年的26.0%下降至2015年的20.1%；边境小额贸易、海关特殊监管区域等占比较低。从进口看，一般贸易也是中国自沿线国家进口的主要贸易方式，但是占比总体呈现下降趋势，由2011年的61.7%下降至2016年的55.7%；加工贸易总体呈现上升趋势，由18.7%上升至21.2%；海关特殊监管区贸易比重也较高，2016年达18.1%[①]。

5.1.5 从合作模式来看，中国与沿线国家的贸易合作存在一定的差异

从国家层面看，中国整体与沿线国家贸易合作呈现四种类型：一是贸易“全面合作型”国家，其与中国的贸易规模大、贸易商品广、贸易历史久，如越南、马来西亚、泰国、新加坡、印度、印度尼西亚、菲律宾等；二是贸易“潜力增长型”国家，其与中国的贸易规模较大，且贸易额增长较快，在全球贸易疲软的背景下表现特别突出，如吉尔吉斯斯坦、匈牙利、罗马尼亚、柬埔寨、斯洛伐克、孟加拉国、波兰等；三是贸易“结构单一型”国家，其与中国的贸易产品中，能源或原材料产品贸易额比重特别大，通常超过或接近50%，如俄罗斯、沙特阿拉伯、阿联酋、阿曼、蒙

① 国家信息中心“一带一路”大数据中心、大连东北亚大数据中心、“一带一路”大数据技术有限公司、大连瀚闻资讯有限公司：《中国与“一带一路”沿线国家贸易合作之大数据》，载于《中国外汇》2017年第8期。

古国、黎巴嫩、缅甸等；四是贸易“有待加强型”国家，其与中国的贸易合作体量还不够大，且出现不同程度下滑，如土耳其、哈萨克斯坦、乌克兰、约旦、老挝等。

从省份层面看，各省份与沿线国家贸易合作也呈现四种类型：一是“全面合作型”地区，其与沿线国家贸易规模大、贸易商品广，如广东、江苏、浙江、北京、上海等5个省份；二是“实力增长型”地区，其与沿线国家贸易额保持增长，如山西、河南、宁夏、吉林、山东、新疆等6个省份；三是“优化调整型”地区，其与沿线国家贸易合作体量还不够大，处于中游，且出现下滑，如福建、广西、辽宁、天津、重庆、河北、云南、安徽、江西、黑龙江、湖北、四川等12个省份；四是“有待加强型”地区，其与沿线国家的贸易额贸易规模较小，占全国的比重均小于1%，且均出现下滑，如内蒙古、湖南、海南、陕西、甘肃、贵州、青海、西藏等8个省份。

5.2　中国与“一带一路”沿线国家区域贸易合作现状

5.2.1　从进出口贸易额来看

从中国对“一带一路”沿线各国的贸易额看，越南、马来西亚、泰国、新加坡、印度、俄罗斯是主要合作伙伴。从区域看①：

1. 东南亚和西亚是我国与沿线国家开展贸易合作的主要区域

2016年，中国与东南亚地区贸易额为4554.4亿美元，占中国与沿线国家贸易总额的47.8%；其次为西亚地区，贸易额为2152.0亿美元，占比为22.6%；东欧、南亚、中亚贸易额分别为1368.2亿美元、1115.0亿美元、300.5亿美元，占比分别为14.3%、11.7%、3.2%；最后东亚，只涉及蒙古国1个国家，为45.9亿美元，占比为0.5%。

---

① 国家信息中心“一带一路”大数据中心、大连东北亚大数据中心、“一带一路”大数据技术有限公司、大连瀚闻资讯有限公司：《中国与“一带一路”沿线国家贸易合作之大数据》，载于《中国外汇》2017年第8期。

2. 中国与东欧的贸易增长最快，其次是南亚地区

在全球贸易整体低迷的背景下，中国与“一带一路”沿线各区域的贸易波动也较大，有增有降，以降为主。2016 年，中国与东欧贸易额增长最快，增速为 2.7%；其次为南亚，增长 0.3%；其他区域均出现不同程度下降，与东亚（蒙古国）贸易额降幅最大，达 14.3%；其次为西亚北非、中亚和东南亚，降幅分别为 13.3%、7.9% 和 3.5%。

3. 东南亚是最大的出口目的地，东欧出口增速最快

从出口看，中国向东南亚出口额最大，达 2591.6 亿美元，占比为 44.1%，但出口额较 2015 年下降 6.6%；其次为西亚北非，出口额为 1259.1 亿美元，占比为 21.4%，下降 11.5%；向南亚出口位列第三位，达 966.6 亿美元，增长 2.6%；向东欧出口 867.8 亿美元，增长 6.8%，是增速最快的地区；向中亚出口达 179.7 亿美元，增长 2.3%；向东亚（蒙古国）出口的降幅最大。

4. 东南亚是中国最大的进口来源地，也是唯一进口额增加的地区

从进口看，中国自东南亚进口额最大，达 1962.8 亿美元，占比为 53.6%，进口额较 2015 年上升 0.9%；其次为西亚北非，进口额为 892.9 亿美元，占比为 24.4%，下降 15.7%；自东欧进口 500.4 亿美元，下降 3.6%；最后为南亚、中亚、东亚，进口额分别为 148.3 亿美元、120.7 亿美元、36.0 亿美元，均呈现下降趋势。

5.2.2 从进出口贸易产品来看

1. 中国对东亚（蒙古国）出口以锅炉、机器机械为主，进口以资源能源产品为主

东亚地区涉及蒙古国 1 个国家。2016 年，中国对蒙古国出口额最高的产品是“锅炉、机器、机械器具及零件”，为 1.3 亿美元，占中国对蒙古国出口额的 13.5%；其次为“矿物燃料、矿物油及其蒸馏产品等”，出口额为 1.2 亿美元，占比为 12.4%。

中国对蒙古国出口额排名前 10 位的产品较 2015 年均出现下降，其中

针织或钩编的服装及衣着附件降幅最大，为71.4%，其次为锅炉、机器、机械器具及零件、钢铁制品、矿物燃料、矿物油及其蒸馏产品等、电机、电气设备及其零件等，降幅依次为49.6%、48.1%、16.1%、12.9%。中国自蒙古国进口额最高的产品是矿砂、矿渣及矿灰，为19.8亿美元，较2015年下降23.9%，占中国自东亚进口总额的55.1%；其次为矿物燃料、矿物油及其蒸馏产品等，进口额为12.7亿美元，上升39.8%，占比为35.1%；羊毛、动物细毛或粗毛等进口额为1.5亿美元，增长3.7%；其他产品进口额均小于1亿美元。

2. 中国对东南亚进口、出口产品均以机电产品为主

中国对东南亚出口额最高的产品是电机、电气设备及其零件，达519.3亿美元，占中国对东南亚出口总额的20.0%；其次为锅炉、机器、机械器具及零件，出口额为359.6亿美元，占比为13.9%；钢铁的出口额为143.9亿美元；其他产品均小于100亿美元。

在中国对东南亚出口额排名前10的产品中，矿物燃料、矿物油及其蒸馏产品等增速最快，同比增长11.5%；其次为针织物及钩编织物，同比增长6.2%；钢铁制品、塑料及其制品出口额有所增长；其他产品均出现不同程度的下降，其中家具、寝具下降最快，降幅达21.0%。

中国自东南亚进口额最高的产品也是电机、电气设备及其零件，进口额达723.0亿美元，同比增长0.5%，占中国自东南亚进口总额的36.8%；其次为锅炉、机器、机械器具及零件、矿物燃料、矿物油及其蒸馏产品等和特殊交易品及未分类商品，进口额分别为193.9亿美元、190.5亿美元和110.0亿美元；其他产品均小于100亿美元。

在中国自东南亚进口额排名前10的产品中，特殊交易品及未分类商品增长60.8%，光学、计量、检验、医疗用仪器及设备等增长29.4%，珍珠、宝石、贵金属及其制品等、电机、电气设备及其零件等有所增长，增速分别为1.3%、0.5%；其他产品均出现不同程度下降，其中塑料及其制品降幅最为明显，达14.1%。

3. 中国对南亚出口以机电产品为主，进口以贵金属、棉花为主

中国对南亚出口额最高的产品是电机、电气设备及其零件，达226.7亿美元，占中国对南亚出口总额的23.5%；其次为锅炉、机器、机械器具及零件，出口额为160.9亿美元，占比为16.6%；其他产品均小于70亿

美元。

在中国对南亚出口额排名前10的产品中，钢铁、家具、寝具、有机化学品和棉花较2015年分别下降20.7%、16.1%、3.2%和2.8%；其他产品均出现增长，其中，光学、计量、检验、医疗用仪器及设备等增速最快，达10.9%。

中国自南亚进口额最高的产品是珍珠、宝石、贵金属及其制品等，为25.1亿美元，占中国自南亚进口总额的16.9%；其次为棉花、矿砂、矿渣及矿灰和铜及其制品，进口额分别为23.1亿美元、13.7亿美元和11.0亿美元，占比分别为15.6%、9.2%和7.4%；其他产品均小于10亿美元。

在中国自南亚进口额排名前10的产品中，电机、电气设备及其零件等、珍珠、宝石、贵金属及其制品等进口增长最快，增速分别为29.7%、25.7%；非针织非钩编服装及衣着附件也出现增长；其他产品均出现下降，其中棉花、铜及其制品下降最明显，降幅接近40%。

4. 中国对中亚出口以鞋靴服装为主，进口以资源能源型产品为主

中国对中亚出口额最高的产品是鞋靴等类似品及零件，达22.8亿美元，占中国对中亚出口总额的12.7%；其次为非针织非钩编服装及衣着附件，出口额为22.3亿美元，占比为12.4%；针织或钩编的服装及衣着附件、锅炉、机器、机械器具及零件、电机、电气设备及其零件等出口额分别为20.4亿美元、19.4亿美元、14.8亿美元；其他产品均小于10亿美元。

中国对中亚出口额排名前10的产品中，增速最快的为非针织非钩编服装及衣着附件，增幅达93.5%，将近翻番；钢铁制品下降最为明显，降幅达34.2%。

中国自中亚进口额最高的产品为矿物燃料、矿物油及其蒸馏产品等，为71.5亿美元，占中国自中亚进口总额的59.2%；其次为无机化学品等、铜及其制品，进口额分别为13.5亿美元、10.9亿美元，占比分别为11.1%、9.0%；其他产品均小于10亿美元。

在中国自中亚进口额排名前8的产品中，塑料及其制品异军突起，较2015年增长了26倍；矿砂、矿渣及矿灰、钢铁、铜及其制品也出现增长，增速分别为74.7%、54.9%、11.5%；其他产品均不同程度下降，其中，盐、硫黄、石料、水泥等下降最明显，降幅为60.4%；棉花下降35.8%[①]。

5. 中国对西亚北非出口以机械机电产品为主，进口以能源型产品为主

西亚北非地区以西亚国家为主，北非地区仅涉及埃及1个国家。20世纪90年代起，随着中国对西亚石油进口量的快速增加和国际石油价格的高位运行，以及中国资本品和轻工业产品的制造生产及出口能力的显著提高，中国与西亚的双边货物进出口规模迅速扩大。中国与西亚的贸易总额占中国对外贸易总额的比重虽仍较小，但呈现出稳步上升的趋势，其重要性正不断增加。从西亚对外贸易的视角来看，中国作为西亚各国贸易伙伴的地位也日益重要。至今，中国已顺次超越韩国、美国和日本成为仅次于欧盟的西亚第二大货物贸易伙伴。

中国对西亚北非出口额排在前两位的产品是电机、电气设备及其零件和锅炉、机器、机械器具及零件，分别为209.8亿美元和201.9亿美元，分别占中国对西亚北非出口总额的16.7%和16.0%；其他产品均小于100亿美元。

在中国对西亚北非出口额排名前10的产品中，各类产品均出现下降，其中，降幅最大的是鞋靴等类似品及零件、家具、寝具，降幅分别为23.7%、23.2%。中国自西亚北非进口额最高的产品为矿物燃料、矿物油及其蒸馏产品等，为643.0亿美元，占中国自西亚北非进口总额的72.0%；其次为塑料及其制品、有机化学品，进口额分别为79.1亿美元、67.1亿美元；其他产品均小于50亿美元。

在中国自西亚北非进口额排名前10的产品中，电机、电气设备及其零件等、锅炉、机器、机械器具及零件、矿砂、矿渣及矿灰、光学、计量、检验、医疗用仪器及设备等较2015年有所增长，增速分别为27.2%、19.4%、16.4%、15.8%；其他产品均出现下降，其中有机化学品下降最明显，降幅达到19.0%。

6. 中国对东欧出口以机电机械产品为主，进口以能源型产品为主

中国对东欧出口额排名前两位的产品是电机、电气设备及其零件、锅炉、机器、机械器具及零件，分别为194.0亿美元、176.8亿美元，分别

---

① 国家信息中心“一带一路”大数据中心、大连东北亚大数据中心、“一带一路”大数据技术有限公司、大连瀚闻资讯有限公司：《中国与“一带一路”沿线国家贸易合作之大数据》，载于《中国外汇》2017年第8期。

占中国对东欧出口总额的22.4%、20.4%；其他产品均小于60亿美元。

中国对东欧出口额排名前10的产品中，非针织非钩编服装及衣着附件、针织或钩编的服装及衣着附件有所下降，降幅分别为18.4%、12.9%，其余产品均有增长。其中涨幅最大的为毛皮、人造毛皮及其制品，涨幅达28.8%。

中国自东欧进口额最高的产品为矿物燃料、矿物油及其蒸馏产品等，为190.4亿美元，占中国自东欧进口总额的38.1%；其他产品均小于50亿美元。

在中国自东欧进口额排名前10的产品中，铜及其制品、矿砂、矿渣及矿灰、镍及其制品、矿物燃料、矿物油及其蒸馏产品等、锅炉、机器、机械器具及零件较2015年出现下降，铜及其制品、矿砂、矿渣及矿灰降幅较大，分别达到32.6%、21.0%；其他产品均出现增长，其中，车辆及其零附件增幅最大，为25.7%。

5.2.3 从进出口贸易主体的主体来看

1. 从出口看，各区域均以民营企业为主，占比均超过一半

从中国向“一带一路”沿线国家出口的企业主体来看，民营企业占比达到58.9%，成为最重要的出口力量；其次为外商投资企业和国有企业，分别占比为27.8%和13.1%。

从区域来看，各区域出口均以民营企业为主，其中，中亚地区占比最高，其次是东南亚、东欧、南亚，占比均超过50%。除民营企业外，外资企业在东欧、东南亚的出口比重较高，国有企业在东亚（蒙古国）的比重较高。

2. 从进口看，外资、国有、民营企业三足鼎立，不同区域各有侧重

从中国自“一带一路”沿线国家进口的企业主体来看，外商投资企业、国有企业和民营企业各占37.0%、31.6%和28.2%，整体呈现三足鼎立的态势。从区域来看，外商投资企业在东南亚、南亚地区的进口比重最高；国有企业在中亚、西亚北非、东欧地区的进口比重最高；民营企业在东亚地区（蒙古国）的进口比重最高，南亚、东南亚比重也较高。

5.2.4　从进出口贸易方式来看

1. 出口

从出口看，除中亚以边境小额贸易为主外，其他地区均以一般贸易为主。

从中国向“一带一路”沿线国家出口的贸易方式来看，一般贸易占比达到63.5%（较上年下降0.8个百分点），为最重要的出口方式；其次为加工贸易，占比为20.1%（较上年微增0.3个百分点），边境小额贸易和海关特殊监管区占比均小于5.0%。从区域来看，中亚地区边境小额贸易占比超过50%，其他各区域出口均以一般贸易为主。

2. 进口

从进口看，各区域主要以一般贸易为主，占比超过一半。

从中国自“一带一路”沿线国家进口的贸易方式来看，一般贸易占比超过一半，为55.7%；加工贸易、海关特殊监管区域各占21.2%和18.1%，三种贸易方式占总进口额的94.9%。从区域来看，一般贸易在中亚、东欧、西亚北非、南亚地区的进口比重最高，均超过60%；中国自东亚（蒙古国）进口贸易中，一般贸易和海关特殊监管区域贸易并重，占比都超过30%①。

5.3　中国与“一带一路”沿线国家贸易合作面临的挑战

“一带一路”倡议提出以来，中国与沿线国家进出口贸易呈现先增后降的态势，下降主要是全球经济不振、大宗商品价格下降等外部原因导致的。但同时，中国与沿线国家的贸易合作发展也面临一些挑战，主要有：

---

① 国家信息中心“一带一路”大数据中心、大连东北亚大数据中心、“一带一路”大数据技术有限公司、大连瀚闻资讯有限公司：《中国与“一带一路”沿线国家贸易合作之大数据》，载于《中国外汇》2017年第8期。

一是沿线国家存在不同程度的贸易壁垒。“一带一路”沿线65国多为发展中国家，面对全球经济普遍低迷的大环境，部分国家为保护本国产业发展，采取了一些保护措施，如中亚国家存在的通关环节、技术性等贸易壁垒。

二是中国与沿线国家贸易摩擦时有发生。区域内各国经济基础薄弱，很多国家产业结构单一，市场秩序和信用不佳。个别国家特别是东南亚、南亚国家与中国贸易结构和出口产品相似，对中国发起了多次反倾销、反补贴和保障措施等调查，如马来西亚、印度、土耳其等针对中国钢铁产品发起多次反倾销调查，印度针对中国化工品发起反倾销调查。

三是中国与沿线国家货物运输效率较低。中国与沿线国家进出口运输方式中，水路运输占比超过60%，铁路运输比重也较大。国家间存在铁轨标准不同、运输线经营主体不同、往返货物运量不平衡等问题，影响了运输效率。同时，通关效率不高也使口岸货物流通受到影响。

四是金融支撑贸易的能力较弱。中国与沿线国家双边本币结算规模较小，截至2016年6月，中国与19个沿线国家签署了本币互换协议，中资银行在沿线18个国家建立了分支机构，仅在卡塔尔、马来西亚、泰国、新加坡、匈牙利5个国家建立人民币清算行，仅在哈萨克斯坦、沙特阿拉伯、斯里兰卡等9个国家建立了本币互换清算网络，难以满足贸易快速发展的需要。

事实上，如果将“一带一路”所有沿线国家看作一个整体，中国和这些国家之间的经贸联系确实非常紧密。2015年，中国和“一带一路”沿线国家进出口贸易总额在中国对外贸易总额中占比25%，超过了中国与当年第一大贸易伙伴欧盟贸易额占比，并且在“一带一路”沿线国家对外贸易总额中占比也达到17%左右。然而，如果剔除东盟、印度和俄罗斯三大经济体后，中国与“一带一路”沿线其他国家经贸联系是比较弱的。2015年，中国和“一带一路”沿线其他国家贸易总额仅占中国对外贸易总额的10%左右，尚不及中国和东盟的贸易总额占比。2015年，在“一带一路”沿线其他50多个国家中，对中国出口占其出口总额超过10%的仅有4个国家，绝大部分国家占比不超过5%，有17个国家的占比还不到1%。相比出口，从中国进口占其进口总额的比重则高些，占比超过10%的国家超过20个，不过仍有8个国家的进口占比不到5%。总之，除东盟、印度、俄罗斯这三个原有的重要贸易伙伴外，中国和“一带一路”沿线其他国家的经贸联系并不强①。

上述分析的一个基本结论是，中国和“一带一路”沿线国家经贸关系并非看上去那么紧密。如果我们仔细看会发现除东盟、印度、俄罗斯外，中国和沿线其他50余个国家的经贸联系并不强。这将是贸易畅通的重大挑战和机遇。

5.4　中国与“一带一路”沿线国家制造业贸易发展及合作方式

5.4.1　中国与“一带一路”沿线国家制造业贸易发展现状

“一带一路”区域内涵盖的65个国家资源较丰富，比如原油、矿产等战略性资源储量巨大。从经济发展程度来看，既有经济发展程度较高的国家，也有新兴的发展中国家，还有转轨经济体国家，以及大量亟待经济起飞的国家，比较优势差异较大。

在制造业价值链条上，中国制造业竞争力当之无愧的位居第一，无论是在国际市场占有率方面还是贸易竞争优势方面均逐年上升；无论在资本密集型商品出口还是劳动密集型商品都一直保持着很强的国际竞争力，而且还处于上升趋势，世界工厂的称号名副其实。与此同时，我国制造业商品出口结构也在发生着变化，资本密集型商品（SITC5和SITC7）的国际竞争力提升幅度要超过劳动力密集型商品（SITC6和SITC8）的国际竞争力。这说明我国的产业结构正在转型升级，在传统的劳动力密集型产业仍然保持着强大国际竞争力的同时，资本密集型产业的国际竞争力正在迎头赶上。虽然部分产业开始转移，但中国产品不仅出口数量而且出口质量都有很大提升。

东亚（蒙古国）主要以资源密集型商品出口为主，其他产业的国际竞争力则较弱；东南亚地区相对比较发达，主要出口电子电器、机械设备、交通工具等工业制成品，进口则是以油气、金属原材料、塑料化工等初级产品为主，特别是泰国、马来西亚和菲律宾制造能力突出，工业

① 苏庆义：《中国加强与“一带一路”沿线国家经贸联系的政策思考》，载于《国际贸易》2017年第4期。

门类齐全，技术比较先进；中欧的斯洛伐克、捷克和斯洛文尼亚的制造业发展水平也比较高；广大的中亚和南亚国家劳动力资源比较丰富，在劳动密集型制造业上有一定的比较优势，主要出口矿物燃料、金属矿物及其制品和粮食皮毛等初级原料，进口则以机械设备、电子电器、交通工具等工业制成品和日用生活消费品为主；西亚和独联体地区资源采掘和深加工能力比较强，在矿物燃料、润滑油及有关原料（SITC3）部门的竞争力较为显著，说明这些地区仍然以能源型商品和资源密集型商品出口来推动本地区产业国际竞争力的提高，不同点在于西亚地区在努力摆脱单一出口结构，进行产业转移和升级，独联体地区受到地缘政治的影响，对其更加依赖，但综合来看，西亚和独联体地区与中国仍然具有较大的合作空间。

5.4.2 中国与“一带一路”沿线国家制造业合作方式

中国与“一带一路”沿线国家已经具备一定的经济合作基础，不同国家要素禀赋差异、工业产品的互补性使产业合作具有更大的可能性和潜力。目前看来，中国与其他沿线国家的合作方式主要有以下三种。

第一种是产品间互补型合作方式。这种合作方式以中尼、中越为代表。尼泊尔、越南等可供给的商品主要为劳动密集型产品，而其需要的商品则为技术含量较高的产品，产品互补型合作可以满足这些国家市场多样化的需求。总体来说，这种方式是较低层次的合作，一般适用于经济欠发达国家与发达国家之间的区域合作，通过合作双方产出产品的互补性来满足不同国家对不同产品的需求。

第二种是资源互补型合作方式。这种合作方式以中乌、中哈、中俄等为代表。该方式是以自然资源为基础的合作，一般适用于资源丰裕国家与资源消耗型产业居多的国家之间的区域合作。“一带一路”沿线的乌克兰、哈萨克斯坦和俄罗斯等诸多国家都是资源大国，中国对矿产、油气等自然资源有着强劲的需求；此外，随着能源产业结构的调整，过度投资、产能过剩问题在一些能源产业中屡现，资源互补型合作方式对于国内过剩产能消化、资源合作开发、能源基础设施建设、中国企业“走出去”都有着非同寻常的意义。

第三种是产品内互补型合作方式。这种合作方式以中土、中匈、中新等为代表。该方式是不同区域为了增强自身的竞争力，以人才、技术或者管理等方面的优势差异为依托，来实现同类产品的互补，从而优化所属产业或产品价值链。以土耳其、匈牙利和新加坡等为代表的处于工业化后期或后工业化时期的国家，在资本和技术密集型产品上一般都具有较强的比较优势，但这些比较优势往往体现在不同的领域或价值链环节，中国可与这些国家在不同特色产品优势互补中谋求互利共赢。比如目前许多工业化后期国家，在港口、铁路、公路等基础设施方面有着较大的发展需求，而中国装备制造业技术优势明显，在“一带一路”的背景下，双方能通过技术的交流实现有效对接。

5.5 本章小结

本章主要介绍了中国和“一带一路”沿线国家和地区贸易合作现状，具体分别从中国与“一带一路”沿线国家和地区贸易合作总体格局、分区域贸易合作现状、贸易合作面临的挑战以及制造业贸易发展概况四个方面展开。

从中国与“一带一路”沿线国家和地区贸易合作的总体格局来看，中国与沿线国家贸易比重有所上升且保持较大贸易顺差；中国是沿线主要贸易伙伴国的主要进口市场和出口市场；中国对沿线国家出口最多的产品是电机电气设备，从沿线国家进口最多的产品是矿物燃料；中国对沿线国家出口贸易的第一大出口主体是民营企业，主要的贸易方式是一般贸易；中国整体及各省市与沿线国家贸易合作都呈现四种类型，分别是“全面合作型”“潜力增长型”“结构单一型”和“有待加强型”。

从中国与“一带一路”沿线国家和地区区域贸易合作现状来看，越南、马来西亚、泰国、新加坡、印度、俄罗斯是中国的主要合作伙伴，东南亚和西亚是我国与沿线国家开展贸易合作的主要区域。中国与东欧的贸易增长最快，其次是南亚地区，东南亚是最大的出口目的地；东欧出口增速最快，东南亚是中国最大的进口来源地，也是唯一进口额增加的地区。中国对东亚（蒙古国）出口以锅炉、机器机械为主，进口以资源能源产品为主；对东南亚进口、出口产品均以机电产品为主，对南亚出口以机电产品为主，进口以贵金属、棉花为主，对中亚出口以鞋靴服装为主，进口以资源能源型产品为主；对西亚北非出口以机械机电产品为主，进口以能源型产品为主；对东欧出口以机电机械产品为主，进口以能源型产品为主。中国对“一带一路”沿线国家和地区的出口各区域均以民营企业为主，占比均超过一半，进口则是外资、国有、民营企业三足鼎立，不同区域各有侧重。从出口看，除中亚以边境小额贸易为主外，其他地区均以一般贸易为主；从进口看，各区域主要以一般贸易为主，占比超过一半。

“一带一路”倡议自提出以来，中国与沿线国家进出口贸易呈现先增后降的态势，下降主要是全球经济不振、大宗商品价格下降等外部原因导致的，但必须看到，中国与沿线国家的贸易合作发展也面临一些挑战，主要有：一是沿线国家存在不同程度的贸易壁垒；二是中国与沿线国家贸易摩擦时有发生；三是中国与沿线国家货物运输效率较低；四是金融支撑贸易的能力较弱。此外，如果考虑将65个国家和地区划分成东盟、印度、俄罗斯和其他国家，数据表明，除东盟、印度、俄罗斯这三个原有的重要贸易伙伴外，中国和“一带一路”沿线其他国家的经贸联系并不强，这是贸易畅通的重大挑战和机遇。

“一带一路”区域内涵盖的65个国家资源比较丰富，经济发展程度差异较大；在制造业价值链条上，中国制造业竞争力当之无愧位居第一，无论是在国际市场占有率方面还是贸易竞争优势方面均逐年上升，在传统的劳动力密集型产业仍然保持着强大国际竞争力的同时，资本密集型产业的国际竞争力正在迎头赶上；东亚（蒙古国）主要以资源密集型商品出口为主，其他产业的国际竞争力则较弱；东南亚地区相对比较发达，主要出口电子电器、机械设备等工业制成品，进口则是以油气、金属原材料、塑料化工等初级产品为主；中东欧的斯洛伐克、捷克和斯洛文尼亚的制造业发展水平也较高；广大的中亚和南亚国家劳动力资源比较丰富，在劳动密集型制造业上有一定的比较优势，主要出口矿物燃料、金属矿物及其制品和粮食皮毛等初级原料，进口则以机械设备、电子电器、交通工具等工业制成品和日用生活消费品为主；西亚和独联体地区资源采掘和深加工能力比较强，与中国仍然具有较大的合作空间。

中国与“一带一路”沿线国家的合作方式主要有以下三种。第一种是以中尼、中越等为代表的产品间互补型合作方式。这种方式是较低层次的合作，一般适用于经济欠发达国家与发达国家之间的区域合作，通过合作双方产出产品的互补性来满足不同国家对不同产品的需求。第二种是以中乌、中哈、中俄等为代表的资源互补型合作方式。该方式是以自然资源为基础的合作，一般适用于资源丰裕国家与资源消耗型产业居多的国家之间的区域合作。第三种是以中土、中匈、中新等为代表的产品内互补型合作方式。该方式是不同区域为了增强自身的竞争力，以人才、技术或者管理等方面的优势差异为依托，来实现同类产品的互补从而优化所属产业或产品价值链。

第 6 章

中国制造业对“一带一路”沿线国家出口贸易现状

中国与“一带一路”沿线国家的进出口贸易合作有着悠久的历史，近年来随着“一带一路”倡议的提出和不断推进，进出口贸易增长态势明显，目前“一带一路”沿线国家已成为中国重要的出口市场，从出口产品结构来看，初级产品和制成品基本各占一半，按照 SITC 分类，多数产品出口都呈现显著上升趋势，如果将制成品划分为劳动密集型和资本密集型产品，测算结果发现资本密集型产品是我国对“一带一路”沿线国家主要出口的产品类型。本章首先介绍了中国对“一带一路”沿线国家和地区出口贸易现状，接着分析了中国对“一带一路”沿线国家和地区出口贸易的产品结构，最后具体到中国制造业对“一带一路”沿线国家和地区出口贸易的现状。

6.1 中国对“一带一路”沿线国家出口贸易现状

后金融危机时代，随着危机深层次影响的继续显现和世界经济复苏乏力，国际贸易格局和多边贸易规则正在进行深刻的调整。“一带一路”倡议的提出，有利于促进市场深度融合和资源高效配置，实现沿线国家在更高水平和更深层次的区域合作。因此，在内部增长不稳定和外部需求不确定的双重影响下，短期内中国经济的增长仍需出口拉动。目前“一带一路”沿线国家已成为中国重要的出口市场，未来中国与“一带一路”沿线国家的相互依存程度将进一步提升。

6.1.1 中国对“一带一路”沿线国家出口贸易概况

从出口贸易额看，如图6-1所示，2002~2016年中国向“一带一路”沿线国家出口贸易额呈显著上升趋势，从2002年的511.95亿美元到2016年的5932.41亿美元，增长了10.59倍，年均增长率为19.12%。这15年间除了个别年份如2009年由于金融危机的影响显著下降为2835.66亿美元，到2014年出口贸易额达到近年来的最高位为6419.18亿美元，此后的2015年和2016年稍有下降，分别为6202.36亿美元和5932.41亿美元，主要是受全球经济改善迟缓、全球贸易发展徘徊低迷以及国际市场大宗商品价格下降等因素的影响，其余年份上升趋势非常明显。

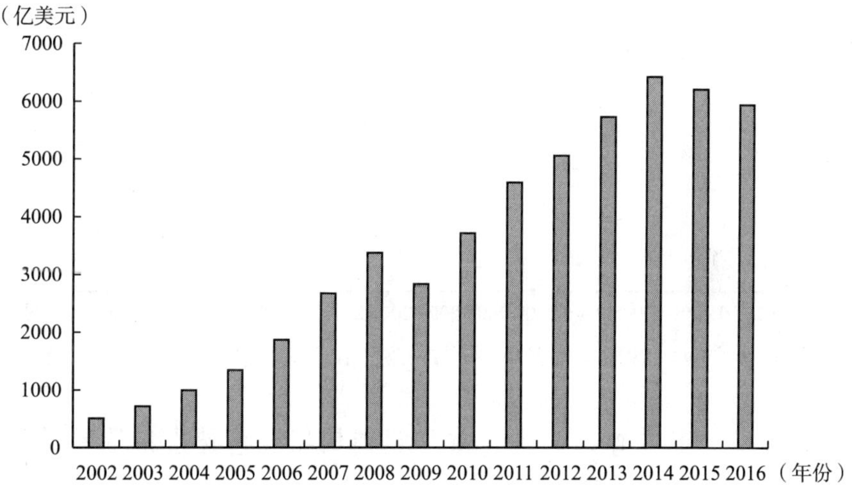

图6-1 2002~2016年中国对“一带一路”沿线国家出口总额

图6-2反映了2002~2016年中国对“一带一路”沿线国家出口占中国总出口的比例走势。图中可以看出，2002年中国对“一带一路”沿线国家出口在中国总出口中所占比例仅为15.72%，然后逐年上升，2005年为17.63%，此后开始上升速度加快，到2008年已经达到23.59%的水平，此后金融危机的影响逐渐呈现出来，2009年和2010年两个年份占比基本变化不大，介于23.54%~23.56%，2011年以后进

入第二个快速上升期，到2014年已经高达27.40%，2015年略有下降，但2016年已经上升到28%，对比图6－1可以看出，虽然2014年以后中国对“一带一路”沿线国家出口总额有所下降，但是在中国总出口中的比例还是上升的，这说明受世界经济复苏乏力和国际市场大宗商品价格下降的影响，中国对外出口总额也在下降，而且下降幅度相对不小，而比较来看中国对“一带一路”沿线国家出口总额在中国总出口中的比例是上升的，这也体现了“一带一路”沿线国家市场对中国越来越重要。

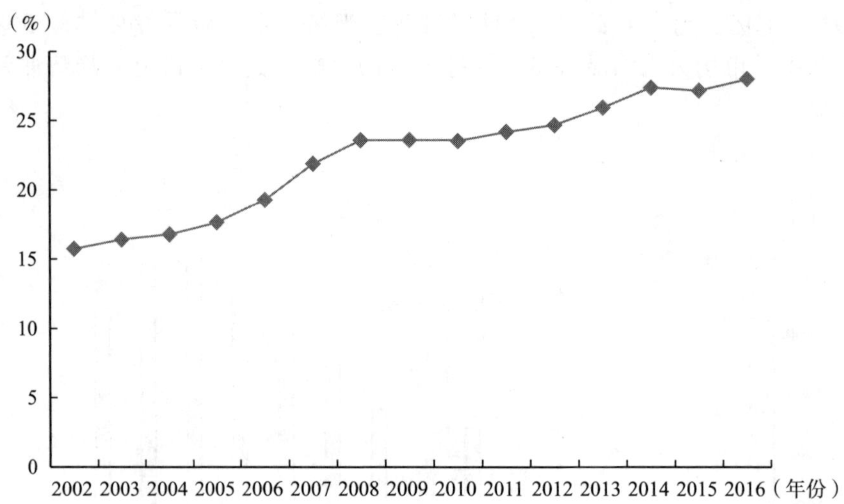

图6－2　2002～2016年中国对“一带一路”沿线国家出口在中国总出口占比

6.1.2　中国对“一带一路”沿线国家分区域出口贸易现状

如果将“一带一路”沿线65个国家划分为七个区域，图6－3反映了2002～2016年中国对“一带一路”沿线七个区域国家出口贸易额的变化趋势。从图6－3中可以看出，2002～2016年中国对东盟10国出口总额最高，而且除2009年受金融危机的影响有所下降外，总体呈现显著上升趋势，增幅也较大，从2002年的235.84亿美元直接上升到2015年的2789.15亿美元，2016年虽然有所下降，但也高达2598.64亿美元；其次是对西亚18国的出口，也是呈现明显上升趋势，从2002年的124.09亿美元上升至2014年1525.58亿美元的历史最高位，2015年和2016年有小幅下降趋势，但2016年也仍然高达1297.56亿美元；对独联体12国的出口波动幅度相对较大，从2002年开始直接一路上升，到2008年达到646.48亿美元，之后受金融危机的影响突然降至389亿美元，此后一路回升，2014年达到856.34亿美元，然后又突然降至2015年的579.58亿美元，2016年稍微回升至620.18亿美元；对南亚8国的出口贸易额呈现稳步上升趋势，除了2009年稍微下降之外，上升趋势一直持续到2016年，达到943.33亿美元；对中欧4国的出口贸易额上升幅度不大，但是上升趋势也比较明显；对东欧12国和东亚1国出口贸易额的变化幅度都很小。

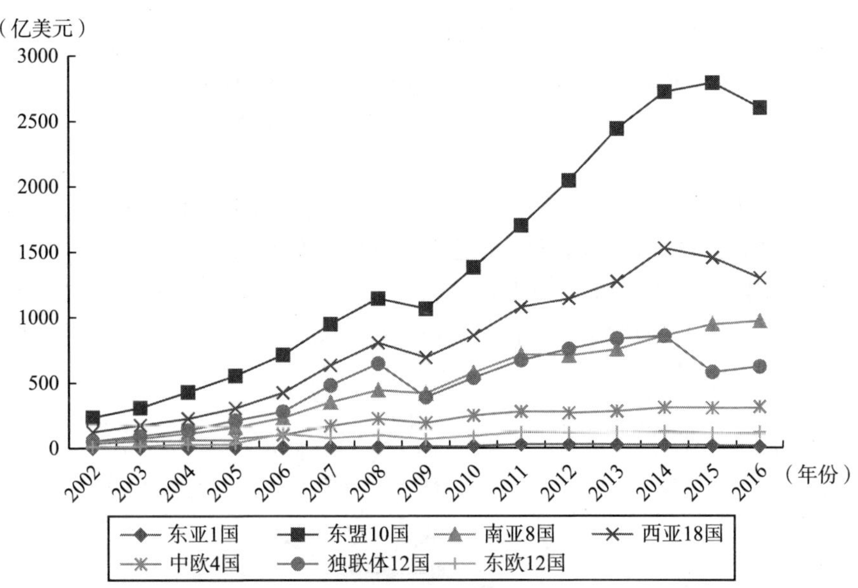

图6-3 2002~2016年中国对“一带一路”沿线七大区域国家出口贸易额

图6-4给出的是2002~2016年中国对七大区域国家出口在中国对“一带一路”沿线国家总出口中所占的比例。其中对东盟10国的出口所占比例最高，但变化趋势呈现“U”形，最低点出现在2008年，原因应该是对该区域出口受金融危机的影响相对较大；变化幅度相对较大的还有对独联体12国的出口，基本呈现先升后降的趋势；对其余地区的出口贸易额相对较稳定，变化幅度不大。

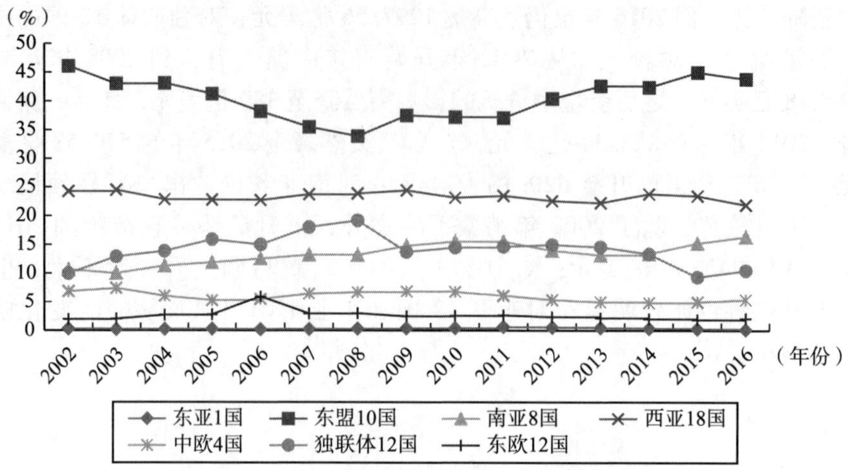

图 6-4 2002~2016 年中国对七大区域国家出口在对“一带一路”沿线国家总出口占比

如果将中国对“一带一路”沿线七大区域国家的出口与中国总出口相比较，计算其占比，判断其变化趋势，则应该更有说服力，图 6-5 给出的就是中国对七大区域国家出口在中国总出口中的占比。占比最高的仍然是中国对东盟 10 国的出口，而且 2002 年以来呈现上升趋势，从 2002 年

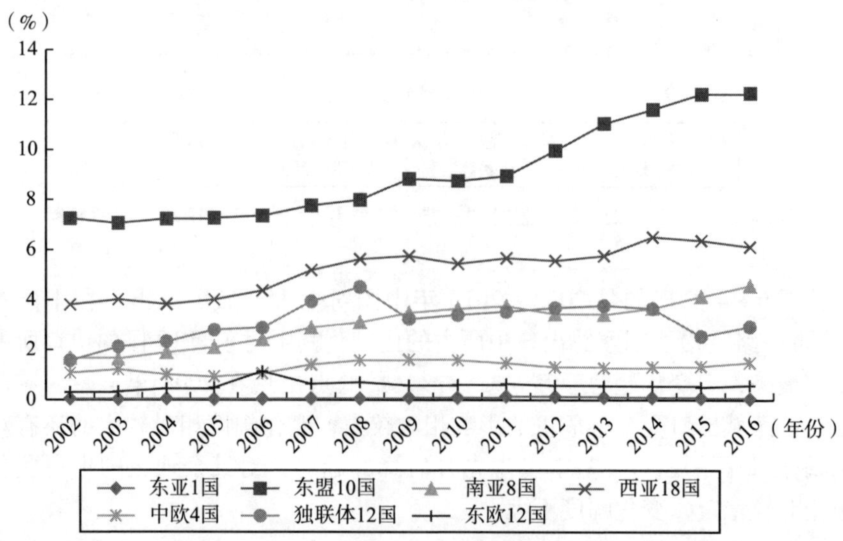

图 6-5 2002~2016 年中国对七大区域国家出口在中国总出口占比

的7.24%上升至2016年的12.26%；其次是对西亚18国的出口，虽然有小幅波动，但是总体上升趋势也较明显；对独联体12国的出口变化幅度相对较大，2008年时达到历史最高值4.52%，2009年开始被中国对南亚8国的出口额小幅反超，此后不相上下相持长达6年之久，2015年急速降至2.54%，2016年虽有回升趋势，但是幅度不大，具体数值为2.93%；对中欧4国、东欧12国和东亚1国等其余三个区域的出口变化幅度不大，相对较稳定。

现有文献对于“一带一路”沿线65个国家如何进行划分，还有一种观点是分为四大区域：东盟10国、俄罗斯、印度和其他“一带一路”沿线国家，即将东盟10国、俄罗斯和印度分出来以后，剩下的可以视作一个群体，为第四个区域。

图6－6反映了2002～2016年中国对这四大区域出口的情况，其中，对东盟10国的出口贸易额除个别年份外呈现显著上升趋势，对俄罗斯和印度的出口虽然有波动，但是幅度不大，而且上升趋势也比较明显；剩下的是中国对其他“一带一路”沿线国家出口贸易额，也是呈现显著上升趋势，在2012年以后被对东盟10国的出口成功反超。由此可见，在“一带一路”沿线所有65个国家中，东盟10国是我国最主要的出口目的地之一。

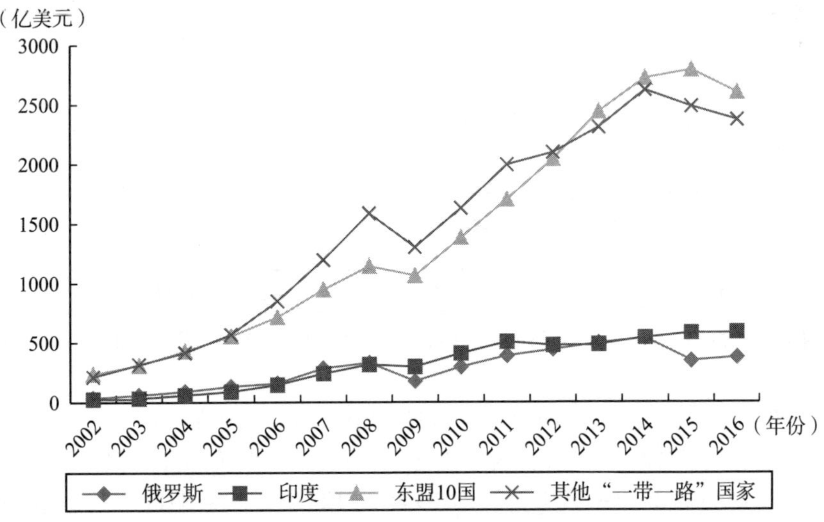

图6－6　2002～2016年中国对“一带一路”沿线四区域国家出口贸易额

图6-7给出的是2002~2016年中国对四个区域出口在中国对“一带一路”沿线国家总出口中所占的比例。其中对俄罗斯和印度的出口虽然占比不高，但是波动幅度较大，特别是对俄罗斯的出口在2002~2016年间经过了多次升降，最高是2007年的10.69%，最低是2015年的5.61%，总体变化趋势不太明朗；对印度的出口则是稳中有升，从2002年的5.22%开始，现小幅下降，然后一直呈上升趋势，到2010年达到历史最高点11.02%，然后有所下降，到2014年降到8.44%，之后又有所回升，2015年和2016年分别为9.39%和9.93%；中国对东盟10国的出口如前所述，呈“U”形变化趋势，从2002年的46.07%下降到2008年的历史最低值33.88%，然后回升至2015年的44.97%，之后又下降到43.80%，说明金融危机对于中国对东盟10国出口的影响相对较大；对其他“一带一路”沿线国家的出口占比走势跟对东盟的出口正好相反，呈倒“U”形变化趋势，即先升后降的过程。

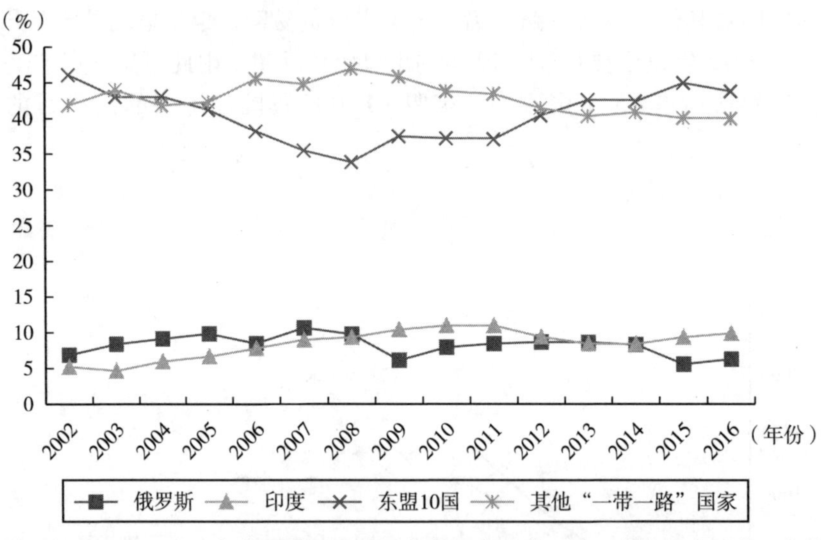

图6-7 2002~2016年中国对四区域国家出口在对“一带一路”国家总出口占比

图6-8进一步将中国对四个区域国家的出口与中国总出口进行对比，计算各自所占比例。结果发现，对东盟10国的出口所占比例一路上升，从2002年的7.24%一直上升到2016年的12.26%，金融危机的影响并不显著；对俄罗斯的出口则是稳中有升，从2002年的1.08%到2016年的1.77%，历史最高值是2007年的2.37%；对印度的出口占比也是一路上

升，从2002年的0.82%上升到2016年的2.78%，增加了2%，增长了1.39倍；对其余“一带一路”沿线国家的出口占比则呈现倒“V”形，2002年为6.58%，到2005年上升为7.45%，此后上升速度加快，到2008年上升到11.08%，之后虽然有所回落，但都在10%以上，从2012年开始又小幅上升，到2016年达到历史最高值11.18%。

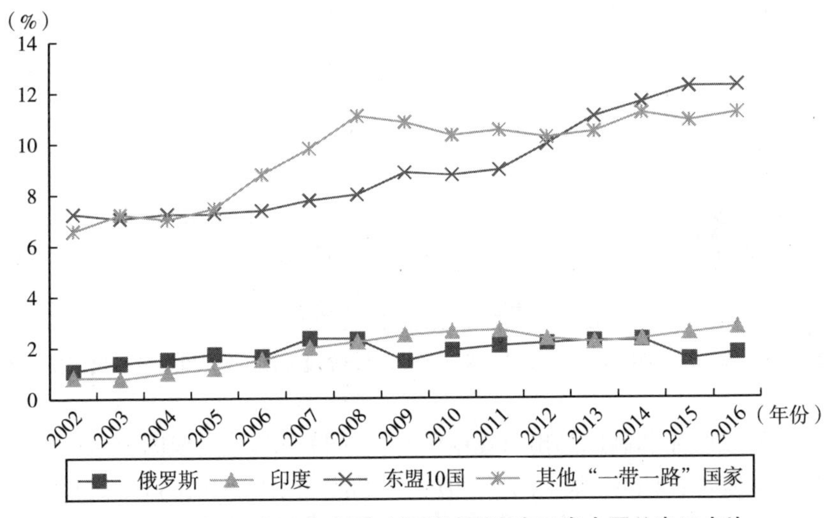

图6－8　2002～2016年中国对四区域国家出口在中国总出口占比

6.2　中国对“一带一路”沿线国家出口贸易产品结构

图6－9给出的是2002～2016年中国对“一带一路”沿线国家初级产品和制成品出口贸易额。从图中可以看出初级产品出口贸易额虽然有升有降，但总体在趋于上升，2002年初级产品出口贸易额为93.90亿美元，到2014年达到历史最高值152.24亿美元，2015年有所下降为143.03亿美元，到2016年又小幅回升至150.14亿美元；制成品的出口则是呈现不规则变化趋势，大起大落，从2002年的144.48亿美元先上升至2003年的152.05亿美元，然后急速降至2004年的118.85亿美元，后来上下起伏不定，到2010年降到历史最低值116.15亿美元，然后急速上升至2012年的152.98亿美元，后来一路下降至2015年的130.14亿美元，2016年回升至155.70亿美元。

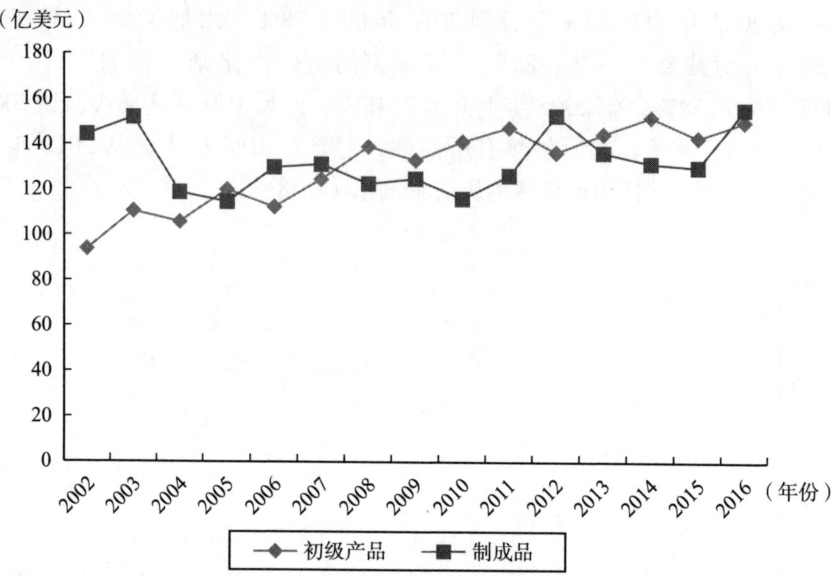

图 6－9　2002～2016 年中国对“一带一路”沿线国家初级产品和制成品出口贸易额

从初级产品和制成品出口在中国对“一带一路”沿线国家出口中的所占比例来看，如图 6－10 所示，2014 年之前，两类产品出口占比虽然都有多次反复升降，但是总体来看，初级产品出口所占比例有小幅上升趋势，

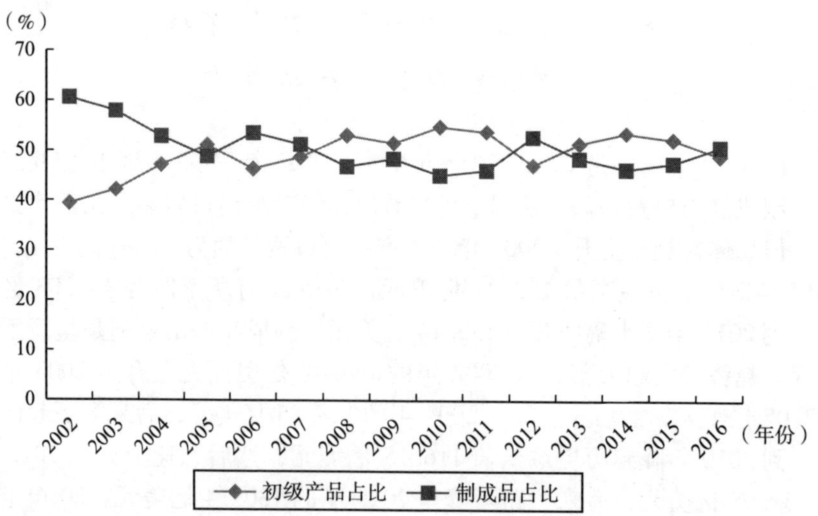

图 6－10　2002～2016 年中国对“一带一路”沿线国家出口中初级产品和制成品占比

从2002年的39.39%，上升至2016年的53.60%，最高值出现在2010年，具体数值为54.89%；而制成品出口总体呈下降趋势，从2002年的60.61%下降至2014年的46.40%，最低位是2010年的45.11%。但是观察2014年之后的两种产品占比走势，可以看出初级产品出口占比在小幅回落，制成品出口占比在小幅上升，应该是与2013年中国首次提出“一带一路”倡议构想然后逐步推进实施有一定的关系。

图6－11反映的是中国对“一带一路”沿线国家出口中10类产品出口贸易额。从图中可以看出，“0食品和活动物”“2非食用原料”“3矿物原料及润滑油”“5化学制品及有关产品”“6按原料分类的制成品”“7机械与运输设备”和“8杂项制成品类”这七类产品呈现小幅上升的走势，“1饮料和烟草”产品出口是先升后降，虽然降幅不大，但是趋势较明显；“4动植物油脂”的走势呈现“两头低，中间高”的“山”字形；变化幅度最大的就是“9未分类其他商品”，从2002年的73.66亿美元，上升至2003年的78.25亿美元，然后一路快速下降，到2010年只有9.08亿美元，之后又迅速回升至2012年的39.32亿美元，然后再次下降至历史最低位2015年的5.86亿美元，2016年又突然回升至29.02亿美元。

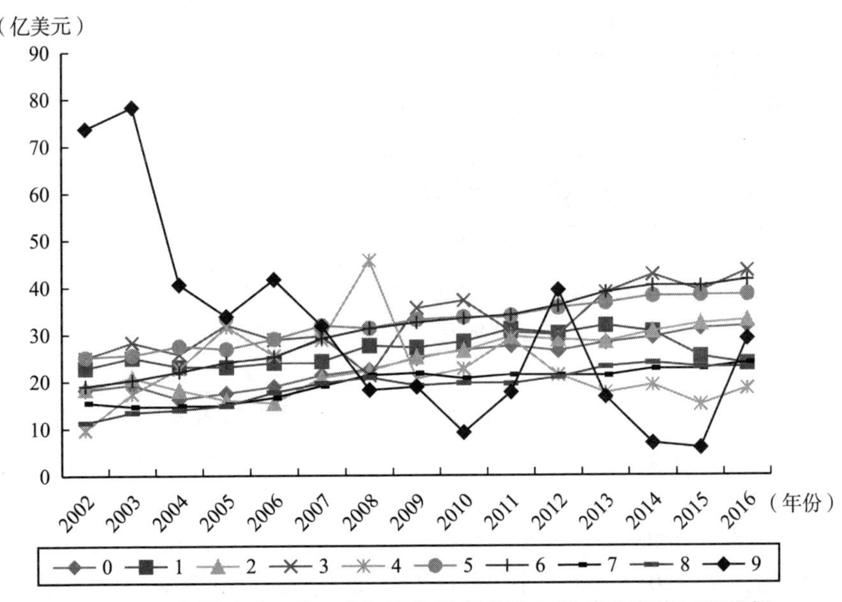

图6－11　中国对“一带一路”沿线国家出口中10类产品出口贸易额

6.3 中国制造业对“一带一路”沿线国家出口贸易现状

按照 SITC 的分类，第 0 ~4 类产品为初级产品，第 5 ~9 类产品为制成品，由前面的分析可以看出，中国对“一带一路”沿线 65 个国家出口的产品中，制成品和初级产品基本各占一半。如果对制成品进行进一步的细分，即将第 5 类、第 7 类和第 9 类归为资本密集型产品，将第 6 类和第 8 类视作劳动密集型产品，那么 2002 ~2016 年间中国对“一带一路”沿线国家劳动密集型产品和资本密集型产品的出口贸易额如图 6 –12 所示。

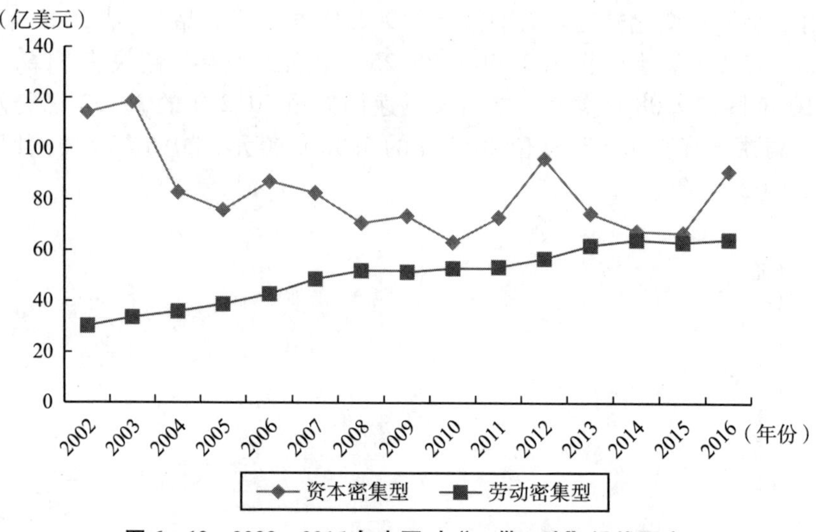

图 6 –12 2002 ~2016 年中国对“一带一路”沿线国家劳动密集型和资本密集型制成品出口

从图 6 –12 中可以看出，劳动密集型产品的出口贸易额在持续上升，个别时期有小幅下降，但基本可以忽略不计，整体上升趋势比较显著；资本密集型产品出口贸易额则变化幅度较大，呈现近似“W”形走势，历史最高点出现在 2003 年，具体数值为 118. 45 亿美元，最低点为 2010 年的 63. 23 亿美元，2012 年回升到 96. 15 亿美元之后又持续下降，2015 年仅为 66. 91 亿美元，2016 年又回升至 91. 31 亿美元。虽然劳动密集型和资本密集型产品出口贸易额变化趋势大不相同，但是显然资本密集型产品出口贸易额绝对高于劳动密集型产品，由此可见，我国对“一带一路”沿线国家的制成品出口贸易中，资本密集型产品是我国主要的出口产品。

图6－13反映的是中国对“一带一路”沿线65个国家五类制成品的出口。变化幅度最大的就是“9未分类其他商品”，从2002年的73.66亿美元升至2003年的78.25亿美元，达到历史最高位，此后开始急速下降，到2005年降为33.82亿美元，小幅回升后继续大幅度下跌，到2010年仅为9.08亿美元，之后快速升至2012年的39.32亿美元，然后又一次的急速下降，到2015年是历史最低点，具体数值为5.96亿美元，到2016年又回升至29.02亿美元。其他四类产品都呈现明显的上升趋势，其中“6按原料分类的制成品”的出口贸易额增长幅度最大，从2002年的19亿美元增至2016年的41.48亿美元，增长了1.18倍，“5化学制品及有关产品”的出口由2002年的25.11亿美元增至2016年的38.40亿美元，剩下的“7机械与运输设备”和“8杂项制品类”也都呈现上升趋势，不过幅度不大。这也说明“5化学制品及有关产品”和“6按原料分类的制成品”是我国对“一带一路”国家制成品出口中主要的两类产品。

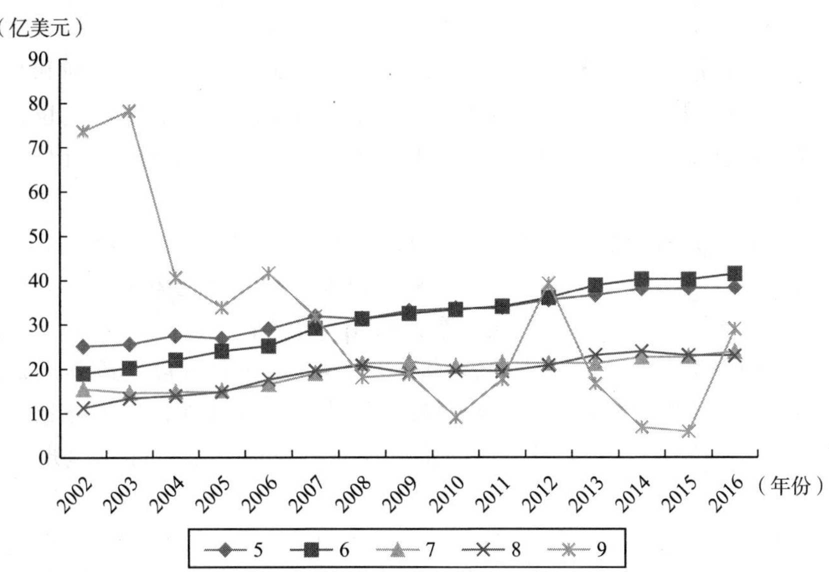

图6－13　2002～2016年中国对“一带一路”沿线国家五类制成品的出口

6.4 本章小结

本章主要介绍了中国制造业对“一带一路”沿线国家出口贸易现状，内容主要分为三部分：首先介绍中国对“一带一路”沿线国家出口贸易现状，接着是中国对“一带一路”沿线国家出口贸易产品结构，最后是中国制造业对“一带一路”沿线国家出口贸易现状。

通过数字和图形的分析，我们发现除个别年份受到国际金融危机、全球经济改善迟缓、全球贸易发展低迷以及国际市场大宗商品价格下降等因素的影响有所下降之外，2002～2016年中国对“一带一路”沿线国家的出口贸易呈现显著上升趋势，而且在中国总出口中的比例也是一直在增长，这也表明“一带一路”沿线国家越来越成为我国重要的出口市场。如果将“一带一路”沿线65个国家划分为七个区域——东亚1国、东盟10国、南亚8国、西亚18国、中欧4国、独联体12国和东欧12国，中国对各区域的出口贸易额及其占比也基本呈上升趋势，特别是对东盟10国、西亚18国和南亚8国的出口增长非常明显。对于“一带一路”沿线国家还有一种划分方法是分为四大区域，即东盟10国、印度、俄罗斯和其他“一带一路”沿线国家，中国对四大区域国家的出口贸易及其占比也仍然呈现上升趋势，而且其中对东盟10国的出口所占比重最大，上升趋势也最为显著。

从出口贸易产品结构来看，2002～2016年中国对“一带一路”沿线国家出口的初级产品呈现上升趋势，制成品则变化趋势不太规则，总体呈现“W”形走势，从占比来看，两类产品各占一半；如果按照SITC对产品的分类方法，将所有产品分为10类，变化幅度最大最不规则的就是“9 未分类其他商品”，“1 饮料和烟草”先升后降，且下降趋势明显，“4 动植物油脂”走势呈现“山”字形，其余7类产品都呈现上升趋势。

通常将SITC分类中的第0～4类产品为初级产品，第5～9类产品为制成品，如果对制成品进行进一步的细分，即将第5类、第7类和第9类归为资本密集型产品，将第6类和第8类视作劳动密集型产品，那么2002～2016年间中国对“一带一路”沿线国家劳动密集型产品出口呈现显著上升趋势，资本密集型产品的出口则呈现近似“W”形走势，而且中国对“一带一路”沿线国家资本密集型的出口贸易额绝对超过劳动密集型产品；如果具体到5类制成品，变化幅度最大的依然是“9未分类其他商品”，其余4类制成品总体均呈现上升趋势。

第 7 章

“一带一路”倡议下中国制造业价值链地位提升的必要性和可能性

中国制造业在全球价值链中虽然参与程度高，但地位比较低下而且长期被“低端锁定”，究其原因，主要是由于现有的全球价值链是欧美日等发达国家主导的，中国等发展中国家只能被动嵌入，致使中国制造业面临此种困境。毫无疑问，中国制造业在全球价值链中的地位亟待提升，然而目前全球价值链中自动实现地位的提升基本是不可能的，比较现实的做法是构建一条中国自身主导的区域价值链，而“一带一路”倡议为中国构建自身主导的区域价值链提供了良好的机遇。本章首先指出了中国制造业价值链地位提升的必要性，然后分析了“一带一路”倡议下中国制造业价值链地位提升的可能性。

7.1 中国制造业价值链地位提升的必要性

“一带一路”倡议作为一项重要的中长期国家发展战略，旨在解决中国过剩产能、资源的获取、战略纵深的开拓和国家安全的强化及贸易主导这几个重要的战略问题。目前更多的研究集中于“一带一路”的基础设施和能源合作。

其实，“一带一路”倡议不仅是资源和能源的合作，制造业的合作也是一个非常重要的方面。究其原因，主要表现在两个方面。一方面，在欧美日主导的 GVC 中，中国不仅面临贸易利得萎缩的风险，长期从事低附加值环节“被俘获”和“低端锁定”更是国内外学者一直关注的问题。

但如果全盘否定GVC，专注发展NVC，无异于倒退到进口替代战略，而鉴于产品各价值创造环节的全球化特征并不明显，更多呈现出区域化特征，如果能同周边国家构建并主导RVC，并以之为基点全面对接GVC，将有利于中国制造业价值链地位的提升。2013年习近平总书记提出了“一带一路”倡议构想。“一带一路”沿线国家以发展中国家和新兴国家为主，自然资源丰富，但缺少资金、技术和管理经验，与中国互补性大于竞争性，具备形成RVC的关键要素。因此，借助“一带一路”倡议，通过主动寻求与沿线周边国家的联系，构建中国企业主导的RVC，巩固和提高自身在RVC中的地位，并以此为基点全面对接GVC，使制造业逐渐摆脱GVC中“被俘获”关系实现顺利升级。另一方面，由于劳动成本上升，环境规制的提高，中国在劳动密集型产品上逐渐丧失比较优势，但是区域内很多国家迫切需要这些领域的投资，因此中国的部分产业可以转移到较低经济发展阶段的国家。改革开放后中国承接了国际产业转移。目前，中国的部分产业会向“一带一路”区域国家转移。但是在产业转移的过程中，如何促进中国的产业转型升级以及区域内产业承接国的经济发展，这需要合理安排产业转移的区域分布和行业分布。

7.1.1 中国制造业在全球价值链中被“低端锁定”，难以实现地位提升

改革开放以来，中国利用劳动力丰富的资源优势融入全球价值链，凭借基于低廉的成本优势在全球低端制造业和制造业的低端环节上形成了较强的竞争能力，但是在欧美日发达国家牢牢掌控且占据主动的全球价值链中，中国制造业一直只是从事技术含量不高、附加值较低的低端产品制造和生产的低端环节①，“为他人作嫁衣”，不仅利润极其微薄，而且长期从事低附加值环节这种状况持续多年都没有改变，这在一定程度上意味着中国制造业在全球价值链中已经被“俘获”或“低端锁定”。那么，现有条件下中国制造业怎样有所突破，如何才能顺利实现向全球价值链高端环节的攀升，这是学术界和业界一直在探讨和争论的问题。

中国制造业在全球价值链中被“低端锁定”的不利影响主要有以下三个方面。(1) 所获利润极其微薄。中国制造业以“大进大出”“两头在外”的加工贸易参与全球价值链分工，长期专注于低端环节，而低端环节

---

① 王明益:《技术差距对我国出口产品质量影响研究》，中国纺织出版社2019年版，第80页。

往往都是技术含量不高、附加值较低的环节，所以获取的利润自然极其低下。(2) 地理弹性高，面临的竞争激烈，容易被取代。一般来讲，处在低附加值环节的国家或地区具有较大的地理弹性，地理弹性越高，面临的竞争越激烈，越容易被其他地区取代[①]（张辉，2005）；中国作为一个典型的发展中国家，具有跟世界上其他大多数发展中国家相似的要素禀赋特征，比较优势不突出，再加上低附加值环节上地理弹性较高，因此在全球价值链中中国还面临来自其他发展中国家的激烈的竞争，很容易被取代。(3) 非常被动，风险大而且易受制约。由于“两头在外”，对国际市场依赖性强，国际市场的任何“风吹草动”，都会直接影响中国加工制造业，这样就比较被动，风险大而且容易受到制约。

因此，中国制造业必须要想办法突破在全球价值链中被“低端锁定”的困境，这样不仅可以提高所得利润，避免低端重复的竞争压力，而且还可以降低风险，减少对国际市场的依赖，变被动为主动，争取自身的话语权。

7.1.2 劳动力成本上升和环境成本提高使自身在分工中现有地位难以为继

劳动力成本上升，环境成本提高，中国制造业在全球价值链分工中竞争优势赖以存在的低廉劳动力成本和环境成本的优势正在逐渐消失。从劳动力成本来看，1965～1970 年间开始显现的“人口红利”创造并积累了国民经济基础，2000 年以后人口压力和就业压力明显变大，大量农村剩余劳动力和城镇失业严重困扰着经济的增长，2013 年 1 月，国家统计局公布的数据显示，2012 年我国 15～59 岁劳动年龄人口在相当长时期里第一次出现了绝对下降，比上年减少 345 万人，这意味着人口红利趋于消失，导致未来中国经济要过一个“减速关”，而对于中国制造业来说，如果“人口红利”趋于消失，劳动力成本必然会上升，多年来外贸持续高速发展的重要基础将不复从前。

从环境成本来看，我国制造业资源和能源消耗大，对环境的破坏性很强，环境成本很大，随着大量“中国制造”的产品走出国门走向世界，实

① 巴西西诺斯谷的制鞋业为耐克、阿迪等品牌代工，专注于生产制造环节，在 20 世纪 60 年代相当兴盛，但到了 20 世纪 90 年代，迅速被更具价格优势的中国制鞋业取代，市场份额下降，当地的制鞋业也陷入萧条（John Humphrey，2002）。

际上是我国在为国外的消费者承担这些环境成本，我国对外贸易中一直没有正确处理环境成本问题，多年累积下来，所以导致我国在外贸迅速发展的同时资源浪费严重、生态环境恶化，这种情况在制造业上表现尤为突出。

7.1.3 面临发达国家制造业回流和发展中国家中低端分流的双重竞争压力

国际金融危机以来美国等发达国家的“再工业化”吸引了大量的高端制造业回流。发达国家跨国公司部分产业从中国撤离，同时“再工业化”使得制造业回流，跨国公司主导的部分劳动密集型产业正逐步从中国撤离，一方面回流到发达国家，另一方面是在向越南、泰国等劳动力成本更低的国家进行转移，这些国家与中国的要素禀赋状况比较接近，但是劳动力成本更低，在承接发达国家制造业转移方面与中国形成了激烈的竞争。

表7-1 部分发达国家近年来发布的再工业化战略

发布时间	战略名称	主要内容	战略目标
2011年	美国先进制造业伙伴关系计划	创造高品质制造业工作机会以及对新兴技术进行投资	提高美国制造业全球竞争力
2012年	美国先进制造业国家战略计划	围绕中小企业、劳动力、伙伴关系、联邦投资以及研发投资等提出五大目标和具体建议	促进美国先进制造业的发展
2013年	美国制造业创新网络计划	计划建设由45个制造创新中心和一个协调性网络足额挂全国性创新网络，专注研究3D打印等有潜在革命性影响的关键制造技术	打造成世界先进技术和服务的区域中心，持续关注制造业技术创新，并将技术转化为面向市场的生产制造
2013年	德国工业4.0战略实施建议	建设一个网络：信息物理系统网络；研究两大主题：智能工厂和智能生产；实现三项集成：横向集成、纵向集成与端对端的集成；实施八项保障计划	通过信息网络与物理生产系统的融合来改变当前的工业生产与服务模式；使德国成为先进智能制造技术的创造者和供应者
2014年	日本制造业白皮书	重点发展机器人、下一代清洁能源汽车、再生医疗以及3D打印技术	重振国内制造业，复苏日本经济

续表

发布时间	战略名称	主要内容	战略目标
2015 年	英国制造业 2050	推进服务 + 再制造（以生产为中心的价值链）；致力于更快速、更敏锐地响应消费者需求，把握新的市场机遇，可持续发展，加大力度培养高素质劳动力	重振英国制造业，提升国际竞争力
2013 年	“新工业法国”战略	解决能源、数字革命和经济生活三大问题，确定 34 个优先发展的工业项目，如新一代高速列车、电动汽车、节能建筑、智能纺织等	通过创新重塑工业实力，使法国处于全球工业竞争力第一梯队

资料来源：根据公开资料整理得到。

因此，从整体来看，中国制造业目前面临“内忧外患”的双重压力，如果还单纯依附于跨国公司主导的全球价值链，中国根本难以突破“中等收入陷阱”的制约，想要实现价值链升级，向高科技产品等方面转移，有必要构建自身主导的全球价值链，即使是短期内难以在全球范围构建，但可以在局部范围内比如“一带一路”区域实现，这样不仅在一定程度上避免了被低端锁定，同时也能发挥价值链分工的专业化经济和比较优势。

7.2 “一带一路”倡议下中国制造业价值链地位提升的可能性

中国制造业要想实现价值链地位的提升，究竟该怎么做呢？一方面，如果全盘否定全球价值链，专注发展国内价值链（张少军、刘志彪，2013），是倒退到进口替代战略的发展思路，20 世纪 70 年代南美国家的失败经验和当今国际分工带来的巨大收益都说明这一方案已经不合时宜，但是另一方面，构建自身主导的全球价值链目前看来短期内很难实现。因此，为了避免低端锁定，同时发挥价值链分工产生的专业化经济和比较优势（杨小凯，2009），亟须提出新的发展战略。本书提出了可以先构建自身主导的区域价值链，待中国制造业的实力足够强大后，回嵌到全球价值链中，将会比较容易实现自身地位的有效提升。

习近平总书记于2013年提出了建设“新丝绸之路经济带”和“21世纪海上丝绸之路”的战略构想，即“一带一路”倡议。“一带一路”倡议提出要构建政治互信、经济融合和文化包容的利益共同体、命运共同体和责任共同体，其中最核心的就是要构建互利共赢的开放合作理念，互利共赢的实质就是优势互补。如何让互利共赢的思想真正落实到“一带一路”建设中呢？就是与“一带一路”沿线国家构建区域价值链。

所谓区域价值链（regional value chains，RVC），是指以产业升级和中高端化发展为目标，联合周边产业互补性强的新兴国家或地区，为实现商品或服务价值而连接生产、销售、回收处理等过程的区域性跨企业网络组织。“一带一路”倡议的提出与实施推进提供了这样一种可能，即中国可以先与“一带一路”沿线国家建立区域价值链，通过主导区域价值链，实现自身地位和角色的顺利转换，进而提升自身在全球价值链中的地位。

7.2.1 “一带一路”沿线国家迫切需要制造业合作以促进自身经济发展

如前所述，“一带一路”沿线65个国家和地区多为发展中经济体，以发展中国家和新兴国家为主，人口和经济总量分别占全球的63%和29%，自然资源丰富，人口众多，但是缺少资金、技术和管理经验，经济发展水平落后，因此，发展是它们面临的首要问题。根据世界银行发布的数据，从人均GDP来看，除了东亚的36610.39美元和西亚的24335.1美元高于世界平均水平的15648.04美元外，其他地区都远远低于平均水平，其中中亚地区为6154.24美元，而南亚地区仅仅只有4233.22美元。

“一带一路”沿线多数国家经济落后的原因，可以从内外两方面进行分析。一方面，是受其自身原因的制约，即各国的资源要素禀赋制约了其经济发展。一直以来，“一带一路”沿线国家面临的资本不足问题比较严重，大部分国家不仅缺乏充足的资本，而且外债负担相当严重；此外，除了南亚国家外，区域内国家大多劳动力资源缺乏，缺乏经济发展必需的电力资源和基础设施建设，教育研发等占GDP的比重较低等。另一方面，现行的国际经济秩序难以推动“一带一路”沿线国家经济发展。当前最重要的三大国际经济组织机构对“一带一路”沿线国家的影响不大。战后成立的世界银行、世界贸易组织和国际货币基金组织等对“一带一路”沿线国家的影响有限，“一带一路”沿线国家缺乏经济话语权和融资自主权，使得高铁、高速公路、通信设备等基础设施的建设缓慢。除了印度、中国、土耳其、印度尼西亚和越南等少数几个国家外，大部分国家难以从世界银行获得贷款，而且这些国家原本贷款渠道就比较狭窄，基本无法融入全球经济。总之，现行国际贸易经济体系对“一带一路”上的国家的影响有限且潜力不大。

在“一带一路”区域中，虽然各国分属不同制度、不同类型和不同发展阶段，但已经逐步显现了以中国为核心的垂直价值链。区域内各国迫切希望利用中国的资金、技术、市场等促进本国经济和社会发展，实现民族复兴。中国资本相对充足，牵头促进“一带一路”建设工作，一方面，可以为沿线国家注入资本，促进经济增长；另一方面，中国通过输出国内过剩资本，可以提高资本利用率和收益率。虽然由于劳动成本上升，环境规制的提高，中国在劳动密集型产品上逐渐丧失比较优势，并且中国的比较优势产业正在从“纺织品、纺织产品、皮革和鞋制造业”等劳动力密集型制造业和采掘业等资源密集型产业转为“电气和光学设备制造业”等资本密集型和知识密集型产业上，但是“一带一路”区域内很多国家迫切需要这些领域的投资，因此中国的部分产业可以分层次转移到较低经济发展阶段的国家。改革开放后中国承接了国际产业转移。目前，中国的部分产业可以考虑向“一带一路”区域国家转移。

由此可见，中国和“一带一路”沿线国家可以通过合作实现“双赢”，不仅有利于沿线国家制造业的发展，还有利于中国制造业价值链地位的提升。

7.2.2 中国与“一带一路”沿线国家优势互补，有较大的合作空间

“一带一路”倡议提出要构建政治互信、经济融合和文化包容的利益共同体、命运共同体和责任共同体，其中最核心的就是要构建互利共赢的开放合作理念，互利共赢的实质就是优势互补。如何让互利共赢的思想真正落实到“一带一路”建设中呢？就是与“一带一路”沿线国家构建区域价值链。

区域价值链这一独特组织形式的产生，首先要求各国或地区的企业在各价值产业环节呈现互补性。如果双方在同一环节竞争过于激烈，结果是

一方被淘汰、取代。因此，中国与“一带一路”沿线国家满足这一互补性，是形成“一带一路”区域价值链、完成全球价值链向区域价值链转换的前提条件。

“一带一路”沿线65个国家和地区以发展中国家和新兴国家为主，人口和经济总量分别占全球的63%和29%，自然资源丰富，但是缺少资金、技术和管理经验。中国经过几十年来的技术、资金积累，已经具备了成熟的生产能力和一定的研发能力，能够从事加工、组装以外的高附加值环节（Kaplinsky and Farooki，2011），双方开展互利合作的前景广阔。中国资本相对充足，牵头促进“一带一路”建设工作，一方面，可以为沿线国家注入资本，促进经济增长；另一方面，中国通过输出国内过剩资本，可以提高资本利用率和收益率。

从双方的要素禀赋特征来看，“一带一路”沿线国家和地区与中国制造业具有较高的互补性。第一，“一带一路”沿线国家劳动力分布不均衡，需要促进劳动力转移；第二，自然资源拥有量不均衡，需要优势互补；第三，中西亚地区公共资源（教育、健康医疗、基础设施等）明显落后，需要进一步加强。这些“一带一路”沿线国家与中国的关系，表现在互为对方的产品和服务市场、生产要素来源地、交通过境地等，共同参与国际经济一体化分工体系。推动“一带一路”建设就是推动“一带一路”沿线各经济体之间的相互融合，进而促进各个国家的资源得到优化配置、经济平稳发展，减小地区差距，改善收入分配，同时避免资源诅咒、环境恶化。

从双方的比较优势来看，前面的实证研究表明，中国的比较优势产业正在从“纺织品、纺织产品、皮革和鞋制造业”等劳动力密集型制造业和采掘业等资源密集型产业转为“电气和光学设备制造业”等资本密集型和知识密集型产业上，说明中国的比较优势产业已经逐步转变为资本和知识密集型产业，而“一带一路”沿线国家则在劳动密集型产业方面具有比较优势，而在资本密集型和知识密集型产业上明显处于劣势地位。可见，中国和“一带一路”沿线国家产业结构呈现出较强的互补性，再加上这些国家在地理上与中国邻近，具备了形成区域价值链的关键要素，中国和“一带一路”沿线国家确实具备了合作构建区域价值链的条件。

从双方各产业部门的国际竞争力来看，中国国际竞争力较强的产业部门为纺织业、服装皮革羽绒及制品业、电气和光学设备制造业；“一带一路”沿线国家在采掘业和石油加工、核燃料加工业等资源要素部门优势明显，双方不存在重叠，说明中国与“一带一路”沿线国家的产业竞争性较弱。中国的农业，食品制造及烟草加工业，石油加工、核燃料加工业等产业国际竞争力弱，而“一带一路”沿线国家的这些产业均有一定竞争力；在服装皮革羽绒及制品业、橡胶与塑料制品业、电气和光学设备制造业等中国竞争力较强的产业，“一带一路”沿线国家均处于劣势，展现出双边具有较强的产业互补性。在产业互补中，中国处于优势的产业部门多为未另分类的机械制造业，电气和光学设备制造业，其他制造业等高技术产业；劣势明显的产业部门主要是农业，采掘业，石油加工、核燃料加工业等传统产业和资源型产业。

所以，虽然由于劳动成本上升，环境规制的提高，中国在劳动密集型产品上逐渐丧失比较优势，并且中国的比较优势产业正在从“纺织品、纺织产品、皮革和鞋制造业”等劳动力密集型制造业和采掘业等资源密集型产业转为“电气和光学设备制造业”等资本密集型和知识密集型产业上，但是“一带一路”区域内很多国家迫切需要这些领域的投资，因此中国的部分产业可以分层次转移到较低经济发展阶段的国家。国际产业转移的实践证明，构建合理的价值链可以使企业在全球进行资源的优化配置，提高企业利润，也使东道国和母国经济都获得发展；越来越多的跨国公司将产品设计、原材料采集、零部件生产、组装、销售、售后等各个环节分散至全球不同国家进行，按照各国的要素禀赋和比较优势，工序在全球进行资源配置，从而实现利润最大化；生产网络按照资源最优配置到不同国家，每个国家通过融入价值链获得部分附加值。改革开放后，中国承接了大量的国际产业转移，一定程度上提升了我国的技术水平、管理经验，有效带动了我国的经济发展；目前，中国的部分产业可以考虑向“一带一路”区域国家转移，并且已经付诸实施。

中国与区域内国家的制造业合作，可以促进双方经济社会等共同发展，打造命运共同体。随着经济全球化的发展，各国经济发展相互依赖，在全球资源配置中各有位置。在“一带一路”区域中，虽然各国分属不同制度、不同类型和不同发展阶段，但已经逐步显现了以中国为核心的垂直价值链。区域内各国迫切希望利用中国的资金、技术、市场等促进本国经济和社会发展，实现民族复兴。而中国也可以在区域范围内实现广阔的市场空间。随着发达国家市场的饱和，中国制造业已经难以进一步扩大市场份额，而“一带一路”区域内国家在与中国制造业产能合作的过程中可以促进经济发展，提供较大的市场增长空间。

由此可见，中国和“一带一路”沿线国家的比较优势产业具有很好的互补性，可以通过合作实现“双赢”，不仅有利于“一带一路”沿线国家制造业的发展，还有利于中国制造业价值链地位的提升。

7.2.3 中国制造业实力增强，有能力构建并主导区域价值链

“一带一路”倡议的推动作用，不仅有利于“一带一路”区域价值链的形成，也体现出中国对区域价值链高端产业的控制力，在产业层面具备了从嵌入全球价值链向主导区域价值链转换的条件。

当一国试图主导一条价值链时，则需要该国产业在价值链内的分工环节具有控制其他环节的核心能力，这种能力在生产者驱动的价值链中表现为研发、生产能力，在采购者驱动的价值链中体现为设计、营销能力（Gereffi，1999）。虽然表现形式不同，但是核心能力均对应着价值链中的高端环节和高附加值环节（张辉，2006）。在全球价值链中这些环节长期被欧美日等发达国家占据，所以中国难以主导全球价值链。在“一带一路”区域价值链中能否占据这些环节，将成为中国是否能够主导区域价值链的必要条件。

首先，中国制造业在对外投资、产业技术升级和市场吸引力方面具备了构建区域价值链的基础。宏观上，中国经过了大量吸引外资的阶段，根据邓宁的投资发展阶段理论，中国具备了大规模对外直接投资的条件，目前中国的对外直接投资规模已经开始超过了吸引的外资。微观上，企业经过多年的市场竞争，已经开始在全球范围内进行资源的优化配置，利用全球的资源市场等进行经营管理。中国制造业在技术实力上经过前期引进吸收模仿的基础上，不断加大研发投入，技术创新的程度越来越高，部分产业已经具备了与发达国家跨国公司竞争的能力，甚至部分技术领先于全球。另外，全球价值链的构建不仅仅需要技术生产能力，还需要广阔的市场，因为全球价值链涉及研发、设计、生产、营销和售后等环节，市场吸引力是一个必不可少的因素。中国经济实力的增强，国民购买能力提高，进口规模也逐渐加大，未来5年中国进口将超过10万亿美元，这为构建中国主导的全球价值链提供了充足的市场需求。

其次，随着中国制造业技术实力的增强，部分产业已经向产业中上游转移，开始加快对外直接投资的步伐，有能力构建自身主导的区域价值链。前面实证研究表明，中国处于优势的产业部门多为未另分类的机械制

造业，电气和光学设备制造业以及其他制造业等资本密集型和技术知识密集型产业，劣势明显的产业部门主要是传统的劳动密集型产业和资源型产业，而“一带一路”沿线国家的优劣势产业与中国正好相反，双方这样的产业态势结合；虽然同主要经济体相比中国制造业的全球价值链地位并不高，但是却明显高于绝大多数“一带一路”国家。因此，中国和“一带一路”沿线国家不仅具备了合作构建区域价值链的条件，而且也确实在新的区域价值链中扮演领导者角色的能力。

“一带一路”倡议的提出与实施推进提供了这样一种可能，即中国可以先与“一带一路”沿线国家建立区域价值链，通过主导区域价值链，将有机会实现自身地位和角色的顺利转换，即从全球价值链中的技术落后方转换为区域价值链中的相对技术先进方，接触甚至控制价值链的中高端环节，最终实现自身在全球价值链中地位的有效提升。所以，和以往对外开放加入全球价值链的发展战略不同，“一带一路”倡议下推动的区域价值链，不是通过引进外资、技术和管理经验来发展自己，而是通过输出资金、技术和管理经验，推动周边国家的发展和繁荣，从而带动中国自己的经济转型升级和区域发展再平衡（贾国庆，2015）。若“一带一路”倡议在经济上可行，中国将从嵌入欧美日主导的全球价值链转换为自我主导的区域价值链。这一转变对于中国产业摆脱发达国家的“被俘获”“低端锁定”，实现中高端化、高附加值发展具有重要意义。

7.3 本章小结

本章主要分析了中国制造业价值链地位提升的必要性和可能性。

首先，从中国制造业价值链地位提升的必要性来看，中国制造业在全球价值链中被“低端锁定”，难以实现地位的提升，劳动力成本的上升和环境成本的提高使得中国制造业在现有价值链中的地位难以为继，再加上发达国家通过“再工业化”使制造业回流以及发展中国家中低端分流，使得中国制造业价值链地位的提升不仅迫切而且十分必要。

其次，从中国制造业价值链地位提升的可能性角度看，“一带一路”倡议的提出为构建中国主导的区域价值链提供了良好的机遇，具体可以从以下三个方面进行分析：第一，“一带一路”沿线国家和地区多为发展中国家，工业化发展水平差异较大，在全球价值链中处于中低端地位，而且缺乏外界强有力的支持，因此迫切需要与中国制造业进行合作以促进自身经济发展；第二，中国与“一带一路”沿线国家优势互补，有很大的合作空间，可以构建区域价值链，打造命运共同体；第三，中国制造业经过近30多年的快速发展，积累了丰富的经验，总体实力显著提升，有能力构建区域价值链并发挥主导作用。

第 8 章

"一带一路"倡议下中国制造业价值链地位提升的机理及路径

改革开放以来，中国利用丰富而低廉的劳动力资源优势融入了全球价值链，但却面临着长期被"低端锁定"的困境，特别是中国的"电气和光学设备制造业"和"运输设备制造业"等产业在全球价值链中长期处于低端位置，究其原因，主要是由于现有的全球价值链是欧美日等发达国家为主导，中国在其中只能被动嵌入的现实所导致的。因此，中国要想顺利实现自身在全球价值链中地位的有效提升，最好的办法就是构建一条由中国自身扮演领导者角色的区域价值链。中国提出的"一带一路"倡议为中国和沿线国家合作构建中国主导的区域价值链提供了良好的机遇。本章分析了"一带一路"倡议下中国制造业价值链地位提升的机理，并指出了提升的具体路径。

8.1 中国制造业在全球价值链中被"低端锁定"的机理

8.1.1 微笑曲线

价值链各环节行为可以划分为一系列性质不同的价值活动：研发设计、技术创新、关键零部件制造、标准零部件生产、加工组装、物流管理、市场营销、品牌经营、售后服务和循环回收利用等。能产生较高利润的环节增值能力较强，而利润较低的环节增值能力则比较弱；分布于价值链各个环节的不同国家和地区的厂商凭借其规避竞争获得垄断的能力可以获得不同的利润，进入壁垒较高的环节能产生较高的利润，由此能够给处于该环节的国家和地区的厂商带来较高的收益回报，而进入壁垒比较低的环节往往竞争激烈，处于此环节的国家和地区的厂商往往收益也比较低。

一般来说，从产品设计研发、关键零部件制造到标准零部件生产、加工组装，再到市场营销和品牌、市场服务和价值再循环的一个产品价值链的连续全过程中，产品的附加值呈现“高—低—高”的先下降后上升的“U”形趋势，通常形象地称为“微笑曲线”（smiling curve），如图8－1所示。[①]

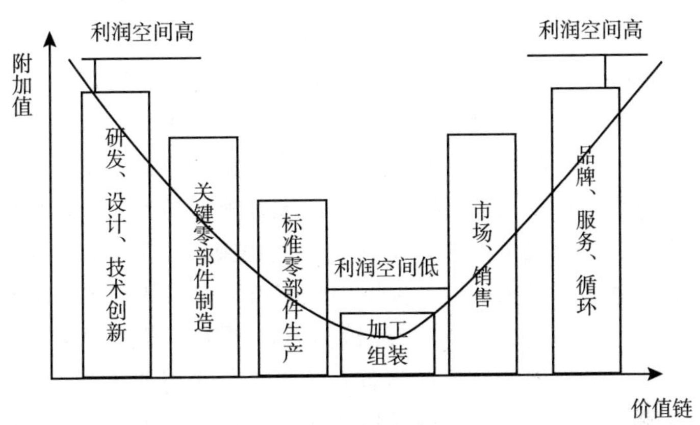

图8－1 微笑曲线

微笑曲线不同阶段的企业凭借掌控的资源获得不同的收益。处于“U”形曲线左端的企业，凭借其掌握的专利、技术、研发等资源占据在设计研发领域的领先地位，再加上较高的研发成本、严格的知识产权保护和高端专业人才需求等条件形成该领域较高的进入壁垒，使从事该环节活动的企业获得较高的收益回报；处于微笑曲线右端的企业，凭借其拥有和掌控的品牌优势、市场占有率、市场销售渠道、以市场为依托建立起来的消费者信息库以及对市场反馈信息的收集与快速反应机制等条件，筑起了进入产品销售市场的壁垒，为自己带来了较高的回报；而微笑曲线的中段是产品的加工组装阶段，由于使用的技术较为成熟、生产工序的标准化程

① 施振荣：《再造宏碁：开创与挑战》，中信出版社2005年版。

度也比较高，此阶段的进入门槛相对比较低，从而使得处于该阶段的企业仅获得较低的回报。因此，当国际分工逐渐深化到产品内部价值链不同环节的空间跨国分布时，利润也越来越向无形的知识技术与稀缺资源密集型环节累积，国际分工的利益分配呈现不断向价值链两端倾斜的趋势。

8.1.2 中国制造业在全球价值链中被“低端锁定”的机理

不少文献认为，发展中国家实现价值链升级是从工序升级开始，然后顺序完成产品升级、功能升级，最后是链条升级或部门间升级（Humphrey and Schmitz，2000；Kaplinsky and Morris，2002；Schmitz，2004），这种升级路径与经常提到的 OEA（original equipment assembling，原始设备装配）—OEM（original equipment manufacturing，原始设备制造，也称定点生产，俗称贴牌或代工）—ODM（original design manufacturing，原始设计制造）—OBM（original brand manufacturing，原始品牌制造）是一致的。

然而，现实中很多发展中国家不仅并没有顺利实现向全球价值链高端环节的攀升，反而出现了被“低端锁定”的现象，这主要是由于发达国家对全球价值链事实上的主导以及发展中国家被动嵌入的现实所决定的。

如图 8-2 所示，在现有的全球价值链体系中，发达国家跨国公司凭借在资本、技术等方面的优势占据微笑曲线两头的高端环节——前端的研发、设计、核心零部件的生产以及后面的市场营销、售后服务等增加值较高的环节，在现有的全球价值链分工中占据主导地位，能获得较高的分工利益和要素报酬，这些跨国公司实际上已经成为拥有庞大市场势力的寡头；以中国为代表的广大的发展中国家在全球价值链中从事的是中间的加工组装和标准零部件制造等低端的劳动密集型和资源密集型工序和环节，缺乏产品国际市场价格话语权。

在此情形下，中国制造业要想实现全球价值链中地位的提升，必然被“全面打压”，不仅被“前后夹击”，即受到前端负责研发设计和核心零部件生产的供应商以及后端负责品牌、市场营销及售后服务的销售商的双重制约，还会由于发达国家主观上也不希望看到发展中国家地位升级，往往凭借自身的技术优势对发展中国家实行技术壁垒及各种技术封锁，于是以中国为代表的发展中国家只能被牢牢地锁定在价值链的低端，出口价格偏低，贸易条件长期呈现恶化趋势，与发达国家收入差距不断扩大，在国际分工中处于被控制、被俘获的地位，不仅国内要素配置扭曲，产业结构也被锁定，即在全球价值链中被牢牢地“低端锁定”。

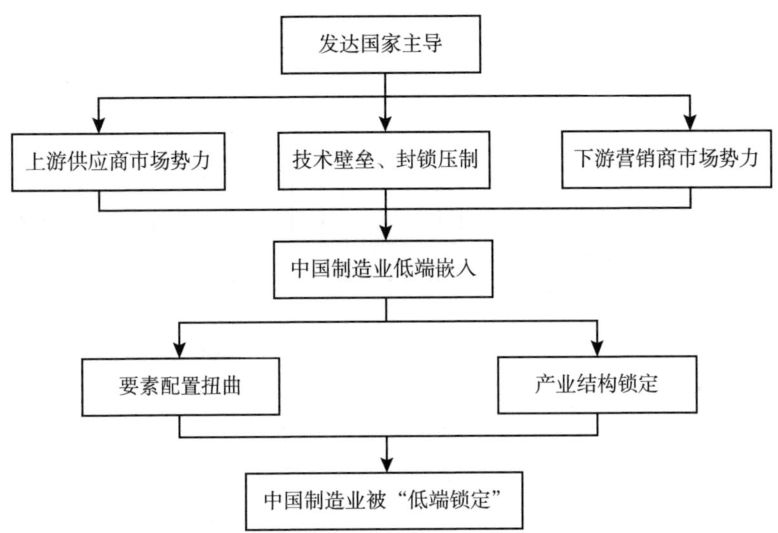

图8－2 中国制造业在全球价值链中被“低端锁定”的机理

8.2 “一带一路”倡议下中国制造业价值链地位提升的机理

“一带一路”倡议是在中国经济“新常态”背景下提出的，其战略思路形成于2013年，完善于2014年，实施于2015年。“一带一路”倡议下中国制造业价值链地位提升的机理如图8－3所示。

如图所示，“一带一路”倡议的主要内容是“互联互通”，包括政策沟通、设施联通、贸易畅通、资金融通和民心相通五个方面，即“五通”。具体来说，一是加强政策沟通。加强政府间合作，积极构建多层次政府间宏观政策制度的国际协调与沟通交流机制，深化利益融合，促进政治互信，达成合作新共识。二是加强设施联通。促进沿线国家的基础设施建设和铁路等设施联通，完善跨境交通基础设施，逐步形成连接亚洲各区域以及亚欧非之间的基础设施网络，为贸易便利化提供支持。三是加强贸易畅通。消除和减少贸易和投资壁垒，优化贸易投资环境，提高区域经济循环的速度和质量，降低贸易成本的同时减少贸易壁垒，促进沿线国家之间的

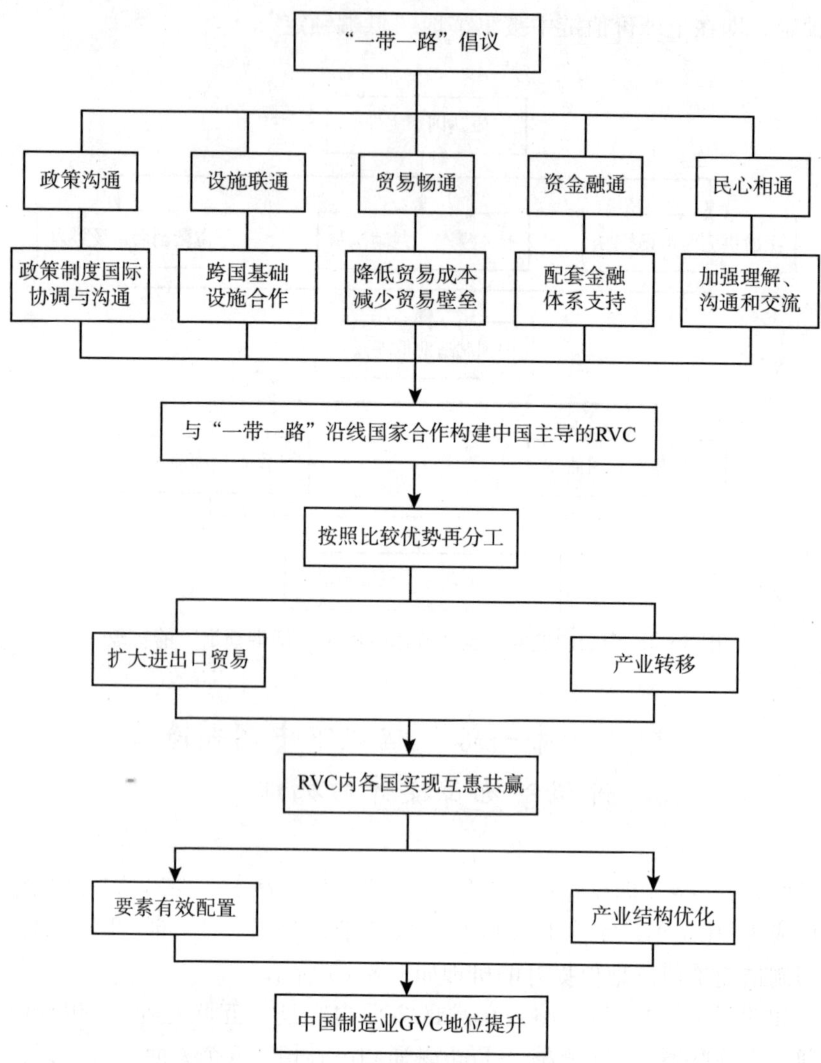

图8-3 “一带一路”倡议与中国制造业价值链地位提升路径的机理分析

资料来源：笔者自行制作得出。

贸易便利化。四是加强资金融通。促进沿线国家之间的金融合作，加强货币政策协调，扩大沿线国家相互贸易投资本币结算和货币互换，深化多双边金融合作，建设区域开发性金融机构，加强金融风险监管合作，为沿线国家的相关建设提供配套金融体系支持。五是加强民心相通。促进不同文明之间的交流对话，增进相互了解和传统友谊，加强理解、沟通和交流，为开展区域合作奠定民意基础和社会基础。其中，贸易畅通是“一带一路”建设“五通”之中的重要推进内容。

如果中国可以与“一带一路”沿线国家合作构建中国自身主导的区域价值链，那么，在这个新的区域价值链中，以“五通”即“政策沟通、设施联通、贸易畅通、资金融通和民心相通”为基础和支撑，要素流动和配置范围不再局限于一个国家或地区，而是可以跨越国界在区域范围内自由流动。中国与区域内沿线国家或地区可以按照各自的比较优势在新的区域价值链中展开有效的分工合作：一方面，通过扩大与区域内国家和地区的进出口贸易，互通有无，特别是扩大从沿线国家和地区的进口，在加强彼此之间的经贸联系的同时，使沿线国家和地区充分享受到贸易合作的利益；另一方面，结合各沿线国家产业发展的实际情况，因地制宜，可以将国内已经不具备比较优势或即将失去比较优势的边际产业（生产环节）有选择地进行转移，通过产业转移，深化供应链、价值链合作，帮助其融入全球分工体系，推动上、中、下游全产业链深度合作，形成优势互补的产业网络和经济体系，提高其产业水平，进而加快其工业化进程。对于区域内的“一带一路”沿线国家和地区来说，扩大与中国的进出口贸易合作能获得“立竿见影”的贸易利益，即短期内即可受益，而承接中国转移的产业则有助于本国产业水平的提高，有利于加快本国的工业化进程，即在中长期受益。总之，与中国合作构建中国主导的区域价值链，相比之前在全球价值链分工中的状况，“一带一路”沿线国家和地区能够更多地享受到切实的利益，从而与中国实现平等合作，互惠共赢。

对于中国来说，在与“一带一路”沿线国家合作构建的新的中国自身主导的区域价值链中，中国将发挥主导作用，中国之前在全球价值链中的被动参与者角色将发生转变，由被动的全球价值链嵌入者转变为区域价值链主动的领导者。由于没有了发达国家的封锁、约束和压制，通过贸易和产业转移，中国将根据新的要素禀赋结构和比较优势在这条区域价值链中获得新的分工环节，从劳动密集型等低端产业和生产环节向技术密集型和知识密集型等中高端制造业和生产环节集中，中国之前在发达国家主导的全球价值链分工中被扭曲的要素资源此时将重新得到有效的配置，从而使中国自身的产业结构得到优化，进而在技术密集型和知识密集型等中高端制造业上的优势得到进一步的提升和强化。

随着整个过程的不断推进，中国制造业在中高端制造产业和生产环节的比较优势越来越突出，进而在区域价值链中牢牢占据主导地位；随着中国制造业在技术密集型和知识密集型产品制造产业和生产环节中积累了丰富的经验后，比较优势得到进一步强化。需要注意的是，中国与“一带一路”沿线国家构建中国自身主导的区域价值链，并不是想完全替代现有的全球价值链，而且在可以预见的将来，要想完全替代全球价值链难度还是比较大的，因此区域价值链可以与全球价值链并存，即“双环流”是比较现实的，所以必须考虑回嵌到全球价值链中，由于中国在与“一带一路”沿线国家构建的区域价值链中得益于再分工，比较优势已经转向了技术密集型和知识密集型等中高端制造业和生产环节，基本上突破了发达国家的技术壁垒和各种封锁压制，在中高端制造业和生产环节中有了“一席之地”，有实力与发达国家“分庭抗礼”，由此在原有的全球价值链中的地位已经顺利提升，即成功实现了向全球价值链中高端环节的攀升。

8.3 “一带一路”倡议下中国制造业价值链地位提升的路径

中国通过与“一带一路”沿线国家合作构建中国主导的区域价值链，摆脱欧美发达国家的压制和约束，最终实现自身在全球价值链中地位的有效提升。具体来说，需要把握区域内国家对制造业发展的强烈诉求，一方面可以通过多领域的贸易和投资合作，优化贸易结构，在区域内部分国家复制中国制造业的发展经验，共同提高制造业发展水平，促进区域内国家经济共同发展。打造命运共同体，需要把握区域内国家对制造业发展的强烈诉求，不仅通过贸易往来、产业投资角度来推进合作，另一方面也应考虑帮助这些国家形成现代化的产业体系、提升经济的自主发展能力，最终实现互利共赢。

1. 根据不同国家要素禀赋特征差异，进行制造业产业合作

“一带一路”沿线国家众多，经济发展程度不一，不同国家具有不同的要素禀赋特征和比较优势，在制造业合作时应采取不同的方式，结合沿线国家产业发展的实际情况，通过深化供应链、价值链合作，帮助其融入全球分工体系，推动上、中、下游全产业链深度合作，形成优势互补的产业网络和经济体系。

（1）劳动密集型制造业的合作。

印度、印度尼西亚、孟加拉国、巴基斯坦、越南、埃及、缅甸、柬埔寨、斯里兰卡等国家劳动力资源丰富，劳动密集型制造业基础相对较好，中国应该扩大对这些国家劳动密集型产业的投资。在行业分布上，根据这些国家劳动力丰富的特点，把纺织品服装、玩具、造纸印刷、食品制造、农副食品加工、木材家具等产业，通过建设境外工业园区等方式带动这些国家劳动密集型产业的发展，提高其产业水平，进而加快其工业化进程①。

（2）资源密集型制造业的合作。

卡塔尔、蒙古、文莱、阿塞拜疆、科威特、伊拉克、阿尔及利亚、沙特、阿曼、阿联酋、土库曼斯坦、也门、尼日利亚、苏丹、哈萨克斯坦、巴林、俄罗斯、伊朗、莫桑比克、乌兹别克斯坦、叙利亚等国家资源要素禀赋丰富，与我国互补优势明显，合作潜力巨大。在“一带一路”基础设施建设过程中，加大对钢铁、铝等金属及非金属制品等资源产品的需求力度。与沿线国家的产能合作，加快我国资源密集型制造业企业走出去的步伐，在当地扩大资源开采②及深加工能力③。

（3）技术密集型制造业的合作。

东盟10国中，菲律宾、马来西亚、泰国和越南等国具有一定的制造业发展基础，且较早融入全球生产网络，形成了一定的技术密集型产品的生产能力。中国可以在这些国家布局高科技产品部分生产工序，完善全球价值链。合作的行业是在中国逐步转向产业链条上游的研发设计以及高端制造业，把产业链的下游产业比如组装及有成本导向的加工行业等转移到具有廉价劳动力且有一定发展基础的国家，为中国技术做配套服务。根据每个产业的不同特点、竞争优劣势、市场容量等因素布局投资的地区及技术密集型产品的不同工序，合作的方式主要有以下两种：一是在具有相对丰富的人力资本的国家和地区设立研发中心，推动适合当地需求的研发；二是在技能劳动力相对丰富的国家和地区配置生产线，加工组装技术密集型产品④。

2. 适度扩大从沿线国家的进口优化制造业贸易结构，促进贸易平衡

我国由于巨大的制造业产能，对很多国家特别是“一带一路”沿线的

①③④ 孟祺：《基于“一带一路”的制造业全球价值链构建》，载于《财经科学》2016年第2期。

② 王明益：《技术差距对我国出口产品质量影响研究》，中国纺织出版社2019年版。

国家或地区存在较大的贸易顺差。从贸易结构来看，我国从相关国家主要进口矿产资源和原材料，而对制造业产品的进口相对较少。在推进“一带一路”倡议的过程中，可以利用中国国内不断增加的市场需求，扩大从相关国家进口其独具特色优势的工业制成品，帮助其培育优势产业，其中主要包括扩大从中亚及西亚国家进口矿物燃料、金属矿物及其制品、粮食皮毛等初级原料，培育其相关产业深加工能力；从东盟进口电子电器、机械设备、交通工具等工业制成品，做实中国—东盟自贸区升级版；从南亚国家进口劳动密集型产品等。

3. 将部分产业转移到区域内其他国家，推动共同发展

从投资存量看，除中国香港及避税港地区外，中国对外直接投资主要集中于欧洲和拉丁美洲，对“一带一路”沿线国家的直接投资相对较少，目前看来，在行业分布上主要集中于资源开采业和商贸服务业，制造业投资所占比例相对较低。随着中国“人口红利”趋于消失，劳动力成本不断上升，部分制造业比较优势的相对下降，可以考虑把部分产业逐步转移到“一带一路”区域中处于较低发展阶段的发展中国家，充分利用中国制造业 30 多年的发展经验，结合区域内国家的自身特点，提高其制造业的发展水平。

8.4 本章小结

本章主要介绍了“一带一路”倡议下中国制造业价值链地位提升的机理及路径。本章主要内容包括三部分：一是“一带一路”倡议与区域价值链的构建，二是“一带一路”倡议下中国制造业价值链地位提升的机理，三是“一带一路”倡议下中国制造业价值链地位提升的路径。

“一带一路”倡议提出要构建政治互信、经济融合和文化包容的利益共同体、命运共同体和责任共同体，其中最核心的就是要实现互利共赢，互利共赢的实质就是优势互补。如何让互利共赢的思想真正落实到“一带一路”建设中呢？就是与“一带一路”沿线国家构建区域价值链。中国若能成功同沿线国家构建区域价值链，可以通过多领域的贸易和投资合作，优化贸易结构，在区域内部分国家复制中国制造业的发展经验，共同提高制造业发展水平，促进区域内国家经济共同发展，同时也应考虑帮助这些国家形成现代化的产业体系、提升经济的自主发展能力，最终实现互利共赢。在实现互利共赢的过程中，中国制造业将有机会从全球价值链中的技术落后方转换为区域价值链中的相对技术先进方，接触甚至控制价值链的中高端环节，通过主导区域价值链，实现我国经济发展向中高端水平迈进，最终顺利实现在全球价值链中地位提升的目标。

第 9 章

“一带一路”倡议下中国制造业价值链地位提升的实证研究

改革开放以来，中国制造业在 GVC 参与度不断上升，与此同时，无论是以本土制造业出口国内技术含量来衡量中国制造业的价值链地位，还是直接测算中国制造业的 GVC 地位指数，结果显示中国制造业的 GVC 地位发生了一定的提升，中国提出的“一带一路”倡议旨在加强中国与“一带一路”国家的密切联系，那么中国与“一带一路”沿线国家之间的贸易往来是否会显著影响中国制造业的全球价值链地位呢？如果答案是肯定的，那么影响程度有多大呢？如果答案是否定的，更是要探究其中深层次的原因，找到问题的症结所在，有利于更好地发挥“一带一路”倡议对中国制造业价值链地位提升的积极作用。这也是本书关注的重点所在，下面将进行实证分析。

9.1 计量模型的构建

本书重点关注“一带一路”倡议的实施对中国制造业价值链地位提升的影响，有鉴于此，结合前面的机理分析，本书选取了中国与“一带一路”沿线国家制造业的进出口贸易额作为解释变量，中国制造业价值链地位指数作为被解释变量，设定了如下基本的计量模型（9－1）：

$$GVCpos_{it} = \alpha + \beta \ln MGT_{it} + \mu_i + \varepsilon_{it} \tag{9-1}$$

其中，$GVCpos_{it}$为中国制造业 8 个细分行业在各年度的价值链地位指数，$\ln MGT_{it}$为对数化处理后的中国与“一带一路”沿线国家制造业的进出口贸易额，α 为常数项，β 为回归系数向量，μ_i 表示不随时间改变的行业非观测异质性，控制所忽略的行业层面因素的影响，ε_{it}是随机误差项。

然而，现实生活中影响中国制造业价值链地位的因素有很多，除了中国与“一带一路”沿线国家制造业的进出口贸易额之外，其他因素也很重要，比如价值链参与指数（*GVCpar*）、资本劳动比（*KL*）、研发（*RD*）以及人力资本投入（*HU*）等，于是本书尝试将这些因素作为控制变量，逐步纳入计量模型，得到式（9－2）：

$$GVCpos_{it} = \alpha + \beta \ln MGT_{it} + \gamma CTR_{it} + \mu_i + \varepsilon_{it} \tag{9-2}$$

上述研究是基于影响效果是线性的假设之下的，然而现实生活中，中国制造业价值链地位的提升与“一带一路”倡议的推进之间还有可能存在非线性关系，现有文献尚未考虑到这种情形，本书将解释变量的平方项也纳入计量模型，来分析“一带一路”倡议的实施与推进对中国制造业价值链地位提升的影响的非线性特征，具体构造的计量模型如下：

$$GVCpos_{it} = \alpha + \beta_1 \ln MGT_{it} + \beta_2 (\ln MGT_{it})^2 + \mu_i + \varepsilon_{it} \tag{9-3}$$

$$GVCpos_{it} = \alpha + \beta_1 \ln MGT_{it} + \beta_2 (\ln MGT_{it})^2 + \gamma CTR_{it} + \mu_i + \varepsilon_{it} \tag{9-4}$$

9.2 变量的选取

9.2.1 被解释变量

前面构建计量模型所选取的被解释变量为中国制造业 8 个细分行业的价值链地位指数 *GVCpos*，原因是本书主要目的是考察“一带一路”倡议的实施推进对中国制造业价值链地位是否产生了影响，以及影响的程度如何，不同于现有文献大多选用生产率、技术进步以及 R&D 投入等指标作为被解释变量的做法，本书选取的是中国制造业的价值链地位指数作为被解释变量。

9.2.2 解释变量

关于计量模型中解释变量的选择，考虑到本书重点考察“一带一路”

倡议的实施推进对中国制造业价值链地位是否产生了影响以及影响的程度如何，但是“一带一路”倡议不便量化从而无法直接纳入计量模型，考虑到中国与“一带一路”沿线国家之间的密切联系主要渠道之一就是通过进出口贸易，而且进出口贸易已经由来已久，所以选择中国与“一带一路”沿线国家制造业的进出口贸易总额作为解释变量，进出口贸易额可以细分成出口贸易额和进口贸易额，这三个变量存在极强的相关性，所以不能同时纳入计量模型，本书将考虑分别将这三个变量纳入模型。

9.2.3 控制变量

中国制造业价值链地位总体不高，但是已经有了一定程度的提升，这是现有文献多数认可的观点和结论，但是中国制造业价值链地位提升的成功实现是有条件的，受一系列因素的影响和制约。因此，为了模型的稳健性，参考现有多数文献的处理方法，本书将一系列的控制变量纳入模型，主要包括中国制造业参与度指数 *GVCpar*、制造业细分行业的资本劳动投入比例 *KL*、研发投入 *RD*、人力资本投入 *HU* 以及外国直接投资 *FDI*。

之所以加入这些控制变量，主要是考虑到中国制造业参与度指数 *GVCpar*、制造业细分行业的资本劳动投入比例 *KL*、研发投入 *RD*、人力资本投入 *HU* 以及外国直接投资 *FDI* 等均可能影响中国制造业的价值链地位水平，而且加入控制变量后，可以在很大程度上避免由于遗漏重要解释变量所可能导致的估计结果有偏的问题，另外采用比值作为变量引入计量模型，可以在一定程度上消除价格差异和统计口径不同所产生的影响。

9.3 数据来源与计量方法的选择

9.3.1 样本选取

在样本期间选取上，考虑到本书使用的数据主要来自 OECD 和 WTO 联合发布的 TiVA 数据库，该数据库包括了对全球贸易影响较大的 63 个国家和地区①的国际贸易数据，时间跨度从1995～2011年②，其中在63个国家和地区中，除了中国以外，属于“一带一路”沿线国家和地区的有26个③。

考虑到2001年年底中国正式加入WTO，入世后中国的国内外贸易和投资环境发生了较大的变化，因此本书以2005年为研究的起始点，考虑到统计口径最好要保持一致，于是本书最终选取了2005～2011年作为样本期间，主要研究2005～2011年间中国与“一带一路”沿线国家的进出口贸易对中国制造业价值链地位提升的影响。

在数据类型上，由于面板数据相比时间序列和截面数据来说有多方面的优点，因此，借鉴近年来多数文献的做法，本书主要使用中国制造业8个细分行业的面板数据进行分析（见表9－1）。

表9－1　　合并后制造业行业代码及名称

合并后行业代码	合并后行业名称
1	食品、饮料及烟草制造业
2	纺织品、皮革和鞋制造业
3	木材、纸张、纸制品、印刷和出版制造业
4	化学品和非金属矿产品业
5	基本金属和金属制品业
6	机械设备制造业
7	电气和光学设备制造业
8	运输设备制造业

资料来源：笔者自行整理制作。

① 这63个国家和地区分别是：澳大利亚、奥地利、比利时、加拿大、智利、捷克、丹麦、爱沙尼亚、法国、德国、希腊、匈牙利、冰岛、爱尔兰、以色列、意大利、日本、韩国、拉脱维亚、卢森堡、墨西哥、荷兰、新西兰、挪威、波兰、葡萄牙、斯洛伐克、斯洛文尼亚、西班牙、瑞典、瑞士、土耳其、英国、美国、阿根廷、巴西、文莱、保加利亚、柬埔寨、中国、哥伦比亚、哥斯达黎加、克罗地亚、塞浦路斯、中国香港、印度、印度尼西亚、立陶宛、马来西亚、马耳他、摩洛哥、秘鲁、菲律宾、罗马尼亚、俄罗斯、沙特阿拉伯、新加坡、南非、中国台湾、泰国、突尼斯和越南。

② 具体年份是1995年、2000年、2005年、2008～2011年，方便起见，后面不再一一具体说明。

③ 除了中国以外，26个“一带一路”沿线国家和地区分别是：捷克、爱沙尼亚、希腊、以色列、拉脱维亚、波兰、斯洛伐克、斯洛文尼亚、土耳其、文莱、保加利亚、柬埔寨、克罗地亚、塞浦路斯、印度、印度尼西亚、立陶宛、马来西亚、菲律宾、罗马尼亚、俄罗斯、沙特阿拉伯、新加坡、泰国和越南。

具体合并规则请见附录表。

在产业选择上，TiVA 数据库中涉及的行业有 34 个，其中制造业有 9 个，为了保证统计口径的连续性，同时考虑到数据的可获得性和完整性，根据 TiVA 数据库行业分类与中国国民经济行业分类和中国国家投入产出表的对应关系，剔除了“其他制成品和回收设备制造业”，选定了 8 个细分制造业[①]的数据，最终得到了包含了 8 个二位码制造业部门的观测值。

9.3.2 数据来源及说明

被解释变量中国制造业价值链地位 *GVCpos*、解释变量中国与“一带一路”沿线各国制造业的进出口贸易总额 ln*MGT* 和各控制变量的数据来源如下所述。

1. 被解释变量

被解释变量中国制造业价值链地位 *GVCpos* 的计算中要求使用的主要数据是中国制造业 8 个细分行业出口中包含的间接增加值和国外增加值。

中国制造业细分行业出口贸易总额及各增加值数据均来自 OECD - WTO 联合发布的 TiVA 数据库。

2. 解释变量

解释变量是取对数以后的中国与“一带一路”沿线各国制造业的进出口贸易总额，即 ln*MGT*，数据也来自 OECD - WTO 联合发布的 TiVA 数据库。目前关于考虑到样本的代表性、数据的可获得性以及统计口径的一致性和可比性，本书选取该数据库中 26 个“一带一路”沿线国家为代表，中国与这 26 个国家的进出口贸易即视为中国与“一带一路”沿线 64 个国家的进出口贸易。

3. 控制变量

中国制造业价值链参与度 GVCpar 计算中要求使用的主要数据是中国制造业 8 个细分行业出口中包含的间接增加值和国外增加值。中国制造业

---

① 这 8 个细分制造业行业分别是：食品饮料及烟草制造业、纺织品皮革和鞋制造业、木材纸张纸制品印刷和出版制造业、化学品和非金属矿产品业、基本金属和金属制品业、机械设备制造业、电气和光学设备制造业、运输设备制造业。

细分行业出口贸易总额及各增加值数据均来自 OECD－WTO 联合发布的 TiVA 数据库。

研发投入比例 RD 主要使用 R&D 经费和企业主营业务收入数据，其数据来源于 2005～2011 年各年度《中国科技统计年鉴》中的分行业大中型制造企业（由于资料来源限制，2008 以及 2011 年为全部国有及规模以上制造业企业）R&D 经费占主营业务收入比重的统计值。

资本劳动投入比例即行业资本密集度① *KL* 主要使用资本数据和劳动数据。其中，资本数据采用 2005～2011 年各年度《中国统计年鉴》按行业分全部国有及规模以上非国有工业企业固定资产净值统计值，公式为固定资产净值＝固定资产原价－累计折旧，由于皆以当年人民币价格计算，为了增强各年度可比性，在此以 1990 年固定资产投资价格指数为 100 进行修正，各年度固定资产投资价格指数同样来自各年度《中国统计年鉴》；劳动数据采用 2005～2011 年各年度《中国统计年鉴》按行业分全部国有及规模以上非国有制造业企业全部从业人员年平均人数统计值。

外国直接投资溢出效应 *FDIS* 具体体现为水平和垂直技术溢出两种情况，其中水平技术溢出效应，本书选择了目前应用广泛的 Hori（外资工业总产值与行业总产值之比）来进行测度，而垂直技术溢出又可以分为前向技术溢出 For（上游行业中外资比重的加权和）和后向技术溢出 Back（下游行业中外资比重的加权和）。计算中所用到的各制造业分行业全部规模以上工业企业以及外商投资和港澳台商投资工业企业的工业总产值（当年价格，亿元）来自 2005～2011 年各年度《中国工业经济统计年鉴》；全部及外资行业从业人员年平均数（万人）来自 2005～2011 年各年度《中国统计年鉴》；直耗系数来自 2007 年《中国投入产出表》，Back 和 For 的两个系数矩阵都进行了处理，即将对角线元素全部替换为零，以剔除行业内情况。

投入产出数据，主要来自中国国家统计局国民经济核算司编制的 2007 年中国投入产出表和经济合作与发展组织（OECD）和欧盟（EU）的投入产出数据库。需要特别说明的是，中国的投入产出表官方每 5 年编制一次，2005～2011 年间适用的是 2007 年投入产出表，因此本书中假定各行业间的结构短期内不会发生太大的改变，也即这 7 年间产业的关联程度不会发生太大的改变，因此本书中使用 2007 年的投入产出表来构造 2005～

① 王明益：《技术差距对我国出口产品质量影响研究》，中国纺织出版社 2019 年版，第 104 页。

2011 年产业间的关联关系。

9.3.3 计量方法的选用

上述所有变量包括被解释变量 *GVCpos*、解释变量 ln*MGT* 以及控制变量 *GVCpar*、*FDIS*、*KL* 和 *RD* 的统计性描述如表 9－2 所示。

表 9－2　　　　变量的统计性描述

Variable	*Obs*	*Mean*	*Std. Dev*	*Min*	*Max*
GVCpos	40	0. 042475	0. 1346391	－0. 373	0. 242
ln*MGT*	40	9. 951851	1. 044645	7. 834075	12. 058832
GVCpar	40	0. 755725	0. 311966	0. 689	0. 82
ln*KL*	40	6. 30656	0. 6142153	4. 679155	7. 464911
RD	40	0. 0076257	0. 0032759	0. 001092	0. 171791
FDIS	40	0. 3331321	0. 1234508	0. 1747857	0. 6141451

资料来源：笔者自行整理绘制。

由于实证模型中有多个解释变量，理论而言，各解释变量间可能存在一定的相关性，进而可能会导致多重共线性问题。因此，进行回归分析前首先要对各变量进行相关性检验。观察各变量的相关系数可知，如果两个变量之间存在较高的共线性，则应从模型删去或者分别进入模型进行处理。

观察表 9－3 中各变量的相关系数可知，六个变量的 Pearson 相关系数均低于共线性存在的门槛值 0.7（Lind et al.，2002），因此可以全部进入模型。

表 9－3　　　　各变量间的 Pearson 相关系数

变量	*GVCpos*	ln*MGT*	*GVCpar*	*RD*	ln*KL*	*FDIS*
GVCpar	1. 000					
ln*MGT*	0. 5961	1. 0000				
GVCpar	－0. 5236	－0. 1281	1. 0000			

续表

变量	*GVCpos*	ln*MGT*	*GVCpar*	*RD*	ln*KL*	*FDIS*
RD	0.1100	-0.0278	-0.1161	1.0000		
ln*KL*	0.0721	0.2449	-0.1185	0.0773	1.0000	
FDIS	0.3291	0.1739	-0.5886	0.1799	0.1681	1.0000

资料来源：笔者自行整理绘制。

接下来需要判定模型的类型。面板数据模型一般可以划分为三类，分别为变系数模型、变截距模型和不变系数模型。各模型的回归形式分别为：

（1）变系数模型，其回归形式为：

$$Y=\alpha_i+X_{it}\beta_i+\mu_{it}，i=1，\cdots，N；t=1，\cdots，T \tag{9-5}$$

（2）变截距模型，其回归形式为：

$$Y=\alpha_i+X_{it}\beta+\mu_{it}，i=1，\cdots，N；t=1，\cdots，T \tag{9-6}$$

（3）不变系数模型，其回归形式为：

$$Y=\alpha+X_{it}\beta+\mu_{it}，i=1，\cdots，N；t=1，\cdots，T \tag{9-7}$$

如果要判断样本数据究竟符合哪种模型，严格来讲，需要利用协方差分析构造如下 F 检验统计量：

$$F_1=\frac{(S_2-S_1)/[(N-1)K]}{S_1/[NT-N(K+1)]}\sim F[(N-1)K，N(T-K-1)]$$

$$F_1=\frac{(S_2-S_1)/[(N-1)(K+1)]}{S_1/[NT-N(K+1)]}\sim F[(N-1)(K+1)，N(T-K-1)]$$

其中 S_1，S_2，S_3 分别为方程（9-5）、（9-6）和（9-7）的残差平方和，具体判断方法为：先检验 F_2，如果 F_2 大于等于某置信度（95%）下同分布的临界值时，则拒绝方程（9-7），否则采用方程（9-7）；如果拒绝方程（9-7），则继续检验 F_1。同理，如果 F_1 大于等于置信度（95%）下的同分布临界值，则拒绝方程（9-6），采用方程（9-5）；如果 F_1 小于置信度（95%）下的同分布临界值，则采用方程（9-6）。

经过检验，本书设置的计量模型（9-1）~（9-4）均应采用方程（9-5），即适用变截距模型。

再次，还需要选择具体的估计方法。作为面板数据，当然可以直接进行混合回归，混合回归是假设所有个体都拥有完全一样的回归方程，即假设不存在个体效应，相当于把所有数据放在一起，像对待横截面数据一样

直接进行 *OLS* 回归，对于面板数据来说，显然不是太合适，而个体效应通常以固定效应和随机效应这两种不同的形态存在，所以必须要进行进一步的统计检验。

所以常用的面板数据的估计方法主要有两种：随机效应（RE）模型和固定效应（FE）模型。理论上，如果截面单位是总体所有单位，固定效应模型比较合适；如果截面单位是从总体中随机抽出的一部分，则选择随机效应模型更为合适。本书的研究对象是 8 个制造行业，固定效应模型较为合理，但是还是需要运用 Hausmann 检验来进行具体判定①。

由于样本数据聚类稳健标准差和普通标准差相差较大，传统的 Hausmann 检验不再有效，需要手工做辅助回归，然后再使用聚类稳健的标准差来检验原假设。回归结果显示 p 值为 0.0000，因此强烈拒绝原假设，即拒绝随机效应，应该选择固定效应模型。

接下来，经过异方差检验，得到结果 $Prob > chi^2 = 0.0000$，说明面板数据存在异方差；由于样本数据涉及 8 个行业，时间跨度为 5 年，属于比较典型的“大 N 小 T”型短面板，所以可以不考虑面板数据自相关问题（陈强，2010）；在检验是否存在截面相关时，Frees、Pesaran 和 Friedman 三种检验方法，结果均显示不存在截面相关。考虑到样本数据存在截面的异方差，本书采用了 GLS（广义最小二乘法）方法进行修正。

为了更好地对计量结果进行比较，本书先进行了 *OLS* 混合回归，接着固定效应回归，最后用 GLS 对检验出的截面异方差问题进行了修正并列出结果，计量回归结果如表 9-4、表 9-5 和表 9-6 所示。

9.4 实证结果及分析

表 9-4 列出的是对模型直接进行混合 *OLS* 回归的计量结果，模型（1）只包含解释变量中国与“一带一路”沿线国家制造业的进出口贸易 ln*MGT*，即只考虑“一带一路”倡议对中国制造业价值链地位提升的影响，结果显示“一带一路”倡议的影响在 1% 的水平上高度显著为正，系数值为 0.0768；考虑到控制变量可能会有影响，所以模型（2）~模型（5）依次分别加入中国制造业价值链参与程度指数 *GVCpar*、对数化以后

① 王明益：《技术差距对我国出口产品质量影响研究》，中国纺织出版社 2019 年版，第 118 页。

的资本劳动比例 ln*KL*、研发投入比例 *RD* 以及外国直接投资 *FDIS*，结果发现模型（2）中中国制造业 *GVC* 参与程度在1%的水平上高度显著为负，但解释变量仍然高度显著为正，模型（3）和模型（4）中依次加入了 ln*KL* 和 *RD*，但是均不显著，而“一带一路”倡议的影响仍然高度显著为正，而 *GVCpar* 的影响依然显著为负，模型（5）中全部控制变量放入后，解释变量仍然高度显著为正，*GVCpar* 虽然显著性稍有下降，但是仍然显著为负，而其他三个控制变量 ln*KL*、*RD* 和 *FDIS* 均不显著。由此可见，直接对模型进行混合 *OLS* 回归的结果说明以中国与“一带一路”国家制造业的进出口贸易额来测度的“一带一路”倡议对中国制造业价值链地位的提升起到了显著的促进作用。

表9-4　　计量回归结果1（混合 *OLS* 回归）

变量	(1) *GVCPos*	(2) *GVCPos*	(3) *GVCPos*	(4) *GVCPos*	(5) *GVCPos*
ln*MGT*	0.0768*** (0.0168)	0.0693*** (0.0142)	0.0730*** (0.0146)	0.0737*** (0.0147)	0.0742*** (0.0149)
GVCpar		-1.963*** (0.475)	-2.009*** (0.476)	-1.968*** (0.482)	-2.091** (0.593)
ln*KL*			-0.0267 (0.0247)	-0.0281 (0.0250)	-0.0273 (0.0254)
RD				3.405 (4.554)	3.642 (4.657)
FDIS					-0.0559 (0.153)
_cons	-0.722*** (0.168)	0.836* (0.403)	1.003* (0.431)	0.948* (0.439)	1.047 (0.521)
N	40	40	40	40	40
R^2	0.355	0.559	0.573	0.579	0.581
adj. R^2	0.338	0.535	0.537	0.531	0.519

注：***、**和*分别表示通过1%、5%和10%的显著性水平，括号里的值为p值。

然而，混合回归是假设所有个体都拥有完全一样的回归方程，即假设不存在个体效应，相当于把所有数据放在一起，像对待横截面数据一样直接进行 *OLS* 回归，对于面板数据来说，显然不是太合适。如前所述，个体效应通常以固定效应和随机效应这两种不同的形态存在，在进一步的统计检验之后，确定选择固定效应模型，具体结果如表 9－5 所示。

表 9－5　　　　计量回归结果 2（固定效应）

变量	(1) *GVCPos*	(2) *GVCPos*	(3) *GVCPos*	(4) *GVCPos*	(5) *GVCPos*
ln*MGT*	0.0498 *** (0.0140)	0.0526 *** (0.0153)	0.0527 *** (0.0157)	0.0515 *** (0.0169)	0.0491 ** (0.0211)
GVCpar		－0.221 (0.461)	－0.219 (0.471)	－0.154 (0.562)	－0.224 (0.676)
ln*KL*			0.000633 (0.0122)	0.000848 (0.0124)	0.000823 (0.0127)
RD				－0.601 (2.712)	－0.716 (2.823)
*FDIS*1					－0.0764 (0.394)
_cons	－0.453 *** (0.140)	－0.314 (0.323)	－0.320 (0.351)	－0.354 (0.388)	－0.251 (0.662)
N	40	40	40	40	40
R^2	0.289	0.295	0.295	0.296	0.297
adj. R^2	0.106	0.083	0.052	0.020	－0.015

注：***、** 和 * 分别表示通过 1%、5% 和 10% 的显著性水平，括号里的值为 p 值。

由表 9－5 可以看出，模型（1）~模型（5）仍然是在单一解释变量的基础上逐一加入一系列控制变量，在这五个模型中，解释变量中国与“一带一路”国家的制造业进出口贸易额的影响都是高度显著为正，模型（5）中显著性略有下降，但是仍然在 5% 的水平上显著为正，但是所有的控制变量均不显著，即使是在混合 *OLS* 回归中高度显著的中国制造业价值链参与程度指数 *GVCpar* 也是不显著。可能的解释是如前所述，该面板数据经过检验发现存在异方差，必须要加以消除，具体做法是采用广义最小

二乘法 *GLS* 来进行修正，修正后的结果如表9－6所示。

表9－6 计量回归结果3（修正异方差）

变量	(1) *GVCPos*	(2) *GVCPos*	(3) *GVCPos*	(4) *GVCPos*	(5) *GVCPos*
ln*MGT*	0.0746*** (0.00401)	0.0697*** (0.00226)	0.0681*** (0.00581)	0.0697*** (0.00929)	0.0722*** (0.0130)
GVCpar		−1.928*** (0.134)	−1.884*** (0.156)	−1.871*** (0.179)	−2.080*** (0.384)
ln*KL*			−0.0156 (0.00861)	−0.0216* (0.0101)	−0.0210* (0.0101)
RD				2.971 (1.782)	3.352 (1.843)
FDIS					−0.0961 (0.191)
_cons	−0.701*** (0.0397)	0.807*** (0.114)	0.887*** (0.120)	0.877*** (0.130)	1.034*** (0.281)
N	40	40	40	40	40

注：***、**和*分别表示通过1%、5%和10%的显著性水平，括号里的值为p值。

表9－6给出的是运用广义最小二乘法 *GLS* 对上述五个模型进行修订后计量检验的结果，在模型（1）单一解释变量的基础上，模型（2）~模型（5）逐一加入一系列控制变量，结果显示在这五个模型中，解释变量中国与“一带一路”国家的制造业进出口贸易额的影响都是在1%的水平上高度显著为正，控制变量中，中国制造业价值链参与程度指数 *GVCpar* 均在1%的水平上高度显著为负，说明虽然中国制造业较多地参与全球价值链，但是主要集中在低端环节，资本劳动比在模型（3）中为负但不显著，在模型（4）和模型（5）中均在10%的水平上显著但仍为负值，但是研发投入比例和外国直接投资溢出效应均不显著。显然，本书重点关注的中国与“一带一路”沿线国家的制造业进出口贸易额显著地促进了中国制造业价值链地位的提升。

前面的计量分析都是假设中国与“一带一路”国家制造业进出口贸易

与中国制造业价值链地位提升之间存在的是线性关系，然而有没有可能存在非线性关系呢，为此，本书引入了解释变量的平方项 $\ln^2 MGT$，即对中国与“一带一路”沿线国家制造业进出口贸易总额取对数以后求平方，将之纳入计量模型后进行检验分析，结果如表 9 - 7 所示。

表 9 - 7 计量回归结果 4（非线性）

变量	(1)	(2)	(3)	(4)
ln*MGT*	0.216	0.279	0.266 *	0.381 *
	(0.273)	(0.168)	(0.156)	(0.201)
$\ln^2 MGT$	-0.00708	-0.0120	-0.0109	-0.0164
	(0.0136)	(0.00866)	(0.00800)	(0.0111)
GVCpar	-2.070 ***	-0.0866	-0.184	-1.829 ***
	(0.601)	(0.672)	(0.603)	(0.457)
ln*KL*	-0.0270	0.000297	-0.00000182	-0.0186 *
	(0.0257)	(0.0124)	(0.0117)	(0.0105)
RD	3.955	-0.0725	0.663	4.906 **
	(4.746)	(2.815)	(2.557)	(2.218)
FDIS	-0.0216	-0.0561	0.0674	0.0684
	(0.168)	(0.388)	(0.294)	(0.231)
_cons	0.313	-1.456	-1.411	-0.684
	(1.509)	(1.088)	(0.992)	(1.189)
N	40	40	40	40
R^2	0.584	0.345		
adj. R^2	0.509	0.018		
估计方法	混合 *OLS* 回归	固定效应 *FE*	随机效应 *FE*	*GLS*

注：***、** 和 * 分别表示通过 1%、5% 和 10% 的显著性水平，括号里的值为 p 值。

表 9 - 7 中，模型（1）是直接进行混合 *OLS* 回归，模型（2）和模型（3）分别是固定效应和随机效应，模型（4）是采用广义最小二乘法 *GLS* 对检验发现的截面异方差问题进行修正后的结果。解释变量中国与“一带一路”沿线国家制造业的进出口贸易额 ln*MGT* 在模型（1）和模型（2）中均

不显著，在模型（3）和模型（4）中均是在10%的水平上显著为正，然而引入的解释变量的平方项 $\ln^2 MGT$ 在四个模型中虽然为负，但均不显著，这说明不存在倒“U”形的非线性关系，只存在正向的线性关系，也就是说，中国与“一带一路”国家之间制造业的进出口贸易额的增加，能够促进中国制造业价值链地位的提升，这种促进作用是单一正向的，不会先升后降。

按照OECD－WTO关于产业的分类，制造业行业可以细分成9个制造业部门，考虑到要与中国国民经济行业分类统一，于是去掉了“其他制成品及回收制造业”，然后将其余八个制造业行业分成了三类：劳动密集型、资本密集型和知识密集型。其中纺织品、纺织产品、皮革和鞋制造业和木材、纸、纸制品、印刷和出版制造业属于劳动密集型；食品、饮料及烟草制造业、化学品及非金属矿产品制造业以及基础金属和金属制品制造业属于资本密集型产业；机械设备制造业、电气和光学设备制造业以及运输设备制造业属于知识密集型。然后对三类制造业行业分别进行计量检验，结果如表9－8所示。

表9－8　计量回归结果5（考虑行业异质性）

变量	劳动密集型制造业		资本密集型制造业		知识密集型制造业	
	(1)	(2)	(1)	(2)	(1)	(2)
	GVCPos	*GVCPos*	*GVCPos*	*GVCPos*	*GVCPos*	*GVCPos*
ln*MGT*	0.0381	1.702	0.0964*	1.357**	0.0260*	－0.125
	(0.0288)	(1.017)	(0.0431)	(0.438)	(0.0129)	(0.130)
GVCpar	6.154***	2.468	－3.130***	－2.497***	0.362	0.335
	(1.589)	(2.657)	(0.531)	(0.479)	(0.710)	(0.680)
RD	11.25**	3.860	2.211	0.307	－1.739	－2.770
	(3.795)	(5.635)	(7.219)	(5.825)	(2.938)	(2.946)
ln*KL*	0.00454	－0.0613	－0.00304	－0.0293	－0.0382*	－0.0392**
	(0.0182)	(0.0434)	(0.0209)	(0.0191)	(0.0156)	(0.0150)
*FDIS*1	1.285***	1.155***	－0.165	1.011	0.881***	0.769***
	(0.257)	(0.242)	(1.049)	(0.934)	(0.196)	(0.210)
$\ln^2 MGT$		－0.0870		－0.0595**		0.00758
		(0.0531)		(0.0206)		(0.00646)

续表

变量	劳动密集型制造业		资本密集型制造业		知识密集型制造业	
	(1)	(2)	(1)	(2)	(1)	(2)
	GVCPos	*GVCPos*	*GVCPos*	*GVCPos*	*GVCPos*	*GVCPos*
_cons	-5.501***	-10.09***	1.469	-5.723*	-0.596	0.234
	(1.103)	(2.971)	(0.839)	(2.581)	(0.438)	(0.823)
N	10	10	15	15	15	15

注：***、**和*分别表示通过1%、5%和10%的显著性水平，括号里的值为p值。

从表9-8中可以看出，将OECD-WTO制造业8个细分行业分成了劳动密集型、资本密集型和知识密集型之后，分别进行计量回归，在控制了一系列因素的情况下，考查中国与“一带一路”沿线国家制造业的进出口贸易对三类行业全球价值链地位提升的作用，总体看来与前面总体样本回归的结果存在一定的差异。具体而言，从劳动密集型行业来看，中国与“一带一路”沿线国家制造业的进出口贸易对劳动密集型行业全球价值链地位提升的影响虽然为正，但是不显著，也不存在非线性关系，这说明中国与“一带一路”沿线国家制造业的进出口贸易对劳动密集型行业全球价值链地位提升的影响非常弱，可以忽略，主要是因为在劳动密集型产业上，中国和“一带一路”沿线国家存在一定的竞争性，两者之间的贸易对其价值链地位的提升作用不大；从资本密集型行业来看，中国与“一带一路”沿线国家制造业的进出口贸易对资本密集型行业价值链地位的提升在10%的水平上显著为正，说明随着中国与“一带一路”沿线国家制造业进出口贸易合作的加强，能在一定程度上提升我国资本密集型行业的价值链地位，进一步的非线性回归发现，二者之间的关联是呈现倒“U”形的关系，即在达到临界点之前，中国与“一带一路”国家之间制造业的进出口贸易额越多，能使中国资本密集型制造业越好地配置资源，发挥比较优势，进而就越有利于其价值链地位的提升，但是当超越临界点以后，就会对我国资本密集型制造业价值链地位的提升起到负面的作用，原因可能是这时我国的资本密集型在某种程度上已经被锁定，完全受现有“一带一路”沿线国家制造业贸易需求的影响和制约，价值链地位不升反降；从知识密集型产业来看，中国与“一带一路”沿线国家制造业的进出口贸易对知识密集型行业价值链地位的提升在10%的水平上显著为正，但并不存在非线性关系，这说明随着中国与“一带一路”沿线国家制造业进出口贸易合作的加强，能在一定程度上提升我国知识密集型行业在全球价值链中的地位。

综合看来，计量模型检验结果的表明，本书主要关注的中国与“一带一路”沿线国家之间制造业的进出口贸易能够显著促进中国制造业价值链地位的提升，二者之间仅存在正向的线性关系，而且这一结论并不会随着控制变量的加入而改变；从各类行业来看，中国与“一带一路”沿线国家制造业进出口贸易对中国劳动密集型制造业的价值链地位的提升影响不显著，对资本密集型制造业价值链地位的影响则呈现先升后降的倒“U”形，对于知识密集型制造业价值链地位的提升则仅存在正向的线性关系。因此，“一带一路”倡议的实施推进过程中，中国与“一带一路”沿线国家组建区域价值链 RVC，在 RVC 中更多地展开分工合作，有利于资源要素的优化配置，有助于中国发挥比较优势占据主导地位，中国和沿线国家贸易合作得到加强，进而必将对中国制造业全球价值链地位的提升起到显著的推动作用。

相比总体样本的计量检验结果，对于劳动密集型、资本密集型和知识密集型等三类制造业行业检验的结果从显著性来讲都有所下降，虽然回归系数仍然为正，但是或者不显著，或者显著性水平下降，导致这种现象出现的原因除了样本总体和部分的差异之外，主要可能还是受限于数据的可获得性，主要是 8 个制造业行业，OECD – WTO 的 TiVA 数据库在 2003 年以后仅有 2005 年、2008 ~ 2011 年共五个年份的数据，样本个数少、样本区间短年份少，样本总量仅为 40 个，而进一步进行细分以后，样本数量又大大减少，劳动密集型行业仅有 10 个数据，资本密集型和知识密集型行业都是 15 个数据。因此，在今后的研究中，如果能够获取更多年份的数据，测量结果将更为准确一些。

9.5 本章小结

本章是全书的实证检验部分。基于前面的机理分析，本章构建了相应的计量模型，就“一带一路”倡议对中国制造业价值链地位提升的影响进行了计量检验。被解释变量为中国制造业价值链地位指数，解释变量为中国与“一带一路”沿线国家的制造业进出口贸易额，另外还逐一引入了四个控制变量——中国制造业价值链参与程度指数 *GVCpar*、研发投入比例

RD、对数化的资本劳动比 ln*KL* 以及外国直接投资溢出效应，以对模型进行估计并作对比；同时为了考查中国与“一带一路”沿线国家的制造业进出口贸易额与中国制造业价值链地位提升之间是否存在非线性关系，本章还将解释变量即中国与“一带一路”沿线国家的制造业进出口贸易额的平方项引入模型，同样逐一加入四个控制变量并对前后的结果进行对比分析。

综合看来，计量模型检验结果表明，中国与“一带一路”沿线国家之间制造业的进出口贸易能够显著促进中国制造业价值链地位的提升，二者之间仅存在正向的线性关系，而且这一结论并不会随着控制变量的顺次加入而发生改变，因此，“一带一路”倡议的实施推进过程中，中国与“一带一路”沿线国家组建区域价值链 RVC，在 RVC 中更多地展开分工合作，有利于资源要素的优化配置，有助于中国发挥比较优势占据主导地位，中国和沿线国家贸易合作得到加强，进而必将对中国制造业全球价值链地位的提升起到显著的推动作用。

相比总体样本的计量检验结果，对于劳动密集型、资本密集型和知识密集型等三类制造业行业检验的结果虽然回归系数仍然为正，但是或者不显著，或者显著性水平下降，导致这种现象出现的原因除了样本总体和部分的差异之外，主要可能还是受限于数据来源，样本个数少、样本区间短年份少所致，因此，在今后的研究中，如果能够获取制造业更多年份的数据，测量结果将更为准确，也更有说服力。

第 10 章

结论、政策建议及研究展望

本章是全书的结论、政策建议及研究展望部分。由前面的分析可以看出当前中国制造业在全球价值链中面临着被“低端锁定”的困境，“内忧外患”，亟待提升自身的地位，比较现实的路径是构建一条自身主导的区域价值链。“一带一路”倡议是我国目前实行的国家级重要战略，对于促进区域经济和贸易一体化、革新全球经济治理体系有着重要的意义，同时也为我国构建自身主导的区域价值链提供了良好的机遇，实证检验的结果也发现“一带一路”倡议有助于提升中国制造业的价值链地位。由此本书提出了具体的政策建议，并对后续研究进行了展望。

10.1 结　　论

本书以经典的经济学、产业经济学、国际贸易学、空间经济学以及统计学理论为基础，以中国制造业为研究对象，以“一带一路”倡议为背景，在分析中国和“一带一路”沿线国家贸易合作现状的基础之上，对中国制造业价值链参与程度和地位进行了测算，并结合数据介绍了中国制造业对“一带一路”沿线国家出口贸易现状，指出“一带一路”倡议下中国制造业价值链地位提升的可能性与必要性，并进一步说明其中的机理和提升的路径，然后从实证角度进行了检验。本书的主要结论如下：

第一，中国制造业在全球价值链中被“低端锁定”，地位亟待提升。

制造业是国民经济的支柱性产业和经济增长的发动机，是高技术产业化的基本载体，是吸纳劳动就业的重要途径，是国际贸易的主力军，也是国家安全的重要保障。改革开放以来，中国利用劳动力丰富的资源优势融入全球价值链，凭借基于低价的成本优势在全球低端制造业和制造业的低端环节上形成了较强的竞争能力，中国对外贸易发展非常迅速，不仅是进出口规模的增加，进出口的结构也显著优化。然而，在欧美日主导的全球价值链中，中国制造业一直只是从事技术含量不高、附加值较低的低端产品制造和生产的低端环节，利润极其微薄，而且这种状况持续多年都没有改变，这在一定程度上意味着中国制造业在全球价值链中已经被“低端锁定”。此外近年来，一方面，劳动力成本上升，环境成本提高，中国制造业在全球价值链分工中竞争优势赖以存在的低廉劳动力成本和环境成本的优势正在逐渐消失；另一方面，国际金融危机以来美国等发达国家的“再工业化”吸引了大量的高端制造业回流。发达国家跨国公司部分产业从中国撤离，同时“再工业化”使制造业回流，跨国公司主导的部分劳动密集型产业正逐步从中国撤离，向越南等劳动力成本更低的国家进行转移。因此，从整体来看，中国制造业目前面临“内忧外患”的双重压力，如果还单纯依附于跨国公司主导的全球价值链，中国根本难以突破“中等收入陷阱”的制约，更难实现在现有全球价值链中地位的提升。

第二，中国可以构建一条自身主导的区域价值链。

中国制造业在现有欧美主导的全球价值链中被“低端锁定”的根源是中国在当前参与的 GVC 中处于被动嵌入者的角色，发达国家实际上占据了主导地位，由于发达国家技术壁垒和具有庞大市场势力的发达国家跨国公司的约束，中国无法顺利跟随变化的要素禀赋结构和比较优势，完成向价值链高端环节的攀升。如果全盘否定全球价值链 GVC，专注发展国内价值链，是倒退到进口替代战略的发展思路，20 世纪 70 年代南美国家的失败经验和当今国际分工带来的巨大收益都说明这一方案已经不合时宜。

于是，要想实现中国制造业价值链地位的提升，只有另辟蹊径，中国需要寻找新的产业升级路径，变被动为主动，构建一条自身主导的新的全球价值链或区域价值链无疑是一个很好的突破口。然而，构建自身主导的全球价值链替代现有的欧美主导的全球价值链，目前看来短期内很难实现，相比之下，构建自身主导的区域价值链则更为现实一些。如果可以成功构建这样一条区域价值链，中国一方面可以实现全球价值链被动嵌入者角色的转变，另一方面可摆脱发达国家的约束，从而可以顺利沿着全球价值链向高端环节攀升，完成地位的提升。因此，为了避免低端锁定，同时发挥价值链分工产生的专业化经济和比较优势，本书提出了可以先构建自身主导的区域价值链，待中国制造业的实力足够强大后，回嵌到全球价值链中，将会比较容易实现自身地位的有效提升。相比之下，这是一种典型的“曲线救国”策略。

第三，“一带一路”倡议的实施给中国构建自身主导的区域价值链提供了良好的机遇。

“一带一路”倡议的重点合作内容涵盖了构建新的区域价值链所需要的支撑要素，为中国和“一带一路”国家合作构建一条中国扮演领导者角色的新的区域价值链提供了有力的支撑。具体来说，“一带一路”倡议的提出与实施推进为中国制造业价值链地位的提升提供了这样一种可能，即可以先与“一带一路”沿线国家建立区域价值链，通过主导区域价值链实现自身地位和角色的顺利转换，进而提升自身在全球价值链中的地位。那么，中国与“一带一路”沿线国家是否具备了合作构建新的全球价值链的条件？中国是否具备了在新的全球价值链中扮演领导者角色的能力？

答案是肯定的。首先，“一带一路”倡议的提出和实施推进，旨在借用古代丝绸之路的历史符号并为其赋予新的时代内涵，充分依靠中国与有关国家既有的双多边机制，借助既有的、行之有效的区域合作平台，积极发展与沿线国家的经济合作伙伴关系，共同打造政治互信、经济融合、文化包容的利益共同体、命运共同体和责任共同体。其次，“一带一路”沿线国家迫切需要与中国进行合作以促进自身经济发展。“一带一路”沿线国家多为发展中经济体，发展是他们面临的首要问题，但是这些国家人口众多，经济发展水平落后，究其原因，除了受各国自身资源要素禀赋的制约之外，现行的国际经济秩序特别是当前最重要的三大国际经济组织机构——世界银行、国际货币基金组织和世界贸易组织对“一带一路”沿线国家的影响有限，难以推动沿线国家的经济发展。因此，“一带一路”沿线国家迫切需要和中国进行合作以促进自身经济发展，通过“一带一路”倡议的产业合作让各国共享中国发展机遇，从而实现区域共同发展。再其次，中国和“一带一路”沿线国家的比较优势产业具有很好的互补性，而且互补性强于竞争性，因此双方可以通过合作实现“双赢”，不仅有利于“一带一路”沿线国家制造业的发展，还有利于中国制造业价值链地位的提升。最后，近年来，随着中国制造业技术实力的增强，部分产业已经向产业中上游转移，开始加快对外直接投资的步伐，中国制造业在对外投资、产业技术升级和市场吸引力方面具备了构建区域价值链的基础，在双边形成的产业互补关系中，我国占据了产业内的高附加值环节，具有控制整条价值链的核心能力，产业互补关系的存在以及对核心能力的掌握，使中国具备主导“一带一路”区域价值链的条件。

第四，“一带一路”倡议有助于中国制造业价值链地位的提升。

“一带一路”倡议有利于推动中国产业向价值链高端环节发展。完成产业转型升级，推进高端制造业“走出去”，实现从“制造大国”向“制造强国”的转变是中国制造2025的核心内容，也是当前和未来中国经济改革亟待解决的问题。在欧美日主导的GVC中，中国始终被“锁定”在价值链的中低端环节，高技术产业与产业内高端环节缺乏发展空间；在“一带一路”区域价值链中，中国将扮演欧美国家在全球价值链中的角色，更多地承担价值链中的高附加值环节，更多地与沿线国家展开分工合作，有利于资源要素的优化配置，有助于中国发挥比较优势占据主导地位，对于破解经济转型升级难题，推动中国产业中高端化发展将起到重要的促进作用，进而必将对中国制造业全球价值链地位的提升起到显著地推动作用。本书实证部分计量模型检验的结果表明，中国与“一带一路”沿线国家之间进出口贸易与中国制造业价值链地位的提升之间存在显著的正向的线性关系，而且不会随着控制变量的顺次加入而发生改变，也验证了“一带一路”倡议的实施能显著促进中国制造业价值链地位的提升这一结论。

10.2 政策建议

制造业是我国国民经济生活中重要的支柱型产业，其地位和作用是不容忽视的。改革开放以来，中国利用劳动力丰富的资源凭借基于低价的成本优势在全球价值链中形成了较强的竞争能力优势，但在欧美日主导的全球价值链中，中国制造业一直被锁定在技术含量不高、附加值较低的低端产品制造和生产的低端环节，利润极其微薄，而且这种状况持续多年都没有改变。准确测度中国制造业在全球价值链中的真实地位，认清中国制造业价值链地位亟待提升的现实，在无法实现自动提升的情况下，本书提出借助“一带一路”倡议的推行、通过与“一带一路”沿线国家建立充分全面的合作关系，构建中国自身主导的区域价值链，待中国完全掌握高端产品制造和产品制造的高端环节以后，回嵌到全球价值链中，自然就有实力与发达国家“分庭抗礼”，从而实现中国制造业价值链地位的顺利提升。

因此，基于上述研究结论，本书提出以下五个方面的政策建议。

1. 正视中国制造业全球价值链地位被“低端锁定”、亟待提升的现实

学术界关于价值链的研究开始于20世纪80年代中期，但是对于价值链地位的测度相关研究却开始得相对较晚，目前关于其测度方法的研究也仍然比较少，因为一方面是由于需要扎实的经济学理论、国际经济学、产业组织理论、数理经济学和统计学基础以及各学科知识的综合运用，对研究者要求相对较高，另一方面是由于相关统计制度、方法和指标的改革未能及时跟进，其中包括非竞争型投入—产出表的编制和增值贸易法的统计应用等方面，目前主要参考的是OECD－WTO联合发布的TiVA数据库，数据来源渠道比较单一。为此，国家应该组织专家力量改进现有的投入—产出表的编制、尽快应用且普及增值贸易统计方法并及时公布相关统计数据、研究建立能真实有效测度中国制造业价值链地位的指标体系。

现有研究关于中国制造业在全球价值链中的地位现状，基本已经达成了共识，即在目前欧美日主导的全球价值链中，中国制造业一直只是从事技术含量不高、附加值较低的低端产品制造和生产的低端环节，利润极其微薄，而且这种状况持续多年都没有改变，这在一定程度上意味着中国制造业在全球价值链中已经被“低端锁定”。近年来，一方面劳动力成本上升，环境成本提高，中国制造业在全球价值链分工中竞争优势赖以存在的低廉劳动力成本和环境成本的优势正在逐渐消失；另一方面，国际金融危机以来美国等发达国家的“再工业化”吸引了大量的高端制造业回流，发达国家跨国公司部分产业从中国撤离，同时“再工业化”使得制造业回流，跨国公司主导的部分劳动密集型产业正逐步从中国撤离，向越南等劳动力成本更低的国家进行转移。因此，从整体来看，中国制造业目前面临“内忧外患”的双重压力，如果还单纯依附于跨国公司主导的全球价值链，中国根本难以突破“中等收入陷阱”的制约，更难实现在现有全球价值链中地位的提升。

中国当前面临着“价值链低端锁定”的困境，亟待提升自身在全球价值链中的地位，实现产业升级。“一带一路”倡议是我国目前实行的国家级重要战略，对于促进区域经济和贸易一体化、革新全球经济治理体系有着重要的意义，同时也为我国进行产业升级提供了很好的机遇。

2. 构建区域价值链，积极推进中国与“一带一路”沿线国家的贸易合作

如前所述，自2013年“一带一路”倡议提出以来，中国与沿线国家

进出口贸易呈现先增后降的态势。虽然下降主要是由全球经济低迷不振、大宗商品价格下降等外部原因导致的，但不可否认的是中国与沿线国家的贸易发展也面临一些挑战，比如沿线国家存在不同程度的贸易壁垒、中国与沿线国家贸易摩擦时有发生，货物运输效率较低，金融支撑贸易的能力较弱等。中国与沿线国家双边本币结算规模较小。

因此，为进一步推动中国与“一带一路”沿线国家贸易的发展，全方位构建与沿线国家的贸易合作新格局，早日实现“贸易畅通”，具体建议如下：

（1）加强贸易互联互通基础设施建设。

通道建设是中国与沿线国家贸易合作、产品运输的基础，通关效率直接影响双边贸易的发展，加强互联互通的大通道建设，推进与沿线国家在交通、通信等方面的对接合作十分必要。第一，加强与沿线国家的物流标准体系对接，实施标准化建设，推进标准化设施和设备的采用。第二，与沿线国家共同开拓基础设施合作空间，在互利互惠基础上，共同建设跨境交通设施，建立全程运输协调机制，降低国际运输成本、提高运输效率。第三，加强通信、电网等基础设施建设，建立统一的信息平台和实现无纸化通关，改善边境口岸通关设施条件，加快边境口岸“单一窗口”建设，推动电子信息交换通道建设，降低通关成本，提升通关能力。第四，推进中欧、中亚班列建设和常态化运营，加速推进相关配套设施的建设，提升运行效率和效益。

（2）健全与沿线国家贸易合作的机制与平台。

应着力搭建并完善与沿线国家的合作平台，有助于了解沿线国家贸易发展政策动态，妥善解决贸易摩擦等问题。一是加快建立与“一带一路”沿线国家使领馆、商贸机构、政府机构、金融机构等交流合作机制，鼓励双方政府、商会和企业家定期举办多种形式的经贸活动，建立健全多、双边合作机制，降低非关税壁垒，提高技术性贸易措施透明度，提高贸易自由化、便利化水平。二是发挥中国与“一带一路”沿线国家间展会、博览会、推介会、接洽会、研讨会、商务论坛、国际峰会等合作平台的作用，调动各方积极参与，为贸易合作创造更多机会。三是加强与“一带一路”沿线国家间商会协会、中介机构、学者智库等非官方组织的商事法律业务合作与交流，发挥这些机构在我国与沿线国家贸易合作中的作用，为“走出去”企业提供专业咨询服务等。

（3）全面深化与沿线国家的产业合作。

产业发展是我国与沿线国家贸易发展的前提，要全面深化与沿线国家产业合作，优化贸易结构，挖掘贸易新增长点，促进贸易平衡。第一，在巩固传统劳动密集型工业商品贸易的同时，大力发展机电产品、高新技术产品等，促进产品升级转型，支持具有自主知识产权、较高技术水平的光电子信息、汽车制造、石化化工、北斗导航等产业赴境外投资兴业，扩大中国高新技术产品的消费市场。第二，推动高端产品领域上下游产业链和关联产业协同发展，推动新兴产业合作，加强在新一代信息技术、生物、新能源、新材料等新兴产业领域的深入合作。第三，深化与沿线国家能源合作，形成多角度、深层次的能源产业合作局面；进一步拓宽油气进口渠道，丰富合作类型和领域，减少对中东、非洲等风险频发地区的过度依赖。第四，进一步优化中国与南亚、中亚农产品贸易环境，加强农产品贸易通关合作，加快相关口岸农产品快速通关口岸建设。建立出口农产品生产基地，推动农产品加工贸易发展，挖掘贸易新增长点。

（4）进一步优化贸易投资便利化环境。

贸易投资便利化程度是促进中国与沿线国家贸易发展的重要影响因素，要加快提高贸易便利化水平。第一，深化与“一带一路”沿线各国的海关、质检、电子商务、过境运输等合作，加强边境和通关管理，推动沿线各国的检验检疫交流与合作，制定统一的供应链安全标准、检验标准、开展 AEO 互认。第二，与“一带一路”沿线国家进行监管互认和信息交换，进行海关数据联网，搭建海关跨境合作平台和电子通关系统，互通海关监管数据，实现数据共享，提高通关效率。第三，加强与沿线国家的贸易金融合作，继续加强双边避免双重征税协定、投资保护协定的协商；疏通人民币清算渠道，通过协商方式搭建金融结算服务平台，完善支付结算的相关政策安排和区域内的票据阶段联合结算、银行卡网络互联，逐步建立统一的支付结算网络体系。

在“一带一路”框架下构建区域价值链要着力发挥我国的相对技术优势，践行“大众创业、万众创新”，走中高端化发展道路；同时有效利用中小企业发展基金培育创新环境，使企业不因短暂的眼前利益和严峻的生存压力而放弃转型升级的机会，重回低端锁定的老路；最后，应认清全球价值链中中欧美日等国在技术上仍保持着绝对领先，我国短时间内难以超越，但通过双边投资协定（bilateral investment treaty，BIT 协定）更多地引进吸收其先进技术，有助于巩固我国在区域价值链中的地位。

从经济学的角度看，在规则制定的宏观层面要立足于价值链分工模式中产业互补功能，各个国家可以针对不同发展阶段，根据自身的要素禀赋状态，形成多层次的经贸合作机制。这样不仅可以追求更多的国际贸易和投资的盈利点，还可以聚点为面，逐步形成“一带一路”经济共同体。而在针对企业的微观层面，应以不断改善区域营商环境，降低经济活动的制度成本和交易成本为核心。比如通过提供公共信息平台等措施，让各国政府、企业、个人对不同国家和地区的社会文化、宗教习俗、时局政情等有充分认识，以达到规避投资风险、合理配置资源、保障商贸利益，促进区域商贸繁荣。

3. 推动产业转移，构建“一带一路”框架下以中国为雁首的新雁形模式

雁形模式的核心是产业转移。早在20世纪80年代，亚洲便形成了以日本为核心的雁阵模式。日本以其先进的工业结构占据了雁形分工体系的顶层，新兴工业化经济体处于第二梯队，中国及东盟诸国为第三梯队。3个梯队分别以技术密集与高附加值产业、资本技术密集产业、劳动密集型产业为特征。随着中国产业结构升级以及日本经济持续衰退，以日本为雁首的亚洲产业分工和产业转移模式逐渐被打破。

“一带一路”沿线国家大多处于不同工业化阶段，具有承接产业转移形成新雁形模式的动力和优势。近40年来，中国的比较优势已经发生了动态变化，中国的比较优势产业已经从劳动力密集型产业逐步转为资本和知识密集型产业，在全球价值链分工环节中也从组装和代工等劳动力密集型环节转向了中间品生产等资本和知识密集型环节。根据劳动力成本和各国的自然资源禀赋比较优势，未来5年，中国劳动力密集型行业和资本密集型行业有望依次转移到“一带一路”周边及沿线国家，带动沿线国家产业升级和工业化水平提升，构筑起以中国为雁首的新雁形模式。

为了调整中国的产业结构，使之跟随比较优势变化进行同步调整，需要将不符合比较优势的产业转移出去，从而使得被占用的要素资源重新配置给更符合比较优势的产业，构建“一带一路”框架下以中国为雁首的新雁形模式。对于大部分“一带一路”国家来说，他们的比较优势产业依然是劳动力密集型产业，所以它们可以承接中国相关产业的转移。因此，推动不符合比较优势产业的转移，可以使整个区域内的要素资源得到更合理的配置，并且使“一带一路”国家可以形成更合理的分工，中国则可以更顺利地从价值链低端环节向高端环节攀升，最终实现全球价值链地位的有效提升。

4. 依托自贸园区，实现其与“一带一路”的战略对接

实现“一带一路”建设的“五通”较为可行的途径是在国内以一些核心区域和重要节点作为支撑，而自贸园区是推进“一带一路”建设的重要节点。从最初于2013年9月29日设立的上海自贸园区挂牌成立，到第二批的广东、天津、福建自贸园区，再到2017年4月挂牌的河南、辽宁等7个自贸园区，中国的自贸园区建设大踏步迈入了3.0时代。“一带一路”向纵深发展，未来要加强自贸园区与“一带一路”建设的深度融合，提升我国对外开放水平和促进“一带一路”沿线国家经济发展。

具体有以下五个建议：

第一，完善各自贸园区对接“一带一路”物流体系建设。首先要借助自贸园区平台发展国际物流业务，鼓励远洋物流企业进一步合并重组，提高市场集中度，形成一批国际竞争力强、国际市场份额大的大型物流集团。其次，要营造良好市场环境，合理提供政策引导，形成有序竞争。各自贸园区政府应根据《中欧班列发展规划（2016～2020年）》合理控制补贴力度和时效。枢纽城市可在班列运行初期给予适当补贴，但要逐渐强化市场机制；非枢纽城市应减少班列补贴，引导其为枢纽城市集散货物服务。最后，要加强自贸园区与“一带一路”沿线国家国际班列和跨境物流的协调与管理。

第二，支持自贸园区与沿线国家开展贸易供应链安全与便利合作。加强与沿线国家积极合作，提高各国通关工作对接和管理水平提升，消除投资和贸易壁垒，构建区域内和各国良好的营商环境，激发和释放合作潜力。鼓励自贸园区与“一带一路”沿线国家开展海关、检验检疫、认证认可、标准计量等方面的合作与交流，探索与“一带一路”沿线国家开展贸易供应链安全与便利合作。积极寻求与“一带一路”沿线国家的通关合作，强化政策沟通，提升通关效率，力争实现与沿线国家海关关检互认、信息共享、执法互助，形成一次报关、一次查验、一次放行的“一卡通”通关模式，节约企业通关时间，降低通关成本。

第三，在自贸园区建设经贸合作园区。中国与周边国家之间有很长的陆地和海上边境线，在沿边地区建设跨境经济合作区、边境经济合作区，具有巨大的可能性和现实的可操作性。为此，应吸引各国企业入园投资，形成产业示范区和特色产业园，通过产业园区建设促进现代制造业、服务业、现代农业等相关产业融合发展，把建设境外经济合作区和边境合作区结合起来，建设跨国产业链，形成沿边境线的跨国产业带，进一步建立健全区域合作的供应链、产业链和价值链。优先采取以能源、贸易基建为主，以“资源换项目”、港口特许经营权等多种形式，推动大型能源和基建企业海外投资与运营，推动跨境园区建设，进行多种形式投资合作。

第四，以自贸园区为依托，整合沿线国家金融资源。在人民币资本项目可兑换、人民币跨境使用、外汇管理等重要领域和关键环节自贸园区应先行试验，建立国际化、市场化、法治化的金融服务体系。一是创新“一带一路”投融资服务，以自贸园区为依托，整合沿线国家金融资源，以产业基金、对外援助资金为杠杆，撬动主权财富基金、开发性金融、养老金等全球资金参与“一带一路”建设，推进我国与沿线国家的资本互联互通。二是推动上海打造一批权威性的大宗商品电子交易平台，与“一带一路”沿线国家商讨建立能源、钢铁、黄金、贵金属、棉花、大豆等重要大宗商品定价交易机制，形成具有国际影响力的“上海指数”，推动大宗商品的人民币计价和结算。

第五，对自贸园区参与“一带一路”建设进行统筹协调，加快自贸区融入“一带一路”建设。建立自贸园区参与“一带一路”建设协调平台，优化自贸园区参与“一带一路”建设发展战略路径联动。加强东、中、西部自贸园区经济合作，做好产业链整合与分工，避免省际的无序竞争，形成产业发展合力。加强自贸园区参与“一带一路”建设的政策沟通，破除自贸园区间的政策协调障碍，避免出现省际发展战略功能定位、发展路径雷同等问题，最大限度发挥政策合力。

总之，“一带一路”倡议和自贸园区共同提升我国对外开放水平。自贸园区践行的“贸易便利化、金融国际化”和“一带一路”倡导的“贸易畅通、资金融通”有异曲同工之妙。“一带一路”为我国提供了一个包容、开放的对外发展平台，能够把快速发展的经济同“一带一路”沿线国家的利益结合起来，形成共商、共建、共享的良好合作关系，实现互利共赢。而加快实施自贸园区战略，是全面深化改革、构建开放型经济新体制的必然选择，也是我国积极运筹对外关系、实现对外战略目标的重要手段。“一带一路”倡导“政策沟通、设施联通、贸易畅通、资金融通、民心融通”，侧重以基础设施为先导促进沿线经济体互联互通，自贸园区提倡“投资自由化、贸易市场化、金融国际化、行政法治化”，营造市场化、国际化的营商环境，提高对外开放水平。加强彼此间的有机对接和战略联动，将为我国新一轮对外开放提供有力支撑。

5. 结合自贸区战略，积极推动“一带一路”价值链伙伴关系建设

随着“一带一路”合作向纵深发展，未来要加强自贸区与“一带一路”建设的深度融合，提升我国对外开放水平和促进“一带一路”沿线国家经济发展。

加快实施自由贸易区战略，是中国新一轮对外开放的重要内容。中国共产党的十七大把自由贸易区建设上升为国家战略，中国共产党的十八大提出要加快实施自由贸易区战略。中国共产党的十八届三中、五中全会提出要以周边为基础加快实施自由贸易区战略，形成面向全球的高标准自由贸易区网络。

相比世界其他国家和地区，中国的自贸区战略实施较晚。中国参与的第一个自由贸易区是与东盟建立的中国—东盟自由贸易区，自1999年时任总理朱镕基首次提议，并于2000年11月首次提出构想，到2002年11月，第六次中国—东盟领导人会议在柬埔寨首都金边举行，朱镕基和东盟10国领导人签署了《中国与东盟全面经济合作框架协议》，决定到2010年建成中国—东盟自由贸易区。这标志着中国—东盟建立自由贸易区的进程正式启动，也是中国的第一个自由贸易区工程。截至2017年9月初，中国已经对外签署了15个自由贸易协定，涉及23个国家和地区，正在谈判的自贸区有11个，正在研究的自贸区也有11个①，初步形成了立足周边、辐射“一带一路”、面向全球的自贸区网络。

在“一带一路”倡议的实施和推进过程中，建议构造区域价值链伙伴关系，推动“一带一路”更多的国家融入中国主导的区域价值链网络体系之中。构造区域价值链最重要的是消除贸易壁垒，实现贸易便利化和贸易自由化。全球价值链分工体系之所以在20世纪80年代末得以实现，离不开交易成本的降低以及贸易便利化和贸易自由化的推进。因此，中国要同“一带一路”相关国家合作打造一条自身主导的区域价值链，也需要加强贸易方面的合作。只有贸易壁垒和障碍得到消除才会使得区域价值链真正

① 资料来源：中国自由贸易区服务网，http://fta.mofcom.gov.cn/。

建立起来。中国—东盟自贸区等成功说明了自贸区建设对于推动贸易发展、降低贸易壁垒、促进贸易自由化具有非常显著的作用。因此，中国可以积极与“一带一路”相关国家合作，模仿中国—东盟自贸区，再继续建设一些自贸区。

鉴于沿线国家经济发展水平等方面存在较大的差异，可以分批次、有选择地与相关国家签订自由贸易协议，然后以点带面，大面积、大范围地去推进。中国尤其要注重与主要经贸合作伙伴或对现有自贸区网络建设意义重大的贸易伙伴进行合作，在已建成自贸区基础上进行升级，使“一带一路”倡议落到实处，进而提升各国间经贸合作水平。同时，此举也有助于在国际经贸合作与规则制定中发出更多中国声音、注入更多中国元素。中国与“一带一路”沿线国家自由贸易协议中应充分体现“一带一路”倡议的原则和精神，实现国内政策与沿线国家接轨，实现“一带一路”建设与中国自贸区战略相统一，并借助该倡议对中国自贸区网络进行拓展与升级，从而加强与周边国家政治经济合作。

在降低贸易壁垒和消除贸易障碍方面，中国可以通过与沿线国家间的信息互换、监管互认、执法互助的海关合作，以及检验检疫、认证认可、标准计量、统计信息等方面的双边合作来推进贸易壁垒和贸易障碍的降低和消除。特别是随着新一代信息技术、互联网模块的发展，各国应加快深化在数字贸易、服务贸易，智能制造、绿色制造、新一代信息技术等新兴产业与技术合作。“一带一路”合作框架不妨加快推动“数字贸易协定”的实施，通过执行一系列关于最低海关门槛、中介责任、隐私权、知识产权、消费者保护、电子签名及纠纷解决等问题的新的政策实践，促进信息、贸易、产业的标准与规则统一。此外，中国可以积极同沿线国家和地区进行政策沟通，加强人文交流与合作，构建和谐的贸易投资氛围和构建良好的营商环境，以此来消除无形的贸易壁垒。

10.3 研究展望

第一，由于样本数据的获取来源限制，同时为了保证统计口径的一致性，本书只选择了 2005 年、2008 ~ 2011 年中国制造业行业面板数据进行检验。本书写作时，OECD - WTO 的 TiVA 数据库只更新到 2011 年，且年份并不连续，缺少 2006 年和 2007 年的数据，因此在测算中国制造业价值链参与程度及价值链地位时，只能测算这 5 个年份的数据；而且 TiVA 数据库里涉及“一带一路”沿线国家除中国以外只有 26 个，为了保证统计口径的一致性，实证分析中只能以这 26 个国家的数据来替代“一带一路”沿线 65 个国家，这也在一定程度上影响了测算结果的准确性。在今后的研究中，随着各大数据库建设越来越完备，应该积极主动发现和挖掘微观数据，以便更精确地进行统计和计量方面的分析。

第二，对于“一带一路”倡议下中国制造业价值链地位提升的实证研究结果精确性不够，主要是因为，一方面“一带一路”倡议思路形成于 2013 年，完善于 2014 年，实施于 2015 年，其影响可能并未充分发挥出来，从而使研究结果准确性稍欠，另一方面本书选取的“一带一路”倡议的工具变量是中国与“一带一路”国家制造业的进出口贸易，数据只更新到 2011 年。随着时间的推移，随着“一带一路”倡议的不断推进，其对中国制造业价值链地位提升的影响应该会充分发挥出来，今后的研究结果必然会日趋精准。

第三，现实经济生活中，影响制造业价值链地位提升的因素是多样的，比如宏观经济政策、相关产业发展等，本书未能将更多的影响因素纳入模型，从而在一定程度上可能影响了结果的精确性，在今后的讨论中应尽量全面地将影响因素纳入研究内容，这也是今后研究的努力方向。

附　录

表　　中国出口额及其占世界出口总额的比重和位次

年份	世界出口总额（亿美元）	中国出口额（亿美元）	中国出口额占世界出口总额的比重（%）	位次
1980	20360	181	0.9	26
1981	20140	220	1.1	19
1982	18860	223	1.2	17
1983	18460	222	1.2	17
1984	19560	261	1.3	18
1985	19530	274	1.4	17
1986	21390	309	1.4	16
1987	25160	394	1.6	16
1988	28690	475	1.7	16
1989	30990	525	1.7	14
1990	34900	621	1.8	15
1991	35110	719	2.0	13
1992	37790	849	2.2	11
1993	37950	917	2.4	11
1994	43280	1210	2.8	11
1995	51680	1488	2.9	11
1996	54060	1511	2.8	11
1997	55920	1827	3.3	10
1998	55030	1837	3.3	9
1999	57190	1949	3.4	9
2000	64580	2492	3.9	7
2001	61950	2661	4.3	6

续表

年份	世界出口总额（亿美元）	中国出口额（亿美元）	中国出口额占世界出口总额的比重（%）	位次
2002	64990	3256	5.0	5
2003	75900	4382	5.8	4
2004	92230	5933	6.4	3
2005	105090	7620	7.3	3
2006	121310	9690	8.0	3
2007	140230	12205	8.7	2
2008	161600	14307	8.9	2
2009	125550	12016	9.6	1
2010	153010	15778	10.3	1
2011	183380	18984	10.4	1
2012	184960	20487	11.1	1
2013	189480	22090	11.7	1
2014	189950	23423	12.3	1
2015	164820	22735	13.8	1

注：根据 WTO 网站公布的数据对历年“世界出口总额”进行了调整。
资料来源：2016 年《中国贸易外经统计年鉴》。

参考文献

［1］蔡玲、袁春晓:《中国对“一带一路”沿线国家的制造业出口发展研究》，载于《国际贸易》2017年第4期。

［2］蔡中华、王一帆、董广巍:《中国在“一带一路”国家专利与出口结构关系的研究——基于行业层面相似度指数的分析》，载于《国际贸易问题》2016年第7期。

［3］岑丽君:《中国在全球生产网络中的分工与贸易地位——基于TiVA数据与GVC指数的研究》，载于《国际贸易问题》2015年第1期。

［4］陈锡康、杨翠红:《投入产出技术》，科学出版社2011年版。

［5］陈晓华、黄先海、刘慧:《中国出口技术结构演进的机理与实证研究》，载于《管理世界》2011年第3期。

［6］陈勇兵、陈宇媚、周世民:《贸易成本，企业出口动态与出口增长的二元边际——基于中国出口企业微观数据：2000～2005》，载于《经济学（季刊)》2012年第11期。

［7］程大为:《共塑“一带一路”区域价值链》，载于《经济日报》2017年5月31日。

［8］程大中:《中国参与全球价值链分工的程度及演变趋势——基于跨国投入—产出分析》，载于《经济研究》2015年第9期。

［9］崔日明、黄英婉:《“一带一路”沿线国家贸易投资便利化评价指标体系研究》，载于《国际贸易问题》2016年第9期。

［10］戴翔、李洲:《全球价值链上的中国产业：地位变迁及国际比较》，载于《财经科学》2017年第7期。

［11］戴翔、张二震:《我国外向型经济发展如何实现新突破——基于空间、结构和活力三维度分析》，载于《南京社会科学》2017年第9期。

［12］董有德、李晓静:《“一带一路”与跨境贸易人民币结算发展的地区差异——基于中国各省份面板数据的研究》，载于《国际贸易问题》

2015 年第 11 期。

［13］丁小义、胡双丹：《基于国内增值的中国出口复杂度测度分析——兼论“Rodrik 悖论”》，载于《国际贸易问题》2013 年第 4 期。

［14］杜修立、王维国：《中国出口贸易的技术结构及其变迁：1980 ~ 2003》，载于《经济研究》2007 年第 7 期。

［15］樊纲、关志雄、姚枝仲：《国际贸易结构分析：贸易品的技术分布》，载于《经济研究》2006 年第 8 期。

［16］樊茂清、黄薇：《基于全球价值链分解的中国贸易产业结构演进研究》，载于《世界经济》2014 年第 2 期。

［17］冯维江、徐秀军：《一带一路：迈向治理现代化的大战略》，机械工业出版社 2016 年版。

［18］冯宗宪、蒋伟杰：《基于产业内贸易视角的“一带一路”国家战略研究》，载于《国际贸易问题》2017 年第 3 期。

［19］高敬峰：《进口贸易提高了中国制造行业出口技术含量吗?》，载于《世界经济研究》2013 年第 3 期。

［20］高敬峰、王庭东：《中国参与全球价值链的区域特征分析——基于垂直专业化分工的视角》，载于《世界经济研究》2017 年第 4 期。

［21］葛顺奇、罗伟：《跨国公司进入与中国制造业产业结构——基于全球价值链视角的研究》，载于《经济研究》2015 年第 11 期。

［22］龚静、尹忠明：《铁路建设对我国“一带一路”倡议的贸易效应研究——基于运输时间和运输距离视角的异质性随机前沿模型分析》，载于《国际贸易问题》2016 年第 2 期。

［23］公丕萍、宋周莺、刘卫东：《中国与“一带一路”沿线国家贸易的商品格局》，载于《地理科学进展》2015 年第 5 期。

［24］关志雄：《从美国市场看“中国制造”的实力——以信息技术产品为中心》，载于《国际经济评论》2012 年第 4 期。

［25］国家信息中心“一带一路”大数据中心，大连东北亚大数据中心，“一带一路”大数据技术有限公司，大连瀚闻资讯有限公司：《中国与“一带一路”沿线国家贸易合作之大数据》，载于《中国外汇》2017 年第 8 期。

［26］国家信息中心“一带一路”大数据中心，大连瀚闻资讯有限公司：《“一带一路”贸易合作大数据报告 2018》，2018 年版。

［27］韩永辉、罗晓斐：《中国与中亚区域贸易合作治理研究——兼

论“一带一路”倡议下共建自贸区的可行性》，载于《国际经贸探索》2017年第2期。

[28] 韩永辉、罗晓斐、邹建华：《中国与西亚地区贸易合作的竞争性和互补性研究——以“一带一路”倡议为背景》，载于《世界经济研究》2015年第3期。

[29] 韩永辉、邹建华：《“一带一路”背景下的中国与西亚国家贸易合作现状和前景展望》，载于《国际贸易》2014年第8期。

[30] 黄立群：《“一带一路”贸易畅通策略研究》，载于《国际贸易》2016年第8期。

[31] 黄庆波：《“一带一路”倡议下我国与沿线国家的贸易格局重构分析》，载于《国际贸易》2017年第1期。

[32] 黄群慧：《工业化蓝皮书：“一带一路”沿线国家工业化进程报告》，社会科学文献出版社2015年版。

[33] 黄先海、杨高举：《中国高技术产业的国际分工地位研究：基于非竞争型投入占用产出模型的跨国分析》，载于《世界经济》2010年第5期。

[34] 黄先海、余骁：《以“一带一路”建设重塑全球价值链》，载于《经济学家》2017年第3期。

[35] 洪静、陈飞翔、吕冰：《CAFTA框架下中国参与全球价值链的演变趋势——基于出口国内附加值的分析》，载于《国际贸易问题》2017年第6期。

[36] 洪世勤、刘厚俊：《中国制造业出口技术结构的测度及影响因素研究》，载于《数量经济技术经济研究》2015年第3期。

[37] 洪银兴：《参与全球经济治理：攀升全球价值链中高端》，载于《南京大学学报（哲学·人文科学·社会科学)》2017年第4期。

[38] 贾庆国：《大胆设想需要认真落实“一带一路”亟待弄清和论证的几大问题》，载于《人民论坛》2015年第9期。

[39] 江小涓：《中国的外资经济对增长结构升级和竞争力的贡献》，载于《中国社会科学》2002年第6期。

[40] 蒋瑛、谭新生：《利用外商直接投资与中国外贸竞争力》，载于《世界经济》2004年第7期。

[41] 孔庆峰、董虹蔚：《“一带一路”国家的贸易便利化水平测算与贸易潜力研究》，载于《国际贸易问题》2015年第12期。

[42] 寇宗来:《技术差距，后发陷阱和创新激励——一个纵向差异模型》，载于《经济学（季刊)》2009 年第 8 期。

[43] 黎峰:《全球价值链下的出口产品结构与贸易收益——基于增加值视角》，载于《世界经济研究》2016 年第 3 期。

[44] 黎峰:《增加值视角下的中国国家价值链分工——基于改进的区域投入产出模型》，载于《中国工业经济》2016 年第 3 期。

[45] 李跟强、潘文卿:《国内价值链如何嵌入全球价值链：增加值的视角》，载于《管理世界》2016 年第 7 期。

[46] 李宏艳、王岚:《全球价值链视角下的贸易利益：研究进展述评》，载于《国际贸易问题》2015 年第 5 期。

[47] 李建军、孙慧:《全球价值链分工、制度质量与中国 ODI 的区位选择偏好——基于“一带一路”沿线主要国家的研究》，载于《经济问题探索》2017 年第 5 期。

[48] 李军、蔡春林:《“一带一路”建设的国际贸易效应评述与展望》，载于《改革与战略》2016 年第 7 期。

[49] 李向阳:《亚太蓝皮书：亚太地区发展报告（2015)》，中国社会科学文献出版社 2015 年版。

[50] 李昕、徐滇庆:《中国外贸依存度和失衡度的重新估算——全球生产链中的增加值贸易》，载于《中国社会科学》2013 年第 1 期。

[51] 李杨、黄艳希、谷玮:《全球价值链视角下的中国产业供需匹配与升级研究》，载于《数量经济技术经济研究》2017 年第 4 期。

[52] 李玉梅、刘雪娇、杨立卓:《外商投资企业撤资：动因与影响机理——基于东部沿海 10 个城市问卷调查的实证分析》，载于《管理世界》2016 年第 4 期。

[53] 梁海明:《“一带一路”经济学》，西南财经大学出版社 2016 年版。

[54] 梁琦、吴新生:《“一带一路”沿线国家双边贸易影响因素研究——基于拓展引力方程的实证检验》，载于《经济学家》2016 年第 12 期。

[55] 林桂军:《夯实外贸发展的产业基础　向全球价值链高端攀升》，载于《国际贸易问题》2016 年第 11 期。

[56] 刘斌、王杰、魏倩:《对外直接投资与价值链参与：分工地位与升级模式》，载于《中国工业经济》2015 年第 12 期。

[57] 刘洪铎、李文宇、陈和:《文化交融如何影响中国与“一带一路”沿线国家的双边贸易往来——基于 1995 ~ 2013 年微观贸易数据的实

证检验》，载于《国际贸易问题》2016 年第 2 期。

[58] 刘琳：《全球价值链、制度质量与出口品技术含量——基于跨国层面的实证分析》，载于《国际贸易问题》2015 年第 10 期。

[59] 刘琳：《中国参与全球价值链的测度与分析——基于附加值贸易的考察》，载于《世界经济研究》2015 年第 6 期。

[60] 刘琳、盛斌：《全球价值链和出口的国内技术复杂度——基于中国制造业行业数据的实证检验》，载于《国际贸易问题》2017 年第 3 期。

[61] 刘仕国、吴海英、马涛、张磊、彭莉、于建勋：《利用全球价值链促进产业升级》，载于《国际经济评论》2015 年第 1 期。

[62] 刘卫东、刘志高：《“一带一路”建设对策研究》，科学出版社 2016 年版。

[63] 刘维林：《中国式出口的价值创造之谜：基于全球价值链的解析》，载于《世界经济》2015 年第 3 期。

[64] 刘维林、李兰冰、刘玉海：《全球价值链嵌入对中国出口技术复杂度的影响》，载于《中国工业经济》2014 年第 6 期。

[65] 刘宇、吕郢康、全水萍：《“一带一路”倡议下贸易便利化的经济影响——以中哈贸易为例的 GTAP 模型研究》，载于《经济评论》2016 年第 6 期。

[66] 刘志彪、张杰：《全球代工体系下发展中国家俘获型网络的形成、突破与对策——基于 GVC 与 NVC 的比较视角》，载于《中国工业经济》2007 年第 5 期。

[67] 刘志彪、张杰：《我国本土制造业企业出口决定因素的实证分析》，载于《经济研究》2009 年第 8 期。

[68] 卢锋、李昕、李双双、姜志霄、张杰平、杨业伟：《为什么是中国?——“一带一路”的经济逻辑》，载于《国际经济评论》2015 年第 3 期。

[69] 吕越、罗伟、刘斌：《异质性企业与全球价值链嵌入：基于效率和融资的视角》，载于《世界经济》2015 年第 8 期。

[70] 罗长远、张军：《附加值贸易：基于中国的实证分析》，载于《经济研究》2014 年第 6 期。

[71] 马述忠、张洪胜、王笑笑：《融资约束与全球价值链地位提升——来自中国加工贸易企业的理论与证据》，载于《中国社会科学》2017 年第 1 期。

[72] 马野青、张梦、巫强：《什么决定了中国制造业在全球价值链中的地位?——基于贸易增加值的视角》，载于《南京社会科学》2017 年第 3 期。

[73] 孟猛：《中国在国际分工中的地位：基于出口最终品全部技术含量与国内技术含量的跨国比较》，载于《世界经济研究》2012 年第 3 期。

[74] 孟祺：《基于“一带一路”的制造业全球价值链构建》，载于《财经科学》2016 年第 2 期。

[75] 潘文卿、王丰国、李根强：《全球价值链背景下增加值贸易核算理论综述》，载于《统计研究》2015 年第 3 期。

[76] 彭羽、沈玉良：《“一带一路”沿线自由贸易协定与中国 FTA 网络构建》，载于《世界经济研究》2017 年第 8 期。

[77] 綦建红、孟珊珊：《要素禀赋、贸易成本与中国出口产品多元化的目标国差异——以“一带一路”沿线国家为例》，载于《南方经济》2016 年第 8 期。

[78] 柒江艺、许和连：《行业异质性、适度知识产权保护与出口技术进步》，载于《中国工业经济》2012 年第 2 期。

[79] 钱书法、邰俊杰、周绍东：《从比较优势到引领能力：“一带一路”区域价值链的构建》，载于《改革与战略》2017 年第 9 期。

[80] 乔小勇、王耕、李泽怡：《全球价值链国内外研究回顾——基于 SCI/SSCI/CSSCI 文献的分析》，载于《亚太经济》2017 年第 1 期。

[81] 秦升：《“一带一路”：重构全球价值链的中国方案》，载于《国际经济合作》2017 年第 9 期。

[82] 桑百川：《提升我国企业在全球价值链中的地位》，载于《人民日报》2016 年 3 月 27 日。

[83] 桑百川、杨立卓：《拓展我国与“一带一路”国家的贸易关系——基于竞争性与互补性研究》，载于《经济问题》2015 年第 8 期。

[84] 沈铭辉、张中元：《“一带一路”背景下的国际产能合作——以中国—印尼合作为例》，载于《国际经济合作》2017 年第 3 期。

[85] 沈能、周晶晶：《参与全球生产网络能提高中国企业价值链地位吗：“网络馅饼”抑或“网络陷阱”》，载于《管理工程学报》2016 年第 4 期。

[86] 申现杰、肖金成：《国际区域经济合作新形势与我国“一带一

路"合作战略》，载于《宏观经济研究》2014 年第 11 期。

[87] 盛斌、陈帅：《全球价值链如何改变了贸易政策：对产业升级的影响和启示》，载于《国际经济评论》2015 年第 1 期。

[88] 盛斌、马涛：《中国工业部门垂直专业化与国内技术含量的关系研究》，载于《世界经济研究》2008 年第 8 期。

[89] 舒杏、王佳、胡锡琴：《中国企业对"一带一路"国家出口频率研究——基于 Nbreg 计数模型》，载于《国际贸易问题》2016 年第 5 期。

[90] 宋周莺、车姝韵、张薇：《我国与"一带一路"沿线国家贸易特征研究》，载于《中国科学院院刊》2017 年第 4 期。

[91] 苏杭：《"一带一路"倡议下我国制造业海外转移问题研究》，载于《国际贸易》2015 年第 3 期。

[92] 苏庆义：《中国加强与"一带一路"沿线国家经贸联系的政策思考》，载于《国际贸易》2017 年第 4 期。

[93] 孙楚仁、张楠、刘雅莹：《"一带一路"倡议与中国对沿线国家的贸易增长》，载于《国际贸易问题》2017 年第 2 期。

[94] 孙瑾、杨英俊：《中国与"一带一路"主要国家贸易成本的测度与影响因素研究》，载于《国际贸易问题》2016 年第 5 期。

[95] 孙力军：《金融发展，FDI 与经济增长》，载于《数量经济技术经济研究》2008 年第 1 期。

[96] 孙致陆、李先德：《"一带一路"沿线国家与中国农产品贸易现状及农业经贸合作前景》，载于《国际贸易》2016 年第 11 期。

[97] 唐海燕、张会清：《产品内国际分工与发展中国家的价值链提升》，载于《经济研究》2009 年第 9 期。

[98] 唐宜红、张鹏杨：《FDI、全球价值链嵌入与出口国内附加值》，载于《统计研究》2017 年第 4 期。

[99] 田文、张亚青、佘珉：《全球价值链重构与中国出口贸易的结构调整》，载于《国际贸易问题》2015 年第 3 期。

[100] 王岚：《融入全球价值链对中国制造业国际分工地位的影响》，载于《统计研究》2014 年第 5 期。

[101] 王岚、李宏艳：《中国制造业融入全球价值链路径研究——嵌入位置和增值能力的视角》，载于《中国工业经济》2015 年第 2 期。

[102] 王缉思：《"西进"，中国地缘战略的再平衡》，载于《环球时报》2012 年 10 月 17 日。

［103］王美昌、徐康宁：《“一带一路”国家双边贸易与中国经济增长的动态关系——基于空间交互作用视角》，载于《世界经济研究》2016年第2期。

［104］王明益：《技术差距对我国出口产品质量影响研究》，中国纺织出版社2019年版。

［105］王恕立、吴永亮：《全球价值链模式下的国际产业转移——基于贸易增加值的实证分析》，载于《国际贸易问题》2017年第5期。

［106］王孝松、吕越、赵春明：《贸易壁垒与全球价值链嵌入——以中国遭遇反倾销为例》，载于《中国社会科学》2017年第1期。

［107］王玉燕、林汉川：《全球价值链嵌入能提升工业转型升级效果吗——基于中国工业面板数据的实证检验》，载于《国际贸易问题》2015年第11期。

［108］王直、魏尚进、祝坤福：《总贸易核算法：官方贸易统计与全球价值链的度量》，载于《中国社会科学》2015年第9期。

［109］魏龙、王磊：《从嵌入全球价值链到主导区域价值链——“一带一路”倡议的经济可行性分析》，载于《国际贸易问题》2016年第5期。

［110］魏龙、王磊：《全球价值链体系下中国制造业转型升级分析》，载于《数量经济技术经济研究》2017年第6期。

［111］魏巍、吴明、吴鹏：《不同发展水平国家在全球价值链中位置差异分析——基于国际产业转移视角》，载于《产业经济研究》2016年第1期。

［112］吴福象、段巍：《国际产能合作与重塑中国经济地理》，载于《中国社会科学》2017年第2期。

［113］习近平：《携手推进“一带一路”建设》，载于《人民日报》2017年5月15日。

［114］许和连、孙天阳、成丽红：《“一带一路”高端制造业贸易格局及影响因素研究——基于复杂网络的指数随机图分析》，载于《财贸经济》2015年第12期。

［115］杨高举、黄先海：《内部动力与后发国分工地位升级——来自中国高技术产业的证据》，载于《中国社会科学》2013年第2期。

［116］杨广青、杜海鹏：《人民币汇率变动对我国出口贸易的影响——基于“一带一路”沿线79个国家和地区面板数据的研究》，载于《经济学家》2015年第11期。

[117] 杨静、徐曼:《全球价值链的空间拓展机理探究——兼论“一带一路”建设的路径构想》,载于《中国特色社会主义研究》2017 年第 2 期。

[118] 杨连星、罗玉辉:《中国对外直接投资与全球价值链升级》,载于《数量经济技术经济研究》2017 年第 6 期。

[119] 杨玲:《生产性服务进口复杂度及其对制造业增加值率影响研究——基于“一带一路”18 省份区域异质性比较分析》,载于《数量经济技术经济研究》2016 年第 2 期。

[120] 杨汝岱、姚洋:《有限赶超和大国经济发展》,载于《国际经济评论》2006 年第 4 期。

[121] 杨汝岱、姚洋:《有限赶超和经济增长》,北京大学中国经济研究中心讨论稿 2007 (C2007016)。

[122] 杨晓静:《FDI 技术溢出对中国本土制造业出口国内技术含量的影响研究》,经济科学出版社 2016 年版。

[123] 杨晓静:《中国本土制造业价值链地位提升了吗?——基于出口国内技术含量的分析》,载于《山东财经大学学报》2019 年第 2 期。

[124] 姚洋、章奇:《中国工业企业技术效率分析》,载于《经济研究》2001 年第 10 期。

[125] 姚洋、张晔:《中国出口品国内技术含量升级的动态研究——来自全国及江苏省,广东省的证据》,载于《中国社会科学》2008 年第 2 期。

[126] 于津平、邓娟:《垂直专业化、出口技术含量与全球价值链分工地位》,载于《世界经济与政治论坛》2014 年第 2 期。

[127] 余珮:《全球工厂理论述评及新常态下对中国制造业的启示》,载于《经济学家》2015 年第 7 期。

[128] 詹晓宁、葛顺奇:《出口竞争力与跨国公司 FDI 的作用》,载于《世界经济》2002 年第 11 期。

[129] 张定胜、刘洪愧、杨志远:《中国出口在全球价值链中的位置演变——基于增加值核算的分析》,载于《财贸经济》2015 年第 11 期。

[130] 张二震,戴翔:《以“一带一路”为抓手构建全球价值链》,载于《新华日报》2017 年 5 月 25 日。

[131] 张海洋:《R&D 两面性,外资活动与中国工业生产率增长》,载于《经济研究》2005 年第 5 期。

[132] 张辉:《全球价值双环流架构下的“一带一路”倡议》,载于《经济科学》2015 年第 3 期。

[133] 张辉、易天、唐毓璇：《一带一路：全球价值双环流研究》，载于《经济科学》2017年第3期。

[134] 张会清、唐海燕：《产品内国际分工与中国制造业技术升级》，载于《世界经济研究》2011年第6期。

[135] 张红星、何颖：《"一带一路"倡议下中巴自由贸易协定研究》，载于《国际经济合作》2016年第9期。

[136] 张杰、郑文平：《全球价值链下中国本土企业的创新效应》，载于《经济研究》2017年第3期。

[137] 张良卫：《"一带一路"倡议下的国际贸易与国际物流协同分析——以广东省为例》，载于《财经科学》2015年第7期。

[138] 张良悦、刘东：《"一带一路"与中国经济发展》，载于《经济学家》2015年第11期。

[139] 张茉楠：《"一带一路"倡议框架下的全球价值链合作》，载于《区域经济评论》2016年第5期。

[140] 张茉楠：《基于全球价值链的"一带一路"推进战略》，载于《宏观经济管理》2016年第9期。

[141] 张庆萍、朱晶：《中国与上合组织国家农业贸易与投资合作——基于"一带一路"倡议框架下的分析》，载于《国际经济合作》2017年第2期。

[142] 张生玲、魏晓博、张晶杰：《"一带一路"倡议下中国能源贸易与合作展望》，载于《国际贸易》2015年第8期。

[143] 张天顶：《全球价值链重构视角下中国企业国际化的影响因素》，载于《统计研究》2017年第1期。

[144] 赵东麟、桑百川：《"一带一路"倡议下的国际产能合作——基于产业国际竞争力的实证分析》，载于《国际贸易问题》2016年第10期。

[145] 赵可金：《一带一路：从愿景到行动》，北京大学出版社2015年版。

[146] 朱竞若、杜尚泽、裴广江：《习近平出席"一带一路"国际合作高峰论坛开幕式并发表主旨演讲》，载于《人民日报》2017年5月15日。

[147] 祝树金、戢璇、傅晓岚：《出口品技术水平的决定性因素：来自跨国面板数据的证据》，载于《世界经济》2010年第4期。

[148] 祝树金、张鹏辉：《中国制造业出口国内技术含量及影响因素》，载于《统计研究》2013年第6期。

[149] 中国人民大学重阳金融研究院:《“一带一路”与国际贸易新格局:“一带一路”智库研究蓝皮书:2015~2016》,中信出版社2016年版。

[150] 邹嘉龄、刘春腊、尹国庆、唐志鹏:《中国与“一带一路”沿线国家贸易格局及其经济贡献》,载于《地理科学进展》2015年第5期。

[151] 周靖祥、曹勤:《FDI与出口贸易结构关系研究(1978~2005)——基于DLM与TVP模型检验》,载于《数量经济技术经济研究》2007年第9期。

[152] Aitken B. J., Harrison A. E., Do Domestic Firms Benefit from Direct Foreign Investment? Evidence from Venezuela. *American Economic Review*, Vol. 89, No. 3, March 1999, pp. 605 – 618.

[153] Amiti M., Smarzynska Javorcik B., Trade Costs and Location of Foreign Firms in China. *Journal of Development Economics*, Vol. 85, No. 1, January 2008, pp. 129 – 149.

[154] Antràs P., Hillberry R., Measuring the Upstreamness of Production and Trade Flows. *American Economic Review*, Vol. 102, No. 3, March 2012, pp. 412 – 416.

[155] Arrow, Kenneth J., The Economic Implications of "Learning by Doing". *The Review of Economic Studies*, 1962, 29 (3): 155 – 173.

[156] Baldwin R., *Trade and Industrialization after Globalization's 2nd Unbundling: How Building and Joining a Supply Chain are Different and Why it Matters*. NBER Working Paper, No. 17716, 2012.

[157] Baldwin R., Lopez – Gonzalez J., *Supply – Chain Trade: A Portrait of Global Patterns and Several Testable Hypotheses*, NBER Working Paper, No. 18957, 2013.

[158] Brandt L., Thun E., Going Mobile in China: Shifting Value Chains and Upgrading in the Mobile Telecom Sector, *International Journal of Technological Learning, Innovation and Development*, 2011, 4 (1 – 3): 148 – 180.

[159] Branstetter L., Lardy N., *China's Embrace of Globalization*. NBER Working Paper, No. 12373, 2006.

[160] Caves R. E., Multinational Firms, Competition, and Productivity in Host – Country Markets. *Economica*, Vol. 41, No. 162, 1974, pp. 176 – 193.

[161] Caves R. E., *Multinational Enterprises and Economic Analysis*.

Cambridge: Cambridge University Press, 1996.

[162] Chen N., Novy D., Gravity, Trade Integration, and Heterogeneity across Industries. *Journal of International Economics*, Vol. 85, No. 2, 2011, pp. 206 – 221.

[163] Damijan J. P., Rojec M., Majcen B., et al., Impact of Firm Heterogeneity on Direct and Spillover Effects of FDI: Micro – Evidence from Ten Transition Countries. *Journal of Comparative Economics*, Vol. 41, No. 3, 2013, pp. 895 – 922.

[164] De La Potterie B. V. P., Lichtenberg F., Does Foreign Direct Investment Transfer Technology across Borders?. *Review of Economics and Statistics*, Vol. 83, No. 3, 2001, pp. 490 – 497.

[165] Dinopoulos E., Segerstrom P., Intellectual Property Rights, Multinational Firms and Economic Growth. *Journal of Development Economics*, Vol. 92, No. 1, 2010, pp. 13 – 27.

[166] Felipe J., Kumar U., Usui N., et al., Why has China Succeeded? And Why it will Continue to do so. *Cambridge Journal of Economics*, Vol. 37, No. 4, 2013, pp. 791 – 818.

[167] Glass A. J., Wu X., Intellectual Property Rights and Quality Improvement. *Journal of Development Economics*, Vol. 82, No. 2, 2007, pp. 393 – 415.

[168] Greenaway D., Sousa N., Wakelin K., Do Domestic Firms Learn to Export from Multinationals?. *European Journal of Political Economy*, Vol. 20, No. 4, 2004, pp. 1027 – 1043.

[169] Grossman G. M., Helpman E., Trade, Knowledge Spillovers, and Growth. *European Economic Review*, Vol. 35, No. 2, 1991, pp. 517 – 526.

[170] Grubel H. G., Lloyd P. J., *Intra – Industry Trade: the Theory and Measurement of International Trade in Differentiated Products*. London: Macmillan, 1975.

[171] Hausmann R., Hwang J., Rodrik D., *What You Export Matters*. National Bureau of Economic Research. No. 11905, 2005.

[172] Hausmann R., Rodrik D., Economic Development as Self – Discovery. *Journal of Development Economics*, Vol. 72, No. 2, 2003, pp. 603 – 633.

[173] Henderson J. V., Marshall's Scale Economies. *Journal of Urban Economics*, Vol. 53, No. 1, pp. 1 – 28.

[174] Hummels D., Ishii J., Yi K. M., The Nature and Growth of Vertical Specialization in World Trade. *Journal of International Economics*, Vol. 54, No. 1, 2001, pp. 75 – 96.

[175] Kaplinsky R., Farooki M., What are the Implications for Global Value Chains When the Market Shifts from the North to the South? . *International Journal of Technological Learning, Innovation and Development*, Vol. 4, No. 1 – 3, pp. 13 – 38.

[176] Keller W., Yeaple S. R., SSRN – Multinational Enterprises, International Trade, and Productivity Growth: Firm-level Evidence from the United States by Wolfgang Keller, Stephen Yeaple. *Discussion Paper Series* 1: *Economic Studies*, 2005.

[177] Kemeny, T., Does Foreign Direct Investment Drive Technological Upgrading? *World Development*, Vol. 38, No. 1, 2010, pp. 1543 – 1554.

[178] Koopman R., Wang Z., Wei Shangjin, How Much of Chinese Export is Really Made in China? Assessing Domestic Value – Added When Processing Trade is Pervasive. NBER Working Paper, No. 14109, 2008.

[179] Koopman R., Wang Z., Wei Shangjin, *Give Credit Where Credit is due*: *Tracing Value Added in Global Production Chains*. NBER Working Paper, No. 16426, 2010.

[180] Koopman R., Wang Z., Wei Shangjin, *Tracing Value – Added and Double Counting in Gross Exports*. NBER Working Paper, No. 18579, 2012a.

[181] Koopman R., Wang Z., Wei Shangjin, Estimating Domestic Content in Exports When Processing Trade is Pervasive. *Journal of Development Economics*, Vol. 99, No. 1, 2012b, pp. 178 – 189.

[182] Lall S., Vertical Inter-firm Linkages in LDCs: An Empirical Study. *Oxford Bulletin of Economics and Statistics*, Vol. 42, No. 3, 1980, pp. 203 – 226.

[183] Lall S., The Technological structure and performance of developing country manufactured exports, 1985 – 1998. *Oxford development studies*, Vol. 28, No. 3, 2000, pp. 337 – 369.

[184] Lall S., Weiss J., Zhang J., The "Sophistication" of Exports: a New Trade Measure. *World Development*, Vol. 34, No. 2, 2006, pp. 222 – 237.

[185] Lipsey R. E., *Home-and Host – Country Effects of Foreign Direct Investment, Challenges to Globalization: Analyzing the Economics*. Chicago: University of Chicago Press, 2004.

[186] MacDougall G. D. A., The Benefits and Costs of Private Investment from Abroad: A Theoretical Approach: *Bulletin of the Oxford University Institute of Economics & Statistics*, Vol. 22, No. 3, 1960, pp. 189 – 211.

[187] Michaely M., *Trade, Income Levels, and Dependence*. Amsterdam: North – Holland, 1984.

[188] Mansfield E., Romeo A., Technology Transfer to Overseas Subsidiaries by US-based Firms. *The Quarterly Journal of Economics*, Vol. 95, No. 4, 1980, pp. 737 – 750.

[189] Markusen J. R., Venables A. J., Foreign Direct Investment as a Catalyst for Industrial Development. *European economic review*, Vol. 43, No. 2, 1999, pp. 335 – 356.

[190] Melitz M. J., TheImpact of Trade on Intra - industry Reallocations and Aggregate Industry Productivity. *Econometrica*, Vol. 71, No. 6, 2003, pp. 1695 – 1725.

[191] Merlevede B., Schoors K., On the Speed of Economic Reform-a Tale of the Tortoise and the Hare: Evidence from Transition Countries. *Journal of Economic Policy Reform*, Vol. 10, No. 1, 2007, pp. 29 – 50.

[192] Morris M., Staritz C., Barnes J., Value Chain Dynamics, Local Embeddedness, and Upgrading in the Clothing Sectors of Lesotho and Swaziland. *International Journal of Technological Learning, Innovation and Development*, Vol. 4, No. 1 – 3, 2011, pp. 96 – 119.

[193] Nelson R. R., Phelps E. S., Investment in Humans, Technological Diffusion, and Economic Growth. *The American Economic Review*, Vol. 56, No. 1/2, 1966, pp. 69 – 75.

[194] Naughton B. J., The Chinese Economy: Transitions and Growth., *Mit Press Books*, Vol. 1, No. 4, 2007, pp. 511 – 513.

[195] Poncet S., Starosta de Waldemar F., Export Upgrading and Growth: the Prerequisite of Domestic Embeddedness. *World Development*,

Vol. 51, No. 16, 2013, pp. 104 – 118.

[196] Rivera – Batiz L. A., Romer P. M., Economic Integration and Endogenous Growth. *The Quarterly Journal of Economics*, Vol. 106, No. 2, 1991, pp. 531 – 555.

[197] Rodrik D., What's so Special about China's Exports? . *China & World Economy*, Vol. 14, No. 5, 2006, pp. 1 – 19.

[198] Romer P. M., Increasing Returns and Long-run Growth. *The Journal of political economy*, Vol. 94, No. 5, 1986, pp. 1002 – 1037.

[199] Romer P. M., Endogenous Technological Change. *Journal of Political Economy*, Vol. 98, No. 5, 1990, pp. S71 – 102.

[200] Savvides A., Zachariadis M., International Technology Diffusion and the Growth of TFP in the Manufacturing Sector of Developing Economies. *Review of Development Economics*, Vol. 9, No. 4, 2005, pp. 482 – 501.

[201] Schrader S., Informal Technology Transfer between Firms: Cooperation through Information Trading. *Research policy*, Vol. 20, No. 2, 1991, pp. 153 – 170.

[202] Schott P. K., The Relative Sophistication of Chinese Exports. *Economic policy*, Vol. 23, No. 53, 2008, pp. 5 – 49.

[203] Smith A., Rainnie A., Dunford M., et al., Networks of Value, Commodities and Regions: Reworking Divisions of Labour in Macro – Regional Economies. *Progress in Human Geography*, Vol. 26, No. 1, 2002, pp. 41 – 63.

[204] Van Assche A., Ganges B., Electronics Production Upgrading: Is China Exceptional? . *Applied Economics Letters*, Vol. 17, No. 5, 2010, pp. 477 – 482.

[205] Wang J. Y., Blomström M., Foreign Investment and Technology Transfer: A Simple Model, *European Economic Review*, Vol. 36, No. 1, 1992, pp. 137 – 155.

[206] Wang Z., Wei S. J., The Chinese Export Bundles – Patterns, Puzzles and Possible Explanations, *Macroeconomics Working Papers*, No. 226, 2008.

[207] Wang Z., Wei S. J., *What Accounts for the Rising Sophistication of China's Exports?*, *China's Growing Role in World Trade*. Chicago: University of Chicago Press, 2010, pp. 63 – 104.

[208] Xu B., Lu J. y., Foreign Direct Investment, Processing Trade, and the Sophistication of China's Exports. *China Economic Review*, Vol. 20, No. 3, 2009, pp. 425 – 439.

[209] Xu B., Wang J., Trade, FDI, and International Technology Diffusion. *Journal of Economic Integration*, Vol. 15, No. 4, 2000, pp. 585 – 601.